Friedrich Blochmann

Untersuchungen über den Bau der Brachiopoden

Friedrich Blochmann

Untersuchungen über den Bau der Brachiopoden

ISBN/EAN: 9783743325852

Hergestellt in Europa, USA, Kanada, Australien, Japan

Cover: Foto ©ninafisch / pixelio.de

Manufactured and distributed by brebook publishing software
(www.brebook.com)

Friedrich Blochmann

Untersuchungen über den Bau der Brachiopoden

UNTERSUCHUNGEN ÜBER DEN BAU DER BRACHIOPODEN.

—

Von

DR. FRIEDRICH BLOCHMANN,

PROFESSOR DER ZOOLOGIE IN ROSTOCK

TEXT.

—•—•××•—••—

JENA,

VERLAG VON GUSTAV FISCHER.

1892.

Herrn Professor O. Bütschli

widmet diese Untersuchungen

in Dankbarkeit und Verehrung

Der Verfasser.

Hochverehrter Lehrer und Freund!

Wenn ich Ihnen die nachfolgenden Untersuchungen über die Anatomie der Brachiopoden zueigne, so thue ich das mit dem Gefühle der aufrichtigsten, herzlichsten Dankbarkeit. Sie haben mich nicht nur in das Studium unserer Wissenschaft eingeführt, sondern haben auch später, in der langen Zeit, die es mir vergönnt war, mit Ihnen gemeinschaftlich zu lehren und zu lernen, stets meinen Studien und mir ein freundschaftliches Interesse entgegengebracht. Vielfache Anregung danke ich Ihnen. Sie waren es auch, der mich vor nunmehr 10 Jahren auf die Untersuchung der Brachiopoden hinwies, in der Ueberzeugung, dass nur eine bis ins Einzelne gehende Kenntniss des Baues dieser, besonders durch ihre Vergangenheit interessanten Thiergruppe uns die vielumstrittenen Beziehungen derselben zu anderen Abtheilungen des Thierreiches erschliessen könnte.

Wenn meine Untersuchungen erst heute an die Oeffentlichkeit treten können, so wissen Sie am besten, welche Ursachen verzögernd auf die Arbeit wirkten. Diese sind nun glücklich beseitigt, und so viel es an mir liegt, sollen weitere Hefte diesem ersten bald nachfolgen.

Die Arbeit an diesen Untersuchungen ist mir doppelt angenehm, da sie mich beständig wieder in das Heidelberger Institut zurückversetzt. Im Geiste bespreche ich jeden interessanten Fund mit Ihnen, wie dies früher geschah, wo mir Ihre zustimmende Anerkennung die beste Belohnung für mühevolle Studien war. Ich bitte Sie, die Widmung dieser Abhandlungen als äusseres Zeichen meines Dankes und meiner Verehrung anzunehmen und mir wie bisher, so auch in der Zukunft Ihre Freundschaft zu bewahren.

Ihr treu ergebener

F. Blochmann.

Einleitung.

Mit der Abhandlung über den Bau von *Crania* lege ich den Fachgenossen den ersten Theil meiner anatomischen Untersuchungen über Brachiopoden vor, dem die übrigen so bald als möglich nachfolgen sollen.

Ich habe diese Untersuchungen schon im Jahre 1882 begonnen und suchte damals die Zoologische Station in Neapel auf, weil ich bald erkannt hatte, dass, um über die Resultate früherer Beobachter hinauszukommen, frisches Material nöthig wäre. Was Brachiopoden anlangt, war mein Aufenthalt in Neapel vergeblich. Von grösseren Formen erhielt ich nur *Terebratula vitrea* und *Megerlea truncata* in ganz wenigen Exemplaren, und die zahlreicher erhältlichen *Argiope*-Arten sind für viele anatomische und besonders für histologische Zwecke zu klein.

Ich konnte dann im Sommer 1884 mit Unterstützung durch ein vom Grossh. badischen Ministerium für Justiz, Cultus und Unterricht aus der Peter-Wilhelm-Müller-Stiftung gewährtes Reisestipendium, für welches ich auch an dieser Stelle den ehrerbietigsten Dank sage, meine Studien an der norwegischen Küste fortsetzen. Ich unternahm die Reise in Begleitung meines alten Freundes Dr. C. Hilger und verdankte demselben in vieler Beziehung wesentliche Unterstützung.

Wir wählten als ersten Aufenthalt Bergen, wo wir im Hause des Sattlermeisters Rhode das durch F. Haeckel für den Zoologen klassisch gewordene, höchst bescheidene Zimmer bewohnten. Es ist für mich eine gern erfüllte Pflicht, auch öffentlich den herzlichsten Dank auszusprechen für die gastfreundliche Aufnahme, die wir in dem prächtigen Museum von Bergen fanden, wo uns der ehrwürdige Director Danielssen die schönsten Arbeitsplätze überliess und uns die reichen Mittel des Museums, besonders dessen werthvolle Bibliothek zur Verfügung stellte. Nicht nur von ihm, sondern auch von allen anderen am Museum damals thätigen Herren, so insbesondere von Herrn Kaufmann Friele, dem vorzüglichen Kenner der norwegischen Mollusken, dem durch seine kühne Grönlandsfahrt jetzt weltbekannten Dr. F. Nansen und dem inzwischen leider verstorbenen Conservator Lorange wurden wir aufs beste unterstützt, so dass uns die Arbeit ebenso leicht wurde, wie zu Hause unter gewohnten Verhältnissen.

Da die nächste Umgebung von Bergen uns Brachiopoden nicht in der gewünschten Menge lieferte, verlegten wir unseren Wohnsitz etwas weiter nördlich, nach Alverströmmen, welches schon öfter von Fachgenossen besucht wurde und für den Zoologen in jeder Beziehung ein vorzüglicher Platz ist. Wenn man nicht in einer Station arbeitet, so kann man kaum einen günstigeren und angenehmeren Ort finden, als das dicht am Meere gelegene Haus des Kaufmanns Rasmusen, wo auch für des Leibes Nothdurft vorzüglich gesorgt war, und wo die arbeitsfreien Stunden in der angenehmsten Weise durch den Verkehr mit der liebenswürdigen Familie ausgefüllt wurden. Hier floss das Material reichlich. Ich konnte in den elf Wochen, die wir dort zubrachten, von *Terebratulina caput serpentis*, *Waldheimia cranium* je etwa 200 Exemplare, von *Crania anomala* wohl die doppelte Zahl erbeuten. Die Thiere wurden theils gleich zur Untersuchung, besonders zu Macerationspräparaten verwandt, theils in verschiedener Weise conservirt. Diese Ausbeute bildet den Grundstock meines Brachiopodenmaterials, welches sich durch Schenkungen und Kauf reichlich vermehrte, so dass ich aus fast allen wichtigeren Gattungen Vertreter untersuchen konnte.

Durch Vermittelung des Leiters der Zoologischen Station Neapel, des Herrn Professor Dohrn, erhielt ich das besonders schöne und grosse Formen umfassende, von Chierchia bei der Expedition des Vettor Pisani an der patagonischen Küste gesammelte Material (*Waldheimia dilatata*, *Terebratella dorsata*). Ich will dabei noch ganz besonders darauf hinweisen, wie grosse Dienste der Commandant des Vettor Pisani, der jetzige Admiral Palumbo, und besonders auch der Corvettencapitain Chierchia selbst durch die vorzügliche Conservirung des gesammelten Materials unserer Wissenschaft leisteten. Nicht minder anzuerkennen ist die grosse Liberalität, mit welcher das italienische Marine-Ministerium das Material zur Bearbeitung an die Gelehrten der verschiedensten Nationen vertheilte. Es ist nur zu bedauern, dass das Beispiel des Vettor Pisani noch ziemlich vereinzelt dasteht.

Mein Freund Kükenthal überliess mir eine reiche Sammlung von *Rhynchonella psittacea* aus Spitzbergen, dieselbe Art erhielt ich von Prof. Kossmann und dem Conservator an Tromsös Museum Sparre Schneider. *Discina* und *Lingula pyramidata* schenkte mir A. Agassiz, *Lingula anatina* Prof. Ehlers, Semper, der für die Wissenschaft zu früh verstorbene I. Brock und die beiden Sarasin, *Discina* und *Thecidium* erhielt ich durch Vermittelung des Geh. Rath Möbius aus dem Königl. Museum für Naturkunde in Berlin, *Megerlea* und *Crania turbinata* aus dem Mittelmeer von Prof. Kowalewski, *Terebratula vitrea* aus Menorca von meinem derzeitigen Assistenten Herrn Dr. Will. Dazu kamen durch Kauf circa 50 Exemplare von *Lingula anatina* in vorzüglich conservirtem Zustande von der Linnaea in Berlin, die in Neapel vorkommenden Arten: *Terebratula vitrea*, *Megerlea truncata*, *Argiope cuneata* und *neapolitana* von der Zoologischen Station Neapel.

Allen denen, die mir durch so reichliche Zuwendung des seltenen und werthvollen Materials die Vollendung meiner Untersuchungen möglich machten, schulde ich den grössten Dank. Ich hoffe diesen am besten dadurch zum Ausdruck zu bringen, dass ich das mir überlassene Material nach Kräften zur Erweiterung unserer Kenntniss dieser für den Zoologen und Paläontologen gleich interessanten Thiergruppe verwandte.

Nach meiner norwegischen Reise veröffentlichte ich im Jahre 1885 ganz kurz einige Hauptergebnisse jener Studien (No. 1). Als wichtigstes Resultat ist zu betrachten die Wiederauffindung des Blutgefässsystems, welches schon von Hancock in vielen Punkten richtig erkannt worden war, von späteren Untersuchern aber durchweg geleugnet, oder nicht als solches anerkannt wurde. Die weitere Ausarbeitung meiner Ergebnisse erlitt dann unliebsame Verzögerungen, theils durch andere, keinen Aufschub duldende Arbeiten, theils durch persönliche Verhältnisse. So unangenehm mir diese Verzögerungen waren, so glaube ich doch, dass sie der Sache zum Vortheil gereichten. Denn im Laufe der sieben seither verflossenen Jahre beschäftigten mich stets die Brachiopoden, alle wichtigeren Verhältnisse wurden wiederholt und mit verschiedenen Methoden geprüft und haben dadurch an Sicherheit gewonnen. Naturgemäss hat sich in dieser Zeit der Blick erweitert, was den allgemeinen Erörterungen, besonders denen über die Stellung der Brachiopoden im System zu Gute kommt.

Das Wesentliche über den letzteren Punkt habe ich in einem vor der Rostocker naturforschenden Gesellschaft gehaltenen Vortrage (No. 2) klar gelegt.

Meine Ansichten stimmen mit den Ideen von Caldwell[1]) und von A. Lang[2]) in der Hauptsache überein. Die Brachiopoden stehen in nächster Beziehung zu *Phoronis* und durch diese zu den *Sipunculaceen*. Andere Beziehungen, wenn auch weniger enge, bestehen zu den *Ektoprokten*, so dass die von A. Lang aufgestellte Gruppe der *Prosopygier* wohl begründet erscheint.

Ich werde in den folgenden Abhandlungen nur diejenigen Schriften berücksichtigen, welche sich mit der Anatomie der Brachiopoden beschäftigen, und auf die älteren Abhandlungen nur, soweit unbedingt nöthig, eingehen. Eine Darstellung der Entwickelung unseres Wissens von den Brachiopoden werde ich an anderer Stelle geben.

Hier möchte ich zur allgemeinen Orientirung einiges Wenige hervorheben.

Auf die älteren Untersuchungen von Cuvier, Carpenter, Owen, Vogt, Huxley, Gratiolet folgte im Jahre 1859 die bewundernswerthe Abhandlung von Hancock, wo zum ersten Male die Anatomie einer grösseren Anzahl von Formen gemeinschaftlich dargestellt wurde. Diese Arbeit bildet die Grundlage für alle weiteren Untersuchungen, und es ist geradezu staunenswerth, wie viel Hancock mit seinen einfachen Hülfsmitteln gesehen hat. Mit scharfem Auge hat er, allerdings unterstützt durch ein günstiges Material, die wesentlichen Verhältnisse in den meisten Beziehungen richtig erkannt, und, wo er irrte, besonders hinsichtlich der Endabschnitte des Blutgefässsystems, ist dies nur zu entschuldbar, wenn man bedenkt, dass er hauptsächlich unter der Lupe präparirte und dass er schwierige Verhältnisse nicht, wie wir es heute thun, auf Schnittserien untersuchen konnte. Hätte er mit den modernen Hülfsmitteln gearbeitet, so wäre meiner Ueberzeugung nach für einen späteren Untersucher nicht mehr viel zu thun übrig geblieben.

Seine künstlerisch vollendeten Darstellungen der Brachiopodenanatomie sind in alle Lehrbücher übergegangen.

Hancock's Resultate erscheinen noch mehr bewundernswerth, wenn man mit denselben vergleicht, was neuere Untersucher geleistet haben. Keiner von ihnen hat Hancock erreicht. So haben die meisten das von ihm beschriebene Blutgefässsystem überhaupt nicht wiedergefunden oder wenigstens nicht als solches erkannt. Einige Forscher haben zwar das Herz gesehen, aber seine Contractilität geleugnet. Wie ich schon in meiner kurzen Mittheilung hervorhob, habe ich an lebend geöffneten Exemplaren von *Terebratulina caput serpentis* die Pulsationen desselben gesehen und habe die Gefässvertheilung im Wesentlichen so gefunden, wie Hancock sie beschreibt. Die nachfolgenden Darstellungen werden die Bestätigung liefern.

Lacaze-Duthiers gab eine Beschreibung des Baues von *Thecidium* und sah so viel, als sich bei einer so kleinen Form ohne Serienschnitte sehen lässt. Hier kann ich die Bemerkung nicht unterdrücken, dass Joubin ein bischen zu weit geht in dem Lobe, welches er dieser Abhandlung spendet: »qui fait contraste par sa clarté avec toutes les obscurités que renferment les précédents.« Die Abhandlung Hancock's giebt unzweifelhaft ein viel besseres und klareres Bild von dem Bau der Brachiopoden, als die von Lacaze-Duthiers, welche eine einzige aberrante, und durch ihre geringe Grösse zur anatomischen Behandlung ganz ungeeignete Art betrifft.

1) Caldwell, X. H, Preliminary note on the Structure, Development and Affinities of Phoronis. Proc. roy. soc., London, vol. XXIV, 1882, p. 371—383.

2) Lang, Lehrbuch der vergl. Anatomie.

Auf die zahlreichen Abhandlungen von Morse, die sich weniger mit dem Bau der Brachiopoden, als mit ihrer systematischen Stellung beschäftigen, werde ich besonders in dem allgemeinen Theil näher eingehen müssen.

Dass van Bemmelen nicht weiter kam, hängt, wie ich aus der Betrachtung seiner Präparate, die er mir bei seinem Aufenthalte in Heidelberg vorlegte, ersah, damit zusammen, dass sein Material ungenügend erhalten war. Immerhin hat er vieles richtig gesehen, so vor allem das von Hancock beschriebene Lacunensystem als ein Netz von Bindegewebszellen erkannt.

Von noch neueren Arbeiten beschäftigen sich die von Shipley und Schulgin mit der Anatomie von *Argiope* und lassen recht viel zu wünschen übrig. Beyer studirte besonders die Anatomie von *Lingula pyramidata*. Ich kann es mir ersparen, in diesen Abhandlungen Beyer's Arbeit auch nur zu erwähnen. Sie wäre entschuldbar, wenn sie 40—50 Jahre früher geschrieben wäre. Heutzutage ist sie mehr als schülerhaft. Der Autor hat es zuwege gebracht, Blutkörperchen (Zellen der Leibeshöhlenflüssigkeit) für junge Eier zu erklären, in den Taschen der Leibeshöhle neben dem Oesophagus die Herzen zu erkennen, den schon längst ad acta gelegten Hermaphroditismus der *Lingula* wieder nachzuweisen und dergl. mehr. Die ganze Arbeit beweist nur, dass dem Autor jede histologische und zoologische Erfahrung fehlt. Das einzige, was erwähnenswerth erscheint, ist, dass er das die Schale absondernde Epithel als solches erkannte.

Endlich erschien als letzte grössere Abhandlung Joubin's Anatomie der Ecardinen. Wenn man bei Brachiopoden überhaupt von grober Anatomie sprechen will, so hat Joubin vielfach diese nicht einmal richtig erkannt. Die histologischen Resultate seiner Arbeit sind nach heutigen Begriffen geradezu ungenügend zu nennen, besonders da er an frischem Material untersuchte. Da *Crania*, deren Bau ich in der ersten der nachfolgenden Abhandlungen darstellen will, auch sein Hauptobject bildete, so werde ich nicht umhin können, mehr auf seine Arbeit einzugehen, als bei der Ungenauigkeit derselben angebracht erscheinen mag.

Ich habe mich bei der Darstellung der Resultate bemüht, leicht verständliche Uebersichtsbilder zu geben, und habe keine Mühe gescheut, die denselben zu Grunde liegenden Präparate, soweit irgend angänglich, durch Präparation unter der Lupe herzustellen. Dabei schwebten mir Hancock's bisher unübertroffene Darstellungen als Muster vor. Ich bin mir wohl bewusst, dass meine Abbildungen die vollendeten Bilder Hancock's nicht erreichen, doch hoffe ich, dass sie wenigstens klar und übersichtlich sind. Ich halte es im Interesse des Lesers für nothwendig, solche Darstellungen zu geben und sich nicht, wie dies leider nur zu sehr Mode geworden ist, auf die allerdings bequemere Abbildung endloser Schnittserien zu beschränken, wobei dem Leser die Mühe überlassen bleibt, sich aus den dargestellten Schnitten ein mehr oder weniger anschauliches Bild zu construiren.

Ich will damit keineswegs gegen die Verwendung der Serienschnitte sprechen. Diese sind für das Studium der Brachiopodenanatomie unumgänglich nothwendig, und ich verdanke ihnen in vieler Beziehung die werthvollsten Aufschlüsse, sei es, dass sie zur Controle der präparatorisch klargelegten Verhältnisse dienten, sei es, dass mit ihrer Hülfe Dinge ermittelt wurden, die sich mit Messer und Scheere nicht mehr darstellen lassen. Aber ich glaube, dass die präparatorische Methode, wo sie möglich ist, den Vorzug vor der Schnittmethode verdient, ihrer grösseren Anschaulichkeit wegen.

Da es Brauch ist, einiges über die Untersuchungsmethoden zu sagen, so will ich noch wenige Bemerkungen über die von mir befolgte Technik beifügen.

Am frischen Thiere ist nicht viel zu erreichen, da vor allem die starke Kalkschale ein unüberwindliches Hinderniss ist, und da die zarten Organe sich kaum erfolgreich mit Messer und Scheere behandeln lassen.

Ich arbeitete darum auch fast ausschliesslich an conservirten Thieren.

Am besten bewährte sich die Conservirung mit Sublimat. Die damit behandelten Thiere sind heute noch — nach acht Jahren — zur Untersuchung der feinsten histologischen Verhältnisse geeignet. Die ominösen Stecknadeln sind nur ganz ausnahmsweise aufgetreten. Für Macerationspräparate lieferte das von O. & R. Hertwig angegebene Gemisch von Osmium-Essigsäure und Seewasser mit nachfolgender Hämatoxylinfärbung vorzügliche Resultate.

Zu dem stets nothwendigen Entkalken verwandte ich meist 1-proc. Chromsäure, bei dickeren Schalen mit Zusatz von etwas Salzsäure oder Salpetersäure. Auch Salpetersäure allein in Alkohol von 50—70 Proc. wurde angewandt. Zur Färbung diente hauptsächlich Delafield'sches Hämatoxylin. Ganz besonders elegante und instructive Präparate erhält man durch Doppelfärbungen mit Eosin-Hämatoxylin, Orange-G.-Hämatoxylin und Boraxcarmin-Indigocarmin. Ausgezeichnetes leisten diese Methoden bei der Untersuchung der Muskelverhältnisse in den Herzen, den Armen, Cirren u. s. w.

Geschnitten wurde in Paraffin und Celloidin. Das letztere würde unbedingt den Vorzug verdienen, wenn sich Schnittserien leichter herstellen liessen. In Celloidinschnitten sind meistens die Gewebe besser erhalten als in Paraffin, jede Schrumpfung vermieden. Besonders werthvoll für das Studium der Armsinus in der Umgebung des Mundes und ihres theilweise vorhandenen Zusammenhanges mit der Leibeshöhle sind Injectionen dieser Hohlräume. Diese Methode wurde zuerst von Gratiolet (2) bei *Lingula* mit bestem Erfolge angewandt, und ich benutzte sie bei den von mir studirten Formen mit Ausnahme der ganz kleinen, wie *Argiope* u. a. Als Injectionsmasse wurde sowohl gelöstes Berlinerblau, als auch besonders eine 2-proc. mit Berlinerblau oder Carmin gefärbte Gelatine angewandt. Die Injectionen wurden mit einem Apparate für constanten Druck ausgeführt. Es lassen sich mit Hülfe guter Injectionen Fragen lösen, deren Entscheidung ohne solche niemals vollständig gelingen wird. Ich freue mich, dass gerade in den Tagen, in denen ich dies schreibe, auch von A. Schneider[1]) auf die Wichtigkeit der Injectionstechnik für den Zoologen hingewiesen wird. Schneider hat ganz Recht, wenn er sagt: »Les injections fines! La mode n'y est plus, c'est si certain, c'est si vrai qu'il y a des vastes groupes zoologiques dont nulle canule n'a effleuré un seul membre depuis trente, quarante, cinquante ans. C'est ainsi que, dans les Arachnides, en dehors de l'Epéire et de la Mygale, on ne connaît rien de la topographie vasculaire des Aranéides. On s'en remet à l'uniformité présumée de structure, ou l'on déclare qu'on s'arrête devant la difficulté de telles injections, ou bien, dernier genre, on raille spirituellement la barbarie du procédé, belle raison pour ne pas se salir les manchettes, mais un peu tiré du renard de la Fable.«

Ich kenne Docenten der Zoologie, die nie in ihrem Leben eine Spritze in der Hand hatten!

Wie jeder, der sich eingehender mit einer Thiergruppe beschäftigt, habe ich mir für diesen oder jenen Zweck besondere Methoden ausprobirt. Ich verzichte jedoch darauf, Einzelheiten mitzutheilen. Es würde zu weit führen. Ausserdem findet jeder in der Technik Bewanderte solche Dinge leicht selbst, und schliesslich lässt sich dasselbe Ziel auch auf verschiedenen Wegen erreichen.

---

1) Schneider, Aimé, Injections fines, Tablettes zool., T. II, No. 3 p. 1—22, 1892.

Verzeichniss der angeführten Litteratur.

Eine umfassende Zusammenstellung der Litteratur, hauptsächlich auch der palaeontologischen, giebt Dalton.

Ich führe hier nur solche Schriften auf, welche von Wichtigkeit für die Anatomie sind. Für den allgemeinen Theil werde ich ein besonderes Verzeichniss folgen lassen. Von den vielen Mittheilungen Morse's habe ich nur die wichtigeren angeführt. Die mir nicht zugänglichen Abhandlungen sind mit einem * versehen.

* van Bemmelen, J. F., 1) Over den bouw der schelpen van Brachiopoden en Chitonen. Akad. Proefschrift, Leiden, 1882.

— — 2) Untersuchungen über den anatomischen und histologischen Bau der Brachiopoda Testicardinia. Jenaische Zeitschr. f. Naturwiss., Bd. XVI, 1883, S. 88—161.

* — — 3) Verslag der onderzoekingen etc. Nederl. Staatscourant, 1884.

Beyer, A. G., A study of the structure of *Lingula (Glottidia) pyramidata Stein (Dall)*. Studies from the biological laboratory Johns Hopkins University, Baltimore, vol. III, 1886, p. 227—265.

Blochmann, F., 1) Vorläufige Mittheilung über Brachiopoden. Zool. Anz., VIII Jahrg., 1885, S. 164—167.

— — 2) Ueber die Anatomie und die verwandtschaftlichen Beziehungen der Brachiopoden. Arch. d. Ver. d. Freunde d. Natg. i. Mecklenburg, Jg. 46, 1892, S. 37—50.

Brooks, W. K., The development of *Lingula* and the systematic position of the Brachiopoda. Chesapeak zoological Laboratory (1878), 1879, p. 35—112.

Carpenter, W., On the microscopical structure of shells. Report on the XIV. meeting of the British Association for the advanc. of sc. for 1844 (1845), p. 1—24.

— — 2) Part II, ibid., for 1847 (1848), p. 93—134.

— — 3) On a peculiar arrangement of the sanguiferous system in *Terebratula* and certain other Brachiopoda. Proc. roy. soc., London (1854), 1855, p. 32—37.

Cuvier, G., Mémoire sur l'animal de la Lingule *(Lingula anatina Lam.)*. Annales du Muséum d'hist. nat., t. I, 1802, p. 69—80.

Davidson, Th., 1) British fossil Brachiopoda, vol. I. General introduction:
     I. Owen, R., On the anatomy of the *Terebratula.*
     II. Carpenter, W. B., On the intimate structure of the shells of the Brachiopoda.
     III. Davidson, Th., On the classification of the Brachiopoda.
     Dalton, W. H., Bibliography of the Brachiopoda, vol. VI, 1886.

— — 2) A monograph of the recent Brachiopoda. Transact. Linn. soc. London (2), vol. IV, Zool., 1886—1888.

Deslongchamps, E., Recherches sur l'organisation du manteau chez les Brachiopodes articulés. Mém. d. l. soc. Linnéenne de Normandie, vol. XIV., 1865.

Gratiolet, P., 1) Recherches pour servir à l'historire des Brachiopodes.

— — 2) I. Monographie. Études anatomiques sur la Térébratule australe, *Terebratula australis Quoy* et *Gaimard*. Journ. de conchyliologie, t. VI [(2) t. II], 1857, p. 209—258.

— — 3) II. Monographie. Études anatomiques sur la Lingule anatine (*L. anatina Lam.*). Ibid., t. VIII [(2) t. IV], 1860, p. 49—107, 129—172.)

Grube, E., Ueber den Bau der Brachiopoden. 35. Jahresber. d. Schles. Ges., 1857, S. 46—47.

Hancock, A., On the organization of the Brachiopoda. Phil. Transact., vol. 148, 1859, p. 791—869.

Huxley, Th. H., 1) Contributions to the anatomy of the Brachiopoda. Proc. roy. soc., London, vol. VII (1854), 1856, p. 106—117 und p. 241—242.

— — 2) Note to a paper entitled: Contributions etc. Ann. mag. nat. hist. (2), XV, 1855, p. 456/57.

Joubin, L., Recherches sur l'anatomie des Brachiopodes inarticulés. Arch. zool. exp. gén. (2), t. IV, 1886, p. 161—303. Vorläufige Mittheilungen in Comptes rend., t. 99, p. 985—987, t. 100, p. 464—466, t. 101, p. 1170/71, auch Revue scientif. (3), t. 38, p. 532—535.

*— — Note sur l'anatomie des Brachiopodes articulés. Bull. soc. zool. d. France, t. XII, p. 119—126.

King, W., On the histology of the test of the class Palliobranchiata. Transact. roy. Irish Acad. (Dublin), vol. XXIV, (1867), 1871, p. 439—455.

Kowalevski, A., Beobachtungen über die Entwickelung der Brachiopoden. Protok. der Vers. Russ. Naturforscher zu Kasan (1879), 1874 (russisch). Ref. von Agassiz in Am. Journ. sc. and arts 1874 und von Oehlert und Deniker in Arch. zool. exp. gén. (2), I, 1883, p. 57—76.

Lacaze-Duthiers, H., Histoire naturelle des Brachiopodes de la méditerranée. I. Monographie: Histoire de la Thécidie. Ann. sc. nat. zool. (4), t. XV, 1861, p. 259—330.

Macdonald, J. D., On the physiology of the pallial sinus of the Brachiopoda. Trans. Linn. soc., XXII, 1862, p. 373—375.

Quenstedt, A., Ueber das Oeffnen und Schliessen der Brachiopoden. Wiegmann's Archiv für Natg., I. Jahrg., Bd. II, 1835, S. 220—222.

Morse, E. S., 1) Haemal and neural regions of Brachiopoda. Proc. Boston soc. Nat. Hist., vol. IX (1862/63), 1865, p. 57—60.

— — 2) Classification of Mollusca based upon the prinziple of cephalization. Proceed. Essex Institut. Salem Mass., vol. IV, part. 6, 1865, p. 162—180, 1865. Repr. Americ. Journal sc. and arts, vol. XLII, 1866, p. 19—33.

— — 3) On the early stages of *Terebratulina septentrionalis Couthouy*. Memoirs Boston soc. Nat. Hist., vol. II (1871), 1878, p. 29—39.

*— — 4) On the early stages of *Discina* (abstr.). Proc. Americ. Assoc. Advanc. Science, 19. Meet. 1870 (1871), p. 270.

— — 5) The Brachiopoda a division of Annelida. Proc. Am. Ass. Adv. Science, 19. Meet. (1870), 1871, p. 272—276. Proc. Bost. Soc. Nat. Hist., vol. XIII, 1870, p. 416. Americ. Journ. Sc. & Arts (2), vol. L, 1870, p. 100—104. Ann. Mag. Nat. Hist. (4), vol. VI, 1870, p. 267—270.

*— — 6) On the organization of *Lingula* and *Discina*. Proc. Amer. Ass. Adv. Sc., 19. Meet. (1870), 1871, p. 271, 272.

— — 7) Ueber die Beweglichkeit der Arme von *Rhynchonella*. Proc. Bost. Soc. Nat. Hist., vol. XV, 1872, p. 242.

— — 8) On the oviducts of *Terebratulina*. Proc. Bost. Soc. Nat. Hist., vol. XV, 1872, p. 211.

— — 9) On the oviducts and embryology of *Terebratulina*. Amer. Journ. Sc. and Arts (3), vol. IV, 1872, p. 262, 263. Proc. Am. Ass. Adv. Sc., 21. Meet. (1872), 1873, p. 222—225.

— — 10) Embryology of *Terebratulina (septentrionalis)*. Mem. Bost. Soc. Nat. Hist., vol. II, 1873, p. 249—264. Proc. Am. Assoc. Adv. Sc., 22. Meet. (1873), 1874, Nat. Hist., p. 308—310.

— — 11) The systematic position of the Brachiopoda. Proc. Bost. Soc. Nat. Hist. vol. XV, 1873, p. 315—372.

— — 12) Note on the extension of the coiled arms in *Rhynchonella*. Amer. Journ. Sc. and Arts (3), vol. XVII, 1879, p. 257.

Owen R., 1) On the anatomy of the Brachiopoda of Cuvier, and more especially of the genera Terebratula and Orbicula. Transact. of the zool. soc. of London, vol. I. 1835, p. 145—164.

— — 2) Lettre sur l'appareil de la circulation chez les mollusques de la classe des Brachiopodes. Ann. d. sc. nat. Zool. (3), vol. III, 1845, p. 315—320.

— — 3) Sur l'anatomie des Térébratules. Comptes rend., t. XXVII, 1853, p. 385—387.

Ray Lankester, Summary of zoological observations made at Naples in the winter 1871/72. Ann. Mag. Nat. Hist. (4), vol. XI, 1873, p. 81—97.

Schmidt, O., Die neuesten Untersuchungen über die Brachiopoden von Owen, Carpenter und Davidson, mit einigen Zusätzen. Zeitschr. f. d. ges. Naturw., Jg. 1854, S. 325—333.

Schulgin, M. A., *Argiope Kowalevskii.* Ein Beitrag zur Kenntniss der Brachiopoden. Zeitschr. f. wiss. Zool., Bd. 41, 1884, S. 116—141.

Semper, C., Ueber *Lingula.* Zeitschr. f. wiss. Zool., Bd. XI, 1862, S. 100—104, XIV '864, S. 424.

Shipley, A. E., On the structure and development of *Argiope.* Mitth. der Zoolog. Station Neapel, Bd. IV, 1883, p. 494—520.

— — Ueber das Nervensystem der *Argiope.* Zool. Anz., VIII. Jahrg., 1885, S. 25, 26.

Vogt, C., Anatomie der *Lingula anatina.* Neue Denkschr. d. allg. Schweizer Gesellschaft f. d. ges. Naturw., Bd. VII, 1845.

Vogt, C., und Yung, E., Brachiopoden, in Lehrbuch der praktischen vergl. Anatomie, Bd. I, 1888, S. 699—733.

I. Die Anatomie von *Crania anomala* O. F. M.

—

Ich habe mich nach reiflicher Ueberlegung dazu entschlossen, an erster Stelle eine ausführliche Darstellung des Baues von *Crania anomala* unter eingehender Berücksichtigung der histologischen Verhältnisse zu geben. Und zwar waren mir dafür folgende Gründe maassgebend:

Erstens hatte ich von dieser Form ein fast unbeschränktes Material zur Verfügung, da sie an den von mir besuchten Küstenstrecken Norwegens zu den gemeinsten Thieren gehört. Zweitens bietet sie gerade für ein eingehendes Studium des interessanten histologischen Baues unter den von mir bis jetzt geprüften Arten, trotz ihrer verhältnissmässig geringen Grösse, bedeutende Vortheile, weil die histologischen Elemente ziemlich gross und weil besonders die der Kalkeinlagerungen entbehrenden Arme für jede Art der Behandlung leicht zugänglich sind. Drittens hat *Crania* auch in anatomischer Beziehung gegenüber den anderen Formen ein gewisses Interesse wegen der noch ursprünglichen Lagerung des Afters in der Medianlinie, am Hinterende des Körpers.

In der Absicht, den Bau von *Crania* ausführlicher zu behandeln, wurde ich dadurch nicht beirrt, dass derselbe vor kurzem von Joubin eine Darstellung gefunden hat. Denn Joubin hat nicht nur ein wichtiges Organsystem, das Blutgefässsystem, ganz übersehen, sondern auch seine Angaben über andere Systeme bedürfen vielfach der Correctur, ganz abgesehen davon, dass er die histologischen Verhältnisse fast gar nicht berücksichtigte.

Die Darstellung des Baues von *Crania* wird umfangreicher werden, als die späteren, mit anderen Formen sich beschäftigenden Abhandlungen, und zwar hauptsächlich durch die eingehende Schilderung des histologischen Baues. Bei den nachfolgenden ist eine kürzere Fassung möglich, nicht nur weil die histologischen Eigenthümlichkeiten überall wiederkehren, sondern weil auch im anatomischen Bau keine principiellen Unterschiede unter den Brachiopoden bestehen.

Was nun zunächst das Vorkommen von *Crania anomala* betrifft, so fanden wir dieselbe in der näheren Umgebung von Bergen, im Puddefjord bei Laxevaag, dann bei Kvarven schon in ziemlicher Zahl, ganz besonders massenhaft und zum Theil in recht stattlichen Exemplaren bei Tyveholmen, einer kleinen Klippe in der Nähe von Alverströmmen, in Tiefen von etwa 10—200 m. Bei jedem Zuge enthielt das Schleppnetz zahlreiche vom Felsen losgerissene und darum der ventralen Schale beraubte Exemplare. Wie massenhaft die Thiere sein müssen, wird am besten veranschaulicht durch das Ergebniss unseres letzten Schleppnetzzuges, der uns von allen am meisten Mühe und Arbeit machte, und zwar, wie sich bei Heraufkommen des Netzes zeigte, deshalb, weil eine flache Steinplatte von ungefähr 60 cm Länge, 20—30 cm Breite und etwa 10 cm Dicke in das Netz gerathen war. Aber die aufgewandte Mühe war reichlich belohnt, denn auf dieser Platte sassen dichtgedrängt wohl etwa 150 Exemplare unseres Thieres! In geringerer Zahl fanden sich die Thiere auch auf den an tieferen Stellen des Fjords angehäuften Muschelschalenfragmenten, und solche Exemplare sind besonders günstig für die Untersuchung, weil die Muschelschalen sich gleichzeitig mit der Schale der *Crania* selbst auflösen, so dass man die Thiere ganz unverletzt erhält. Bei den auf Steinen sitzenden Exemplaren gelingt ein Loslösen der ventralen Schale nur ausnahmsweise.

Biologisches kann ich wenig über *Crania* berichten. Ich hielt zwar eine Anzahl Thiere längere Zeit theils in Glasschalen, theils auch in wohldurchlüfteten Aquarien im Museum in Bergen, konnte aber nicht viel feststellen. In Folge ihrer festsitzenden Lebensweise ist *Crania* ebenso wie fast alle übrigen Brachiopoden (mit Ausnahme von *Lingula*, die recht beweglich sein soll) noch langweiliger als die meisten Muscheln.

Wenn die Thiere ungestört sind, halten sie die Schalen geöffnet. Die dorsale, freie Schale ist besonders am Vorderende erhoben, so dass das Wasser ungehindert Zutritt hat. Bei jeder Beunruhigung wird sie energisch angezogen und fest auf die untere, aufgewachsene gepresst, meist aber bald wieder geöffnet. Ich konnte nie ein Hervorstrecken der Arme beobachten, obwohl meine Aufmerksamkeit speciell darauf gerichtet war. Ich betone dies besonders, weil von Morse (12) angegeben wird, dass *Rhynchonella psittacea*, die ähnlich wie *Crania* freie, spiralförmig aufgerollte Arme besitzt, diese aus der Schale vorstrecke. Diese Form konnte ich selbst nicht lebend beobachten und habe darum über Morse's Angabe kein eigenes Urtheil. Trotzdem kann ich gewisse Zweifel an Morse's Beobachtung nicht unterdrücken. Die Arme waren bei dem von ihm beobachteten und conservirten Exemplar wohl durch irgend einen Zufall herausgekommen. Die Arme von *Rhynchonella* sind viel weniger musculös als die von *Crania*, die sie sicher nicht aus der Schale hervorstreckt. Bei *Terebratulina caput serpentis*, von der es Morse auch angiebt, ist es geradezu unmöglich. Ich habe bei den vielen Thieren, die ich lebend in Händen und in Aquarien hatte, nie ein Hervorstrecken der Arme gesehen. Dagegen ragen wohl die Cirren etwas aus dem Schalenspalt hervor. Ich glaube mich zu erinnern, dass auch bei *Crania* die Cirren zwischen den Schalen herausragen. Solches wird schon von Barett[1]) angegeben.

Die Thiere, die wir in der Zeit von Mitte August bis October erbeuteten, waren nicht geschlechtsreif. Nur ausnahmsweise fand ich beim Präpariren der Thiere bewegliche Spermatozoen. Von der Entwickelung habe ich nichts beobachtet. Ich glaube kaum, dass sie noch im Spätsommer vor sich geht.

Die Frage, inwieweit die verschiedenen beschriebenen Formen von *Crania* wirklich gut abgegrenzte Arten sind, kann ich nicht entscheiden, da mir das hierzu nöthige, umfangreiche Vergleichsmaterial fehlt. Die wenigen Exemplare, die ich von Kowalevski aus dem Mittelmeer erhielt, muss ich für *Cr. turbinata Poli* halten. Ob diese Form eine besondere Art repräsentirt, weiss ich nicht. Sollte dies nicht der Fall sein, so ist sie jedenfalls eine typische Varietät. Sie bleibt bedeutend kleiner als die nordische *Crania* (12 mm grösster Durchmesser gegen 22 mm) und zeigt auch sonst manches Abweichende. Unter etwa 15 Exemplaren, die ich besitze, spricht sich eine deutliche Verschiedenheit gegen *Cr. anomala* bei 4 aus, die auf dem Bau der ventralen Schale beruht. Diese ist, wie Fig. 2 zeigt, nicht mit der ganzen Fläche der Unterlage angeheftet, was bei Hunderten von *Crania anomala*, die ich gesehen habe, stets der Fall war, sondern sitzt nur mit einer kleinen Stelle fest. Daraus folgt dann die Bildung eines sog. falschen Schnabels und einer falschen Area, wie sie bei fossilen Cranien öfter vorkommen, bei lebenden, meines Wissens, aber nicht beschrieben sind. Der Bau der Schale, die Muskelansätze etc. stimmen bei beiden Formen ganz überein, ebenso Anatomie und Histologie, soweit ich es bei dem etwas mangelhaften Erhaltungszustande der Mittelmeerexemplare untersuchen konnte.

---

1) Ann. and mag. nat. hist. (2, vol. XVI, 1855, p. 257—259.

Wenn wirklich specifische Unterschiede bestehen, so haben dieselben jedenfalls in anatomischer Hinsicht gar kein Interesse. Denn da die Angehörigen der verschiedensten Gattungen der Brachiopoden in den wichtigsten anatomischen und histologischen Dingen fast vollständig dieselben Verhältnisse bieten, so ist zu erwarten, dass zwischen so nahe stehenden Formen, wie die möglicherweise zu unterscheidenden *Crania*-Arten wären, keine irgendwie bemerkenswerthe Verschiedenheit im Bau besteht.

Abschnitt 1. **Die Schale.**

Die Schale besteht aus zwei, in keiner Verbindung mit einander stehenden Klappen, einer dorsalen und einer ventralen. Daraus, dass die ventrale Schale in ihrer ganzen Ausdehnung der Unterlage fest aufgewachsen ist, ergiebt sich, wie dies auch bei ähnlich lebenden Muscheln gewöhnlich der Fall ist, eine bedeutende Ungleichheit der beiden Klappen. Aber nicht nur die ventrale Schale wird durch das Festsitzen beeinflusst, sondern auch die freie, dorsale. Die ventrale schmiegt sich den Unebenheiten der Unterlage an, und die dorsale folgt ihr dann in ziemlich bedeutendem Maasse, so dass die Gestalt derselben und damit die ganze äussere Erscheinung des Thieres bedeutend verändert wird. Man erhält so oft ganz unregelmässige, asymmetrische Formen. Wenn die Thiere auf im ganzen ebener Unterlage sitzen, kommt die normale Gestalt zur Entwickelung, und solche Thiere erreichen nach meinen Beobachtungen auch die bedeutendste Grösse. Bei den grössten, von mir beobachteten Thieren hat die dorsale Schale eine Länge von 15 mm bei einer Breite von 22 mm. Die ventrale Klappe bleibt um ein unbedeutendes kleiner, da sie von der dorsalen ganz bedeckt wird.

Der Umriss der dorsalen Klappe geht am besten aus Fig. 1 und 3 hervor. Die Schale ist etwa schildförmig mit einem in der Medianlinie, nach dem Hinterrande zu gelegenen Nabel. Sie zeigt auf der Aussenseite unregelmässig gewellt verlaufende Anwachsstreifen, die natürlich zwischen dem Nabel und dem Hinterrande näher aneinander liegen, als zwischen dem Vorderrande und dem Nabel (Fig. 1).

Die Schale ist auf der Aussenseite glänzend, heller bis dunkler röthlichbraun, seltener schwarzbraun gefärbt. Auf der Innenseite (Fig. 3) grenzt sich eine äussere, dünnere Zone durch eine parallel dem Rande verlaufende, wulstartig verdickte Lippe von dem centralen Theile ab. Die Lippe hebt sich durch ihre weissliche Färbung scharf von dem ins Bräunliche gehenden Rande ab. Auf der Innenseite des Randes verlaufen radiär angeordnete rippenartige Leisten (Fig. 22). In den Einsenkungen zwischen denselben liegen die Oeffnungen für die Mantelpapillen. Mit dem Wachsthum der Schale wird die Zahl der Randleisten vergrössert, indem neue Leisten zwischen je ein Paar der alten sich einschieben, wie es die Abbildung zeigt. Die hintere Hälfte des centralen Theiles trägt die Muskelansätze; sie bedeckt die Rückseite des eigentlichen Körpers. Die vordere Hälfte lässt mit grösserer oder geringerer Deutlichkeit Eindrücke der Mantelsinus erkennen; sie wird ebenso wie die ganze Randpartie und ein grosser Theil der zwischen den Muskeleindrücken gelegenen Fläche von dem Mantel allein bedeckt. Von den Muskelansätzen fallen zuerst auf die vier der Occlusoren zwei vordere und zwei hintere (Fig. 3 *occl. ant.* u. *post.*). Die von einer Einkerbung der Lippe aus nach der Medianlinie und etwas nach vorn ziehenden Ansätze der vorderen Occlusoren sind im ganzen von etwa bohnenförmiger Gestalt mit convexem Hinterrande und concavem Vorderrande. Sie erheben sich etwas mehr als die anderen Muskelansätze über die Oberfläche der Schale und tragen dem inneren Ende genähert eine kleine Vertiefung. Die äusseren Partien grenzen sich manchmal undeutlich ab; auf ihnen entspringen die sog. Retractoren des Armapparates.

In der Mitte zwischen den beiden vorderen Occlusoren, etwas gegen den Vorderrand zu, liegt, jedoch nicht stets, eine knopfförmige Erhebung, auf welcher rechts und links die Ansätze der Protractoren der Arme sich finden. Hinter jedem Ansatz eines Occlusor anterior liegt nahe dem Hinterrande ein solcher für den Occlusor posterior. Dieser ist im Umriss etwa birnförmig, mit nach vorn und seitlich gerichteter Spitze. Zwischen seinem Seitenrande und der Lippe liegt ein kleiner Muskelansatz, der des oberen schiefen Muskels. Zwischen den Ansätzen der beiden Occl. post. in der Mittellinie, hart am inneren Rande der Lippe, liegt der Ansatz für den Levator ani.

Von dem zwischen den beiden Occl. ant. gelegenen Knopfe zieht jederseits eine leistenförmige Erhebung nach dem inneren Ende des Ansatzes für den Occl. ant. und theilt sich hier in eine, den Hinterrand des Occlusors umziehende Leiste und eine andere, weniger deutliche, welche seitlich von der Medianlinie nach dem Hinterrande der Schale zu verläuft. Eine andere, deutlichere Leiste entspringt am äusseren Ende des Occl. ant. nach hinten zu und umzieht den Innenrand des Occl. post., um hinten in die Lippe überzugehen.

An etwas angewitterten Schalen treten die Muskelansätze besonders deutlich hervor. Ihre Oberfläche erscheint dann matt-gelblich.

Die Gestalt der Eindrücke der Mantelsinus ergiebt sich am besten aus der Abbildung. Sie fallen an frischen Schalen wenig auf, sind jedoch an solchen, die mit Essigsäure etwas angeätzt wurden, oft besonders deutlich.

Die ganze Innenfläche der Schale erscheint durch die Poren für die Mantelpapillen fein punktirt. Am Rande und bis auf die Lippe herauf sind die Poren deutlich in radiären Reihen angeordnet, weil sie hier zwischen den oben erwähnten Leisten liegen. Den Wachthumsverhältnissen entsprechend muss auch in den inneren Theilen der Schale die Porenstellung eine derart regelmässige gewesen sein, ist aber dadurch verwischt, dass stets neue Reihen zwischen den bestehenden sich einschieben. Auf den Muskelansätzen sind die Poren spärlicher und feiner.

Die ventrale Schale (Fig. 4) wird meist fast ganz von der dorsalen bedeckt, so dass bei geschlossenen Schalen nur da und dort kleine Theile ihres Randes sichtbar sind. Der Rand ist stark gewulstet und fällt nach aussen steil ab; nach innen geht er allmählich in die centrale Einsenkung über, in deren hinterem Theile wir wieder die Muskelansätze, in deren vorderem die Eindrücke der Mantelsinus finden. In der Medianlinie, etwas hinter der Mitte, erhebt sich ein knopfartiger Vorsprung, auf welchen sich von beiden Seiten herauf die Ansätze der vorderen Occlusoren erstrecken. Dieselben haben ungefähr in ihrer Mitte ein kleines Grübchen (ältere Schalen); an der hinteren Fläche des Knopfes entspringen die oberen schiefen Muskeln. Diese, die Ansätze der Occlusoren tragende Erhebung wird gewöhnlich als Stütze des Armapparates betrachtet, hat aber mit diesem gar nichts zu thun, sondern dient lediglich als Muskelansatz. Seitlich, dem Hinterrande der Schale genähert, liegen die Ansätze der Occl. post., lateral an sie anschliessend, nur ausnahmsweise erkennbar, die der unteren schiefen Muskeln.

Der gewulstete Rand der Schale ist mit kleinen, warzigen Erhebungen bedeckt und dadurch rauh. Die Schalenporen sind etwas weniger zahlreich als in der dorsalen Schale.

Die Schalen bestehen hauptsächlich aus kohlensaurem Kalk, der zwischen Lamellen von organischer Substanz abgelagert ist. Ich konnte durch die bekannte Reaction mit molybdänsaurem Ammoniak auch Spuren von phosphorsaurem Kalk nachweisen. Herr Kollege Michaëlis, dem ich daraufhin einige Schalen zur genaueren Prüfung gab, konnte diesen Befund bestätigen. Man unterscheidet auf Dünnschliffen eine äussere, gelblich gefärbte Schicht von einer inneren farblosen. Die letztere ist dicker. Die Färbung der äusseren Schicht wird durch Eisenoxyd hervorgerufen.

Die Oberfläche der Schale wird von einer zarten Cuticula bedeckt. Die Kalkmasse zeigt eine eigenthümliche Structur. Sie ist in Schichten abgelagert, welche im Allgemeinen schief zur Oberfläche der

Schale stehen (Fig. 24, 25, 26). Diese Lamellen sind da, wo sie von den Poren für die Mantelpapillen durch-brochen werden, etwas in die Höhe gezogen nach der äusseren Oberfläche zu. So kommt das eigenthüm-liche Bild zu Stande, welches die Schliffe zeigen. Die Kalklamellen sind fein gestreift, und zwar läuft die Streifung der Oberfläche derselben parallel. Diese Streifung darf wohl als der Ausdruck einer schichtenweisen Ablagerung betrachtet werden. An den Muskelansätzen (Fig. 26 *MA*) ist die Structur eine etwas andere. An diesen Stellen ist der Schale von innen her eine Kalkmasse angelagert, welche aus einzelnen zu der freien Fläche des Muskelansatzes, also im allgemeinen auch zu der Schalenoberfläche, annähernd senkrechten Prismen besteht. Wie wir bei der Betrachtung des der Schale anliegenden Mantelepithels sehen werden, wird jedes solche Prisma von einer Zelle erzeugt. Diese Prismen sind fein längsgestreift, und an guten Schliffen tritt auch eine Querstreifung hervor (Fig. 26). Die Prismensubstanz ist reicher an organischer Materie und erhält sich darum auch beim Entkalken fast unverändert. An einer entkalkten Schale habe ich auch einmal im Inneren der gewöhnlichen Schichten eine Lage von Prismensubstanz angetroffen, wie dies auch von anderen Forschern schon beobachtet wurde.

Das über den feineren Bau Gesagte bezieht sich alles auf die dorsale Schale. Von ventralen Schalen hatte ich zu wenig Material, um den Bau genauer untersuchen zu können. Nach dem jedoch, was ich sah, sind die Verhältnisse im Wesentlichen dieselben. Nur sind die Poren nicht so zahlreich und weniger ver-ästelt. Was nun die zur Aufnahme der Mantelpapillen dienenden Schalenporen anlangt, so ist schon lange bekannt, dass sie bei *Crania* sich etwas anders verhalten als bei den übrigen Brachiopoden. Es sind feine, annähernd senkrecht zur Schalenoberfläche verlaufende Kanäle, die sich in den äusseren Schichten der Schale in eine ziemlich grosse Zahl feinster Aeste auflösen (Fig. 24, 25, 26). Diese feinen Aestchen werden wohl unter der Cuticularschicht blind enden. Direct entscheiden konnte ich dies bei der Feinheit der Kanälchen nicht, man darf es aber wohl nach Analogie mit den übrigen Brachiopoden annehmen.

Untersucht man den Rand der dorsalen Schale auf Schliffen (Fig. 24) und im Flächenbild (Fig. 22, 23), so ergiebt sich zunächst ganz deutlich die schon erwähnte Anordnung der Poren in radiäre Reihen. Weiter zeigt sich, dass am Rande nur ganz feine Poren sich finden, die hier, dem Wachsthum der Schale ent-sprechend, neu gebildet werden. Diese am Rande gelegenen, feinsten Porenkanälchen entsprechen den äussersten Aestchen der weiter nach dem Centrum zu gelegenen, am Ende verästelten Kanäle. Das Flächen-bild (Fig. 22) zeigt ganz klar, wie dann die am Ende verästelten Poren zu Stande kommen. Es geschieht dies so, dass die nahe zusammenliegenden, inneren Oeffnungen mehrerer solcher feiner Kanälchen von der neu angelagerten Kalkmasse eine gemeinschaftliche Umwallung erhalten. Indem nun nach und nach immer mehr Kalkmasse von innen her abgelagert wird, wächst die ursprünglich flache Einsenkung, in deren Grunde die Mündungen mehrerer feiner Kanälchen liegen, zu einer langen Röhre aus, die dann an ihrem, der äusseren Schalenoberfläche genäherten Ende die zuerst entstandenen, feinen Kanälchen als Zweige und Aestchen trägt (Fig. 24, 25). Diese Abbildungen zeigen auch, dass alle diese feinen Kanälchen schief zur Schalenoberfläche stehen, im Allgemeinen mit ihrem blinden Ende nach dem Schalenrande zu. Genaueres wird sich noch später bei Betrachtung der Mantelpapillen, zu deren Aufnahme diese Kanäle dienen, er-geben. Hier mag nur vorgreifend bemerkt werden, dass die gröberen Kanäle von stark verlängerten Epithelzellen, die feinsten Röhrchen von Protoplasmafortsätzen derselben ausgefüllt werden.

Die organische Grundmasse der Schale studirt man am besten an in Celloidin eingebetteten Thieren. Ein Schnitt durch eine solche entkalkte Schale (Fig. 33) zeigt, dass die organische Grundlage der Schale das Bild, das ein Schliff bietet, ziemlich getreu wiederholt. Man sieht zwischen den Mantelpapillen aus-gespannt feinste Häutchen, die denselben Verlauf haben, wie die feinen Streifen der intacten Schale (Fig. 24—26). Man muss sich also vorstellen, dass zwischen den feinen Häutchen der kohlensaure

Kalk eingelagert ist. Von Stelle zu Stelle finden sich etwas stärkere, intensiver sich färbende Membranen, sie sind wohl die Grenzschichten der auf den Schliffen hervortretenden, schief zur Oberfläche gerichteten Anwachsstreifen. In den äusseren, bräunlich gefärbten Schichten der Schale konnte ich diese Membranen nicht wahrnehmen; hier scheint also die organische Masse sehr zurückzutreten.

Am reichlichsten findet sich, wie oben bemerkt, die organische Substanz in den Muskelansätzen und ebenso in dem centralen Knopfe der Ventralschale; diese behalten nach der Entkalkung ganz die Structur, die sie im nicht entkalkten Zustande haben (Fig. 29, 29a).

Das Wachsthum der *Crania*-Schale muss manchmal, entgegen dem, was sonst von Brachiopoden angenommen wird, sprungweise vor sich gehen. Dies scheinen mir Schalen, wie die in Fig. 1a dargestellte, zu beweisen. Bei diesen findet man, ein braunes oder tiefdunkles Mittelfeld umgebend, einen breiten, ganz hellen Streifen, den man wohl als Anwachsstreifen betrachten darf. Ich bemerke aber ausdrücklich, dass ich in meinem Material von über 200 Thieren nur etwa 12 mit solchen Schalen fand.

Die Eigenthümlichkeiten, welche die *Crania*-Schale in ihrem feineren Bau von der der übrigen Brachiopoden unterscheiden, sind schon durch die Untersuchungen von Carpenter und King bekannt geworden.

Auf die Litteratur kann ich hier nicht ausführlicher eingehen, ich werde dies später im Zusammenhang mit der Besprechung der Schalen anderer Brachiopoden thun. Nur über die Angaben Joubin's muss ich einiges bemerken. Manche Unterschiede zwischen seinen und meinen Angaben mögen darauf zurückzuführen sein, dass die zur Untersuchung dienenden Thiere, von verschiedenen Fundorten stammend, vielleicht Varietäten einer Art, oder sogar verschiedene Arten sind.

Die gröberen Verhältnisse hat Joubin im Allgemeinen richtig beschrieben. Was den feineren Bau anlangt, so spricht er von »fibres calcaires extrêmement fines, dirigées perpendiculairement aux deux surfaces«. Von diesen habe ich ebensowenig, wie die früheren Beobachter, etwas sehen können. Das von ihm beschriebene System von feinen, unregelmässigen Kanälen in der ventralen Schale habe ich bei meinen aus dem Mittelmeer stammenden Schalen auch gefunden, aber nur ab und zu, vielleicht bei einem Drittel der Schalen, bei den norwegischen habe ich es nie gesehen. Dasselbe hat mit dem übrigen Kanalsystem der *Crania*-Schale nichts weiter zu thun. Durch den höchst einfachen Versuch der Entkalkung findet man sofort an Stelle des Kanalsystems ein Gewirr von Pilzfäden, welche als Parasiten in der Schale leben!

Was Joubin über den (verkalkten) Knorpel an den Muskelansätzen sagt, entspricht nicht der Wirklichkeit. Nach seiner Ansicht sollen sie Theile des Stützgewebes des Mantels sein. Jeder gute Schnitt durch ein entkalktes Thier zeigt aber, dass diese Partien der Schale angehören, wie dies auch der bis jetzt allgemein angenommenen Ansicht entspricht; denn ihre innere Oberfläche wird ebensogut wie jeder andere Theil der Schale durch das äussere Epithel des Mantels von der Stützsubstanz getrennt. Man vergleiche dazu Fig. 29, 29a, b und das in Abschnitt 3 über das Epithel der Muskelansätze Gesagte.

Abschnitt 2. **Allgemeine Beschreibung der äusseren Morphologie.**

Um die äussere Morphologie und die Anatomie, soweit sie sich mit Messer und Scheere darstellen lässt, zu untersuchen, verwendet man am besten entkalkte Exemplare. An solchen lassen sich die beim Entkalken zurückgebliebenen organischen Reste der Schale leicht entfernen. Die beiden, der dorsalen und ventralen Schale entsprechenden Mantellamellen bleiben erhalten. Man kann dann bei Betrachtung der äusseren Mantelflächen die Muskelenden und die Anordnung der Mantelsinus gut studiren. Untersucht man das Thier von der Rückseite (Fig. 5), so sieht man, den Muskelansätzen, wie sie für die dorsale Schale beschrieben wurden, entsprechend, die oberen Enden der Muskeln, welche an der dorsalen Schale befestigt sind. Zwischen der Medianlinie und dem inneren Rande des Occlusor anterior, über dem hinteren Ende des entsprechenden Protractor brachiorum, tritt der Stamm des Mantelsinus der betreffenden Seite aus der Leibeshöhle heraus, biegt gleich nach aussen um, um vor dem vorderen Rande des Occlusor anterior nach dem Seitenrande zu zu verlaufen. Nach vorn zu giebt er in der Regel vier Aeste ab, von denen der äusserste, kleinste das nach vorn umgebogene Ende des Stammes ist. Der erste (der Medianlinie nächste) Ast ist der ansehnlichste und trägt auf seiner lateralen Seite zwei Seitenzweige. Bei älteren Thieren sind die Aeste an der Spitze gegabelt.

Bei der Betrachtung von der Ventralseite (Fig. 6) fallen wieder zunächst die Muskelenden auf. Zwischen den Occl. ant. ist die organische Masse des Knopfes der Ventralschale erhalten (K).

Der ventrale Mantelsinus entspringt an der Seite, zwischen dem Occlusor anterior und posterior, wendet sich im Bogen nach vorn, gegen die Medianlinie zu. Der so verlaufende Hauptstamm trägt auf der lateralen Seite gewöhnlich drei Seitenäste. Das Ende des Stammes selbst und die beiden inneren Seitenäste sind gewöhnlich am Ende gegabelt.

Soviel ich sehen kann, ist die Zahl der Aeste des dorsalen und ventralen Mantelsinus nicht ganz constant. Die Abbildungen sind nach mittelgrossen Thieren gemacht.

Der von den beiden Schalen und den ihnen anliegenden Mantellamellen umschlossene Hohlraum wird nur zum geringeren Theil von dem eigentlichen Körper des Thieres eingenommen. Der Umriss des Körpers wird in der dorsalen und ventralen Ansicht etwa durch eine Linie angegeben, welche die Enden der vier Occlusoren umzieht. Der eigentliche Körper ist also auf den hinteren Theil der Schale beschränkt. Vor demselben ist eine weite Mantelhöhle vorhanden, welche auch an den Seiten und dem Hinterrande den Körper umzieht, so dass der dorsale und ventrale Mantel allseitig einen freien Rand haben. Während nun auf der Ventralseite die Körperwand in der ganzen, von der die Occlusorenenden umziehenden Linie begrenzten Fläche der Schale dicht anliegt, ist dies dorsal nicht der Fall. Hier wird eine Verbindung mit der Schale nur durch die Muskelansätze vermittelt. Es besteht also zwischen der eigentlichen Rückenwand und dem die dorsale Schale überziehenden Mantel eine weite Höhle, die Rückenhöhle, welche an vier Stellen mit der Mantelhöhle im engeren Sinne in Verbindung steht, vorn zwischen den oberen schiefen Muskeln, an jeder Seite zwischen Occlusor anterior und posterior, hinten zwischen den beiden Occlusores posteriores. Eigentlich bestehen hier zwei Verbindungen rechts und links von dem Levator ani. Die eingeführten Borsten in den Fig. 5, 8 machen diese Verhältnisse deutlich. (Man vergleiche damit auch die Schnitte Fig. 10—15.)

Der grosse, vor dem Körper gelegene Theil der Mantelhöhle nimmt den für die Brachiopoden so charakteristischen Armapparat auf. *Crania* hat, wie *Lingula* und *Rhynchonella*, freie, nicht von einem mit der Schale zusammenhängenden Armskelet gestützte, nach der Dorsalseite zu schraubenförmig aufgewundene Arme. Da der Durchmesser der Umgänge nach der Dorsalseite zu abnimmt, so bilden die aufgerollten Arme als Ganzes einen flachen Kegel, dessen Basis ventral, dessen Spitze dorsal gerichtet ist.

In der Medianlinie zwischen beiden Armen springt die Körperwand unter einem stumpfen Winkel in die Mantelhöhle vor (Fig. 5—7). Auf der Ventralseite dieses Vorsprunges (Fig. 6) liegt im Grunde einer quer, von rechts nach links verlaufenden Rinne die Mundöffnung. Die Rinne wird von vorn her begrenzt und zum Theil überdeckt durch die Mundfalte, das Epistom; am hinteren Rande derselben stehen schlankfingerförmige Fortsätze, die Cirren. Die Armrinne, begleitet von dem Epistom, dann Armfalte genannt, und von der Cirrenreihe, setzt sich nach rechts und links fort, indem sie jederseits vor dem Occl. ant. im flachen Bogen nach hinten zieht, bis zu der Stelle, wo die Arme sich vom Körper loslösen. Hier wendet sich die

Armrinne etwas nach der dorsalen Seite zu (Fig. 8), um dann auf den äusseren Rand der freien Arme überzugehen und an diesem bis ans Ende zu verlaufen, wobei allmählich die Armfalte niedriger und die Cirren kürzer werden. Es scheint, dass die Arme lange Zeit weiterwachsen. Bei mittelgrossen Thieren zählte ich im Durchschnitt 5 Windungen, bei recht grossen etwa 8 solche. Die Wachsthumszone liegt an der Spitze der Arme; hier werden neue Cirren gebildet.

Die Arme machen, obwohl sie des Skeletes entbehren, einen recht compacten und starren Eindruck, was, wie wir später sehen werden, durch das mächtig entwickelte Stützgewebe von knorpelartiger Consistenz, welches die Hauptmasse der Arme ausmacht, bedingt wird.

Hinter dem den Mund von hinten her umziehenden Theile der Cirrenreihe verläuft eine tiefe, nach der Dorsalseite zu vordringende Einsenkung, welche den vorderen, die Mundöffnung und das Verbindungsstück der beiden freien Arme tragenden Theil des Körpers von dem Hauptabschnitte scheidet (Fig. 8, 52). Im Grunde dieser Einsenkung liegt die Infraösophagealcommissur. An der Seitenwand des Körpers, an der Aussenseite des Occl. ant., liegt die Oeffnung des Nephridiums (Oviductes) der entsprechenden Seite als ein schief nach vorn und oben gerichteter Schlitz (Fig. 8). Den unteren Theil des Nephridiums sieht man durch die Körperwand durchschimmern. Der hintere Theil der Seitenwand (Fig. 8) bildet für den oberen und unteren schiefen Muskel, die man durchschimmern sieht, je einen wulstartigen Vorsprung, die, in der Mitte der Seitenfläche zusammenstossend, eine nach hinten offene dreieckige Einsenkung begrenzen. Die den oberen schiefen Muskel aufnehmende Ausbuchtung der Körperwand ist stärker entwickelt, als die andere. Sie fällt bei geschlechtsreifen Thieren dadurch besonders auf, dass der in sie eingelagerte Theil der Keimdrüsen durchscheint (Fig. 5, 7).

Die hintere, zwischen den Occl. post. gelegene Partie der Leibeswand entspringt von dem der ventralen Schale dicht anliegenden Mantel (Fig. 16) und zieht, anfangs weniger, dann mehr schief nach oben und vorn, um in die zwischen den oberen Muskelenden gelegene Rückenwand überzugehen. In der Medianlinie liegt auf einer kleinen Papille die Afteröffnung (Fig. 6, 7, 16). Oberhalb derselben bildet die Körperwand eine enge, taschenartige Ausstülpung, welche mit dem dorsalen Mantel in Verbindung steht. Im Innern dieser Tasche liegt der Levator ani (Fig. 16).

Die Farbe der weichen Theile ist ein gelbliches Weiss. Bei den weiblichen Thieren schimmern die Ovarien röthlichbraun durch.

Das Wenige, was ältere Autoren über das Thier von *Crania* geschrieben haben, ist bei Davidson (2) zusammengestellt. Ich kann es unterlassen, darauf näher einzugehen.

Die neueren Angaben Joubin's bedürfen in mancher Beziehung der Berichtigung. Abbildungen, die eine Gesammtansicht der äusseren Verhältnisse geben, suchen wir bei ihm vergeblich. Die in den Text eingefügten Figuren zeigen aber, dass der Autor die eigenthümlichen und von anderen Brachiopoden abweichenden Verhältnisse an der Rückenseite von *Crania* nicht verstanden hat. Auf seiner Fig. 1, p. 195, die einen Sagittalschnitt darstellt, setzt sich der Theil der Körperwand, welcher den Oesophagus bedeckt, direct an den dorsalen Mantel an, so dass hinter demselben der dorsale, der Schale anliegende Theil die Leibeshöhle begrenzt. Dies ist nicht richtig, denn, wie meine Fig. 8 zeigt, liegt dorsal vom Oesophagus zwischen den Protractoren der Arme gerade der Eingang in die Rückenhöhle, und die ganze, zwischen den Muskelansätzen gelegene Rückenfläche hat eine besondere, von dem der Schale anliegenden Mantel durch eine Höhle getrennte Wand. Die Darstellung dieser Verhältnisse ist auch in seinen Figg. 2 u. 3, p. 218 misslungen. Ich brauche des Genaueren nicht darauf einzugehen. Ein Vergleich mit meinen Figg. 10, 16 und die oben gegebene Beschreibung zeigt dies deutlich genug.

Hervorheben will ich nur noch, dass von einer ähnlichen Einrichtung, wie sie auf der Dorsalseite als Rückenhöhle besteht, auf der ventralen nichts vorhanden ist, wie aus Fig. 2 bei Joubin hervorzugehen scheint. Hier liegt die Körperwand direct der Schale an (meine Figg. 10–16).

Abschnitt 3. Körperwand und Mantel.

Körperwand und Mantel gehören zusammen, und zwar ist der Mantel nichts weiter als eine Duplicatur der Körperwand zur Erzeugung des frei über den Umfang des eigentlichen Körpers vorstehenden Theiles der Schale, der hauptsächlich dem Schutze des Armapparates dient. Wie sich aus einer solchen Entstehungsweise ergiebt, muss der Mantel aus zwei Lamellen bestehen, von denen die eine, äussere, eine Fortsetzung der ventralen resp. dorsalen Körperwand, die andere eine solche der Vorder-, Hinter- und Seitenwände des Körpers darstellt. Ursprünglich lag wohl zwischen den beiden Lamellen ein weiter Hohlraum, eine Fortsetzung des Cöloms. Dieser weite Hohlraum ist dann durch Verwachsung beider Lamellen theilweise verschwunden. Es haben sich noch einzelne, bei verschiedenen Arten der Brachiopoden in verschiedener charakteristischer Weise angeordnete Hohlräume, die Mantelsinus, erhalten. Diese stehen zeitlebens in offener Verbindung mit dem centralen Theile des Cöloms und werden von demselben Epithel ausgekleidet wie dieses. Die Modificationen, die an der Rückenfläche von *Crania* durch Ausbildung einer Rückenhöhle oder, wie man sie auch nennen könnte, secundären Mantelhöhle entstanden sind, wurden oben erwähnt. Sie ändern an dem principiellen Verhalten nichts. Sie sind eine Eigenthümlichkeit von *Crania*. Bei keinem anderen bis jetzt untersuchten Brachiopoden hat sich etwas Aehnliches gefunden.

Die Grundlage der ganzen Körperwand, des Mantels und auch der Arme bildet ein für die Brachiopoden charakteristisches Stützgewebe von knorpelartiger Consistenz, bei vielen Testicardinen durch eingelagerte, grössere oder kleinere Kalkkörper verstärkt.

Es entspricht ganz der Wirklichkeit, wenn Joubin sagt, schematisch liesse sich die Organisation der Brachiopoden zurückführen auf »une couche de tissu cartilagineux comprise entre deux epithéliums«. Auf der äusseren Seite ist diese Stützlamelle überzogen von dem äusseren Epithel. Die in ihr enthaltenen Abschnitte des Cöloms sind vom Cölomepithel ausgekleidet.

a) Die eigentliche Körperwand.

Die eigentliche Körperwand zeigt in ihrem Bau ziemlich beträchtliche Verschiedenheiten je nach der Gegend, wo wir sie untersuchen. Diese Verschiedenheiten sprechen sich in erster Linie in der mehr oder weniger mächtigen Entwickelung des Stützgewebes aus. Die Epithelien sind im grossen und ganzen überall dieselben. Modificationen des äusseren Epithels treten da auf, wo Theile des centralen Nervensystems oder grössere Nervenstämme in dasselbe eingelagert sind, wo die Körperwand direct der Schale anliegt und diese erzeugt, ferner an den Muskelansätzen. Das Cölomepithel, welches die Körperwand innen überzieht, zeigt weniger Verschiedenheiten. Diese bestehen besonders in der grösseren oder geringeren Mächtigkeit der aus demselben hervorgehenden Muskelzüge.

Ich schildere nun zunächst die gröberen Gestaltungsverhältnisse der Körperwand, einschliesslich ihrer Musculatur, ohne Rücksicht auf das äussere Epithel, welchem nachher noch einige Worte gewidmet werden sollen.

Da, wo die Körperwand der Schale anliegt, hat sie dieselbe Beschaffenheit wie der Mantel, diese Theile werden darum besser im nächsten Theile zusammen mit dem Mantel behandelt. Der vordere, vor den Occlusores anteriores gelegene Theil zeigt durch die dem Armapparat angehörenden Hohlräume ein besonders complicirtes Verhalten und wird naturgemäss seine Betrachtung bei dem Armapparat finden. Die durch den Ursprung der Arme bedingten Modificationen betreffen jedoch nur den oberen Theil der Vorderwand; der untere Theil derselben, der sich mit dem ventralen Mantel verbindet, ist ganz einfach und soll darum gleich behandelt werden.

Ausserdem bleiben noch für die Betrachtung hier übrig: die Seitenwände, die in ihrer Mitte die Afterpapille tragende Hinterfläche und die Rückenfläche, welche zwischen den dorsalen Muskelansätzen die Rückenhöhle von unten her begrenzt. Am einfachsten verhalten sich von diesen verschiedenen Theilen die Rückenwand, die Hinterwand und der untere Theil der Vorderwand. An diesen Theilen der Wand ist die Stützsubstanz eine dünne Membran, die auf ihrer, der Leibeshöhle zugekehrten Seite Muskelfasern, die aus Zellen des Cölomepithels hervorgegangen sind, trägt. Fig. 41 stellt einen Sagittalschnitt durch den unteren Theil der vorderen Körperwand dar. Man sieht die Stützsubstanz als dünnes Häutchen zwischen den beiden Epithelschichten.

Von derselben Beschaffenheit und annähernd derselben Dicke ist die Stützsubstanz an den anderen genannten Stellen (Fig. 42, 43, 10—20). Etwas verwickelter sind die Verhältnisse in der Umgebung der Occl. post. und an den Seitenwänden.

Die hinteren Occlusoren liegen in einer von der Körperwand gebildeten besonderen Scheide, die, soviel ich sehen kann, vollständig gegen den übrigen Theil der Leibeshöhle abgeschlossen ist (Fig. 10, 42). Hinten, am oberen Theil der medialen Seite, an der äusseren Seite zwischen den Taschen des obl. sup. und inf., und auch noch ventral von der Scheide des letzteren ist es die Körperwand selbst, welche die Scheide bildet. Der Theil, welcher den Abschluss des Muskels gegen die Leibeshöhle, also an der vorderen, im unteren Theile der medialen Seite und gegen die Taschen des obl. sup. und inf. bewirkt, ist wohl als Duplicatur der Körperwand zu betrachten, dementsprechend ist auch die den Muskel einschliessende Höhle von Cölomepithel ausgekleidet. Die in der Muskelscheide eingeschlossene Flüssigkeit enthält dieselben amöboiden Zellen wie die Leibeshöhle.

Die Seitenwand entsendet da, wo die oberen und unteren schiefen Muskeln sich kreuzen, also etwa in der Mitte zwischen den Occl. ant. und post. einen Fortsatz medialwärts (Fig. 11), welcher zwischen die beiden Muskeln eindringt und sich an den lateral gelegenen Theil der Vorderwand der Scheide des Occl. post., ungefähr in der Mitte ihrer Höhe befestigt. Diese Scheidewand setzt sich nach hinten zu, spitz sich auskeilend fort. Dadurch kommt dann die eigentliche Körperwand in einer breiten Fläche zur Berührung und Verschmelzung mit der Scheide des Occl. post., so dass nur noch, dem oberen und unteren Ende genähert, ein mit der Leibeshöhle zusammenhängender Hohlraum bestehen bleibt (Fig. 10, 42). Von diesen ist der obere der ansehnlichere. Er nimmt den Endabschnitt des oberen schiefen Muskels auf. Der untere enthält den Ursprungstheil des unteren schiefen Muskels. Auf den in Fig. 10, 42 abgebildeten Schnitten erscheinen darum die beiden Muskeln in besondere Hüllen eingeschlossen. Diese Verhältnisse können als Fingerzeig dafür dienen, wie die Hülle, welche den Occl. post. vom Cölom abschliesst, zu Stande gekommen ist.

Die Körperwand trägt nun fast überall auf ihrer Innenseite eine einfache oder mehrfache Schicht von Muskelfasern. Der Faserverlauf ist im Ganzen genommen ein sagittaler. Am unteren Theile der Vorderwand biegen die Fasern von rechts und links her nach der Medianlinie zu um, darum erscheinen sie auf dem Sagittalschnitt Fig. 41 quergetroffen. Im vorderen Theile der Rückenwand ist diese Musculatur am kräftigsten entwickelt, wie ein Querschnitt etwa in der Mitte zwischen Occl. ant. und post. (Fig 43) zeigt. Die Fasern liegen hier in mehrfacher Lage unter dem Cölomepithel und bilden im Zusammenhange mit ebenfalls mehrschichtigen Faserlagen zu beiden Seiten des dorsalen Mesenteriums einen kräftigen Längsmuskel. An den Seitenwänden des Körpers (Fig. 42) findet sich auch diese der Körperwand selbst angehörende Muskelfaserlage. Sogar da, wo der untere schiefe Muskel sich enge an die Körperwand anlegt, lässt sie sich noch scharf von den Fasern dieses Muskels abgrenzen.

Die Auffassung der Scheide des Occl. post. als Einstülpung der Körperwand wird durch die Verhältnisse der an ihr vorkommenden Faserlagen bestätigt. Die ganze Innenfläche der Scheide ist von einer Lage von ringförmig verlaufenden Muskelfasern ausgekleidet, die nur an einer kleinen Strecke der Vorderwand fehlen. Dagegen trägt die Vorderwand auf der der Leibeshöhle zugekehrten Seite eine fast ununterbrochene Schicht von Muskelfasern.

Mit der Stützsubstanz der Leibeshöhle steht in Zusammenhang die die Grundlage der Mesenterien, der Ileoparietalbänder etc. bildende Stützsubstanz. Das Genauere darüber findet sich in Abschnitt 7.

Auf die histologischen Verhältnisse der Körperwand gehe ich nicht weiter ein. Diese sind im Wesentlichen dieselben, wie sie jetzt gleich beim Mantel und nachher beim Armapparat ausführlich behandelt werden sollen.

Das äussere Epithel hat denselben Charakter wie auf der Innenfläche des Mantels und auf den Armen, mit Ausschluss der Armrinne. Die Zellen sind bald etwas höher, bald etwas niedriger. Sie tragen Wimpern. Secretzellen kommen, wie auf der Innenfläche des Mantels, im Ganzen nur spärlich vor. In grösserer Menge finden sie sich an der Vorderseite des schnabelförmigen Vorsprungs und in der Umgebung der infraösophagealen Commissur. Die Abschnitte des Epithels, wo im Zusammenhang mit der Einlagerung grösserer Nervenstämme Modificationen aufgetreten sind, werden beim Nervensystem (Abschnitt 9) behandelt werden. Das Cölomepithel wird bei der Leibeshöhle (Abschnitt 7) betrachtet werden.

b) Der Mantel.

So einfach und leicht zu untersuchen und zu verstehen die eigentliche Körperwand ist, so schwierig gestaltet sich die Erforschung des Mantels und besonders seiner Anhänge, der Mantelfortsätze oder Mantelpapillen. Es sind hauptsächlich technische Schwierigkeiten, welche sich der Untersuchung dieser dünnen, durch die Papillen fest mit der Schale verbundenen Membran entgegenstellen. Macerationspräparate sind zwar leicht anzufertigen. Wenn man den Mantel sammt der Schale in die Macerationsflüssigkeit einlegt, so lässt er sich später leicht von der Schale loslösen. Um aber die Mantelpapillen zu untersuchen, sind gute Durchschnitte, besonders auch durch die Randpartie, nothwendig. Solche sind an in der gewöhnlichen Weise entkalkten Thieren kaum zu erhalten, da sich gerade der Rand des Mantels fast stets in unregelmässiger Weise aufrollt. Noch weniger gelingt es dabei, gute und vollständige Längsschnitte durch die Papillen zu erhalten. Nach vielen vergeblichen Versuchen fand ich endlich ein Verfahren, das tadellose Präparate liefert und welches wohl auch für andere Fälle mit Vortheil zu verwenden sein wird. Darum will ich dasselbe hier kurz angeben.

Die ganzen, nicht entkalkten Thiere werden in Celloidin eingebettet, und zwar muss das Celloidin recht fest werden. Dann wird die Aussenseite der Schale von Celloidin gereinigt, was sehr leicht geht, und in diesem Zustande wird entkalkt und zwar am besten mit 1-proc. Salzsäure oder 1-proc. Essigsäure. Chromsäure oder Salpetersäure oder Gemische beider, die sonst recht gute Dienste leisten, lassen sich nicht anwenden, da die Präparate nach einer solchen Behandlung, auch bei längerem Auswaschen, sich schlecht färben. Nachdem der Kalk vollständig aufgelöst ist, wird sehr sorgfältig ausgewaschen; ich setzte dem Wasser eine Spur Ammoniak zu. Darnach werden die Präparate aufs neue in Celloidin eingebettet. Man hat dazu nur nöthig, die Stücke aus 70-proc. Alkohol, in welchem sie 1—2 Tage verweilten, etwa für eine halbe Stunde in Alk. abs. zu legen und dann in einem Schälchen mit dicker Celloidinlösung zu übergiessen und in der gewöhnlichen Weise weiter zu behandeln. Man kann dann, wenn die Einbettung gut ist, Schnitte von 7 μ erhalten. Diese werden auf dem Objectträger gefärbt. Auf diese Weise bleibt nicht nur der ganze Mantel in seiner natürlichen Lage erhalten, sondern vielfach erhalten sich auch die Fortsätze desselben bis in ihre feinsten Verzweigungen. Auch die Structur der organischen Grundlage der Schale kommt so am besten zur Anschauung.

Ich habe dieses Verfahren auch bei dem noch viel zarteren Mantel der Waldheimien und anderer Arten mit bestem Erfolge verwandt und hoffe, dass es sich auch in anderen ähnlichen Fällen bewähren wird.

In diesem Capitel soll nur der Bau der Grundsubstanz des Mantels und seiner Epithelien behandelt werden. Die Mantelsinus, als Fortsätze der Leibeshöhle finden ihre Stelle bei dieser in Abschnitt 7.

Ich nenne die der Schale anliegende Seite des Mantels die S c h a l e n s e i t e oder A u s s e n s e i t e, die andere der Mantelhöhle zugekehrte dagegen die I n n e n s e i t e.

Da der Mantel nichts weiter wie eine Fortsetzung der Körperwand ist, so bildet wie dort die Stützsubstanz seine Grundlage. Wo Fortsätze der Leibeshöhle, Sinus, im Mantel liegen, bildet die Grundsubstanz eine äussere, der Schale anliegende und eine innere, nach der Mantelhöhle zu liegende Lamelle (Fig. 28); an den Stellen, welche keine Sinus enthalten, ist die Stützsubstanzlamelle einfach. Wenn man den ganzen Mantel als Duplicatur der Körperwand auffassen will, so kann man sich vorstellen, dass hier die beiden Lamellen mit einander verschmolzen sind. Ob die einfachen Manteltheile wirklich so zu Stande kommen, müssen darauf gerichtete entwickelungsgeschichtliche Untersuchungen entscheiden. Wie ich unten zeigen werde, lassen sich auch manche histologische Befunde für diese Ansicht verwerthen.

Sowohl auf der Schalenseite wie auf der Innenseite wird die Mantellamelle von einem einschichtigen Epithel überzogen. Das der Innenseite ist ganz einfach, das der Schalenseite dagegen besonders durch Bildung der Mantelpapillen mannigfach modificirt. Da, wie schon oben bemerkt, das der Schale anliegende Epithel der eigentlichen Körperwand sich ebenso verhält wie das der Schalenseite des Mantels, so wird dies auch hier behandelt werden.

Was nun zunächst die Stützsubstanz des Mantels anlangt [1]), so ist dieselbe ein zartes, aber doch, wie die Stützsubstanz überhaupt, gegen die verschiedenen Reagentien recht widerstandsfähiges Häutchen.

In die meist homogen erscheinende Grundsubstanz sind verschiedene Zellen und Fibrillen eingelagert (Fig. 36—40). Untersuchen wir zuerst eine Stelle der Stützsubstanz zwischen den Enden der Mantelsinus (Fig. 36), so unterscheiden wir leicht zweierlei Zellen. Die meisten derselben sind sternförmig verästelt und durch ihre, oft bis zu Fädchen von unmessbarer Feinheit sich ausziehenden Fortsätze mit einander im Zusammenhang, so dass sie ein vollständiges Zellnetz bilden. Sie haben einen rundlichen Kern und enthalten in ihrem Plasma ein oder mehrere grössere gelbliche, stark lichtbrechende Körperchen und eine grössere Zahl ähnlicher, sehr kleiner Körnchen. Von diesen unterscheidet man leicht andere, in geringerer Zahl vorkommende, langgestreckt-spindelförmige Zellen, die, in den verschiedensten Richtungen verlaufend, auch zum Theil mit einander zusammenhängen. Entsprechend der langen, schmalen Gestalt dieser Zellen ist auch ihr Kern sehr langgestreckt, stäbchenförmig. Auch diese Zellen enthalten dieselben gelblichen Körnchen. Ich kann hier gleich darauf hinweisen, dass wir solche wieder in den Zellen des Cölomepithels in grosser Verbreitung antreffen werden. Die sternförmigen Zellen liegen in einer der Aussenseite des Mantels genäherten Schicht.

Gehen wir nun etwas mehr nach dem Rande zu und untersuchen die Stützsubstanz des Mantels eine kurze Strecke vor den Enden der Mantelsinus, so ergiebt sich das Bild, das in Fig. 37 dargestellt ist. Die

---

1 Das Nachfolgende bezieht sich, wenn nicht anders bemerkt, auf den dorsalen Mantel, weil dieser der Untersuchung leichter zugänglich ist. Uebrigens findet sich im Bau des ventralen Mantels keine irgendwie wichtige Abweichung.

sternförmigen Zellen finden sich in der gleichen Weise wieder — in der Figur sind nur einzelne ein-gezeichnet — die schlanken Zellen dagegen sind viel zahlreicher geworden, sind gruppenweise zusammen-gelagert und haben feinste Fibrillen ausgeschieden. Während an der vorhin betrachteten Stelle die spindel-förmigen Zellen nach den verschiedensten Richtungen verlaufen, macht sich hier schon eine regelmässige Anordnung geltend. Im grossen und ganzen ziehen sie alle nach dem Rande zu.

Gehen wir noch mehr nach dem Rande (Fig. 38), so sind diese schlanken Zellen noch zahlreicher, der Zellkörper tritt gegen die ansehnliche Fibrille ganz zurück, und die annähernd zum Rande senkrechte Richtung der Fibrillen ist noch deutlicher.

Was sind nun diese Fibrillen? Muskeln oder Bindegewebsfasern?

Ich bin aus verschiedenen Gründen dazu gekommen, sie für Muskelfasern zu halten. Man sieht bei conservirten Thieren den Mantelrand häufig von der Schale losgerissen und zusammengezogen, wie man dies auch bei abgetödteten Muscheln oft beobachtet. Oefter habe ich die Fasern am Rande streckenweise regelmässig geschlängelt beobachtet. Vielleicht ist diese Schlängelung der Ausdruck eines Contractions-zustandes.

Die Fasern verhalten sich gegen Eosin und Indigocarmin wie alle Muskelfasern. Ich will zwar darauf keinen allzu grossen Werth legen, obwohl die Indigocarminfärbung im ganzen ein recht sicheres Mittel zur Erkennung von Muskelfasern ist.

Es giebt aber noch bessere Gründe für meine Ansicht. Zunächst stimmen die Fasern nach Aussehen und Lagerung ganz mit denen überein, welche bei den übrigen Brachiopoden, deren Mantelrand Borsten trägt, an die Borstentaschen ziehen und wohl als Muskelfasern die Bewegung der Borsten besorgen. Dann stimmen sie in ihrer ganzen Beschaffenheit mit den Muskelzellen überein, die wir an den verschiedensten Stellen des Cölomepithels, besonders in den Armsinus wieder treffen werden. Und für vom Cölom-epithel abstammende Muskelzellen halte ich sie auch. Wenn wir den Mantel als eine Duplicatur der Körperwand betrachten, so muss er ursprünglich an Stelle der einzelnen Kanäle, welche die Mantelsinus des ausgebildeten Thieres darstellen, einen weiten, mit der Leibeshöhle zusammenhängenden Hohlraum ent-halten haben, welcher innen vom Cölomepithel, dessen Zellen überall Muskelfasern erzeugen können, aus-gekleidet waren.

Dadurch, dass die beiden Lamellen der Mantelduplicatur an gewissen Stellen mit einander ver-wachsen, kommt es zur Ausbildung der einzelnen von einander getrennten Mantelsinus, und an den Ver-wachsungsstellen, also zwischen den Sinus, müssen dann die Cölomepithelzellen in die, eben durch die Verwachsung eine einfache Lamelle bildende Stützsubstanz eingelagert erscheinen. Sind diese Zellen wirklich auf diese Weise in die Grundsubstanz gekommene Abkömmlinge des Cölomepithels, so können sie nur zwischen den Mantelsinus vorkommen, da, wo die Stützsubstanz eine durch Verwachsung einfache Lamelle bildet. In der Stützsubstanz, welche die Mantelsinus von oben und unten begrenzt und das Cölom-epithel auf ihrer Innenseite zur Auskleidung des Hohlraumes trägt, dürfen sie sich nicht finden. Dies ist auch thatsächlich der Fall. Im Stützgewebe sowohl der äusseren wie der inneren Wand der Mantelsinus fehlen die spindelförmigen Zellen, welche Fibrillen bilden und welche ich eben für Abkömmlinge des Cölomepithels halte. Wie Fig. 40 zeigt, finden sich in diesen Theilen der Stützsubstanz nur die stern-förmigen Zellen, welche der Stützsubstanz eigenthümlich sind. Die Muskelfasern, welche man in der Figur bemerkt, liegen der Innenseite der Stützsubstanz an, dicht unter dem Cölomepithel. Auf diese Muskelfasern werde ich bei der Leibeshöhle noch einmal zurückkommen.

Dass eine Einlagerung von dem Cölomepithel entstammenden Muskelfasern in die einfache — nach meiner Ansicht durch Verwachsung entstandene Mantellamelle — stattfinden kann, wird wahrscheinlich gemacht durch Bilder, die man oft an der Seite der Mantelsinus beobachtet (Fig 39*). Man sieht hier die Fasern aus dem Sinus heraus eine Strecke weit in die Stützsubstanz eindringen. An gewöhnlichen Präparaten macht es ganz den Eindruck, als seien sie vollständig dicht von der Stützsubstanz umlagert. Bei Injectionen unter einem Drucke von etwa 25—26 cm Quecksilber dringt die Masse längs der Fasern ein, so dass also wohl doch in der Umgebung derselben noch ein feiner Spaltraum besteht. Jedenfalls ist aber bis zur vollständigen Einlagerung nur ein Schritt.

Nach dem Gesagten scheint es mir also nicht unwahrscheinlich, dass wir die fraglichen Fibrillen als Muskeln zu betrachten haben. Den endgültigen Beweis für die Richtigkeit meiner Ansicht muss die Entwickelungsgeschichte erbringen.

Auf einige Verhältnisse der Stützsubstanz, die in Fig. 40 hervortreten, will ich hier noch aufmerksam machen. Man sieht, dass die Grundsubstanz fein längsgestreift (Richtung parallel der Längsachse der Sinus) ist. Diese Streifung habe ich nur in der inneren Wand der Mantelsinus beobachtet. Weiter bemerkt man da, wo die dem Cölomepithel der Sinus angehörenden Muskelfasern durch Abpinseln entfernt sind, den Muskelfasern entsprechende, aus feinen Pünktchen zusammengesetzte Linien. Es markiren sich durch diese kleinen Rauhigkeiten wohl die Ansatzstellen der Muskelfasern an die Stützsubstanz. Die Dicke der Stützlamelle beträgt in der Mitte des dorsalen Mantels etwa 8 μ, nach dem Rande zu verdünnt sich dieselbe.

Von den beiden Epithellagen zeigt die innere, der Mantelhöhle zugekehrte das einfachere Verhalten. Wir haben es hier mit einem, die ganze Fläche gleichmässig überziehenden Wimperepithel zu thun, das aus ziemlich niederen Zellen besteht. Von der Fläche betrachtet, sind sie regelmässig polygonal (Fig. 35 a); in Macerationspräparaten und im Schnitt zeigen sie dieselben Eigenthümlichkeiten, auf die schon bei der Körperwand im engeren Sinne hingewiesen wurde und die bei der Betrachtung der Arme genauer erörtert werden sollen.

Das Plasma dieser Zellen enthält dicht gedrängt kleine, glänzende Kügelchen. Jede Zelle trägt eine Wimper. Diese erzeugen einen nach dem Rande zu gerichteten Strom, wie ich mich durch Aufbringen von Tusche bei dem lebenden Thiere überzeugt habe.

Zwischen den Wimperzellen stehen im hinteren Theile des Mantels einzelne Secretzellen. Bei anderen Brachiopoden sind diese zahlreicher.

Zwischen den Füsschen der Epithelzellen liegt ein reiches Netz von Nervenfasern. Man bringt dieses leicht zur Ansicht, wenn man das Epithel, das man bei macerirten Präparaten in grossen Fetzen abziehen kann, wobei die Nervenfasern in Verbindung mit dem Epithel bleiben, von der Unterseite betrachtet (Fig. 35 b). Da und dort (Fig. 35 b *Ggz.*) sieht man zwischen den Füsschen der Epithelzellen grosse, etwa spindelförmige Zellen liegen, von deren beiden Enden feinste Fäserchen ausgehen. Ich halte diese Zellen für bipolare, in den Verlauf der Nervenfasern eingeschaltete Ganglienzellen, nach Analogie mit den Verhältnissen bei den Testicardines, wo gerade im Verlauf der Mantelnerven sehr grosse, bipolare Ganglienzellen vorkommen. Die Mantelnerven sind dort in die Stützsubstanz eingelagert. Dass diese Nervenfasern mit den Epithelzellen in Verbindung stehen, scheint mir wahrscheinlich, liess sich aber nicht beobachten. Falls sich meine Ansicht, dass die oben erwähnten Fasern der Stützlamelle des Mantels Muskeln sind, bestätigt, würden sie auch diese zu versorgen haben.

Complicirter sind die Epithelverhältnisse auf der Aussenseite des Mantels, besonders durch die* Bildung der Mantelpapillen. Von den zahlreichen Beobachtern hat Beyer allein bei *Lingula* das äussere Epithel richtig erkannt.

Am leichtesten erkennt man die Beschaffenheit dieses Epithels, wenn man ganz junge Thiere oder Strecken in der Nähe des Mantelrandes bei älteren untersucht. Sehen wir zunächst von den Mantelpapillen ab, so ergiebt sich leicht (Fig. 27, 28, 30b, 31), dass das Epithel aus etwas höheren Zellen, als das der Innenseite besteht, die ganz den gewöhnlichen Typus der ectodermalen Epithelien der Brachiopoden haben, also nach unten etwas, bisweilen sogar stark verjüngt sind, so dass wieder ansehnliche Intercellularräume entstehen.

In der Tiefe zwischen diesen Zellen finden sich kugelförmige oder ellipsoidische Zellen (*Sec.z.*), welche bei älteren Thieren durch ihre weitere Ausbildung das Verständniss des äusseren Mantelepithels recht erschweren. Schon in einzelnen der kleinen Zellen der Figuren 27, 28 sieht man das Plasma ganz erfüllt von stark lichtbrechenden Kügelchen. Allmählich wachsen diese Secretzellen heran, die Secrettröpfchen vermehren und vergrössern sich, so dass dann zwischen den mächtig angeschwollenen Secretzellen die einfachen Epithelzellen nur bei genauer Untersuchung und an guten Präparaten noch zu erkennen sind (Fig. 30a u. 31). Die letzteren haben die typische Beschaffenheit der Ectodermzellen der Brachiopoden behalten. Sie sitzen mit einem langen, schlanken Füsschen der Stützsubstanz auf, nach der Oberfläche zu erweitern sie sich pyramidal und tragen in diesem erweiterten Theil den Kern. Die Secretzellen sind besonders in den mittleren Theilen des Mantels entwickelt, und hier sind die normalen Epithelzellen auf Schnitten nicht leicht klar zu erkennen. Ohne weiteres findet man sie dagegen an Macerationspräparaten des Mantels. Das zur Maceration verwandte Gemisch von Osmium-Essigsäure und Seewasser löst nämlich das Secret der Secretzellen ganz oder zum Theil auf. Pinselt man ein solches Präparat ab, so bleiben nur die normalen Epithelzellen auf der Stützsubstanz stehen, wo sie fester haften, als dem Beobachter oft lieb ist. An einzelnen Stellen sind auch beim erwachsenen Thier die Secretzellen spärlich oder fehlen ganz, was natürlich das Verständniss des Baues sehr erleichtert, so z. B. an den Rändern der Mantelsinus (Fig. 30b, 31) und dann besonders über den Muskelansätzen (Fig. 29). An diesen Stellen findet sich das schönste Cylinderepithel, allerdings in der den Brachiopoden eigenthümlichen Weise ausgebildet, mit ansehnlichen Intercellularräumen. Das Plasma der Zellen ist grobfaserig (senkrecht zur Oberfläche), der Kern liegt den Zellen seitlich an. Diese Zellen erzeugen die aus fein längsstreifigen Prismen aufgebaute Kalksubstanz der Muskelansätze, die schon bei der Schale besprochen wurde. Ein Flächenschnitt (Fig. 29b) durch das Epithel eines Muskelansatzes zeigt die polygonalen, durch weite Zwischenräume getrennten Epithelzellen mit ihren seitlich anliegenden Kernen; ein höher, durch die Prismensubstanz der entkalkten Schale geführter Schnitt (Fig. 29a) giebt ein ähnliches Bild durch die polygonalen Querschnitte der einzelnen Prismen, nur hlen natürlich die Kerne vollständig. Die eigenthümlich modificirten Zellen, die sich in grösserer Menge nur an den Muskelansätzen finden — an den Rändern der Sinus liegen sie auch über den Enden von Muskelfasern (cf. Abschnitt 7) - vermitteln jedenfalls eine festere Verbindung zwischen Stützsubstanz und somit auch den Enden der Muskeln und der Schale. Ich nenne sie darum Haftzellen.

Die eigenthümlichsten Bildungen des Brachiopodenmantels sind die für die ganze Thiergruppe so charakteristischen Mantelfortsätze oder Mantelpapillen.

So oft dieselben auch schon untersucht sind, so wurde doch ihr Bau noch keineswegs richtig erkannt, und auch über ihre Function sind wir noch ganz im Dunkeln, trotz der verschiedenen Ansichten, die über dieselben im Laufe der Zeiten allmählich geäussert wurden.

Der Umstand, dass diese zarten Gebilde ganz in die kalkige Schale eingelagert sind, erschwert ihre Untersuchung sehr. Es ist ausgezeichnet conservirtes Material und auch dann noch recht vorsichtige Behandlung nöthig. Nach der oben angegebenen Methode bin ich ohne besondere Schwierigkeiten zum Ziele gekommen.

Man studirt die Mantelfortsätze am besten in der Nähe des Randes, weil sie beim Wachsthum hier beständig neu gebildet werden. Wegen der Anordnung derselben in radiäre Reihen trifft man auf günstigen Schnitten stets eine grössere Zahl derselben.

An solchen jüngeren Mantelpapillen lässt sich nun leicht feststellen, dass sie rein epitheliale Bildungen sind; weiter nichts, als einige bedeutend verlängerte Epithelzellen. Sie enthalten keine Spur von einem Hohlraum, wenn dies auch erst von dem neuesten Beobachter der Brachiopoden wieder angegeben und durch schöne, aber vollständig aus der Luft gegriffene Figuren erläutert wurde. Die Fig. 31, 32, 33, 34 machen dies besser klar, als es eine lange Beschreibung vermag. An den Seiten der Papillen findet man die Zellformen, welche den Uebergang zwischen typischen Mantelepithelzellen und den die Papille bildenden Zellen vermitteln.

Die Mantelpapillen von *Crania* haben, wie schon lange bekannt, im Vergleich mit denen anderer Brachiopoden die Eigenthümlichkeit, dass sie sich nach der Oberfläche der Schale zu verästeln. Bei der von mir befolgten Methode der Untersuchung erhalten sich recht oft die äusserst feinen Endverzweigungen in grosser Vollständigkeit. Wie die Fig. 32 b zeigt, erreichen keineswegs alle Endfäden die Oberfläche. Viele dringen als lange, feine Plasmafäden in die Schalensubstanz ein. Wie sich die der Oberfläche zustrebenden Endzweige hier verhalten, lässt sich bei *Crania* wegen der grossen Zartheit dieser Gebilde nicht entscheiden. Ich werde auf diese Frage bei den Testicardinen zurückkommen. Während im Stamme der Papille, besonders in den unteren Theilen, die einzelnen Zellen sich noch ziemlich gut abgrenzen lassen, ist dies in den Verzweigungen nicht mehr möglich. Die sich mehr und mehr verdünnenden Enden der Zellen legen sich wohl so fest an einander, dass keine Grenzen mehr wahrzunehmen sind. Eine feine Längsstreifung glaube ich auch hier öfter bemerkt zu haben.

In den älteren Theilen des Mantels wird die klare Einsicht in das Wesen der Mantelfortsätze durch die Secretzellen getrübt, die bis zu bedeutender Höhe in sie eindringen. Schon bei jungen Papillen beobachtet man häufig in der Basis eine oder mehrere dieser Secretzellen (Fig. 31). Bei älteren (Fig. 33) müssen sich diese verlängern. Man sieht bis weit in den Stamm hinauf die charakteristischen Secretkugeln. Dies kann so weit gehen, dass man den ganzen Stamm von diesen Secretkugeln erfüllt sieht und nur da und dort zwischen denselben noch einen Zellkern bemerkt.

Welche Bedeutung haben nun die Mantelpapillen? Auf die Ansichten anderer Autoren werde ich weiter unten eingehen. Ich halte sie für Organe, die im Wesentlichen der Ernährung der Schale dienen, die diese nicht als ein todtes Secret, sondern als einen lebenden Theil des Thierkörpers erscheinen lassen. Dafür kann man wohl ganz besonders die feinen, in die Schalen eindringenden Fortsätze, die sie bei *Crania* haben, ins Feld führen, die sich am besten mit den Fortsätzen der Knochenzellen vergleichen lassen. Allerdings hat auch diese Auffassung ihre Schwierigkeit, die ich mir nicht verhehle. Die Rhynchonelliden und andere Familien haben keine Mantelpapillen.

In den älteren Theilen der Schale machen die Mantelpapillen oft einen etwas degenerirten Eindruck, wohl hauptsächlich durch die massenhafte Einlagerung der Secretkugeln. Ob dadurch wirklich ihre Function beeinträchtigt wird, wage ich nicht zu entscheiden.

Ueberhaupt ist die Function der Secretzellen recht unklar. Wir werden denselben in den verschiedensten Regionen des äusseren Epithels wieder begegnen. Ich habe keinen Anhaltspunkt dafür, dass die ihren Körper erfüllenden Kugeln nach aussen entleert, oder dass die ganze Zelle ausgestossen wird. Was die Secretkugeln sind, ist auch schwer zu sagen. Sie sind widerstandsfähig gegen die Reagenzien, besonders auch gegen starke Säuren. Wie schon bemerkt, werden sie dagegen frisch in Osmium-Essigsäure-Seewasser aufgelöst. Sie färben sich intensiv mit Anilinfarben und Indigocarmin.

Eine besondere Besprechung verdient der Mantelrand. Derselbe ist bei *Crania* einfacher gebaut als bei anderen Brachiopoden, hauptsächlich dadurch, dass die sonst allgemein vorkommenden Borsten hier fehlen. Betrachtet man den Rand eines losgelösten Mantels von der Fläche, so sieht man eine Anzahl kurzer, radiär gerichteter Wülste; diese entsprechen den Rinnen im Rande der Schale (cf. Fig. 22). Das Genauere kann man nur auf guten Radiärschnitten feststellen. Wie Fig. 34 zeigt, lässt sowohl auf der Schalenseite als auch auf der Innenseite das Epithel gewisse Veränderungen gegen die übrige Manteloberfläche erkennen. Auf der Schalenseite besteht dasselbe aus sehr langen, schief nach auswärts und oben gerichteten Zellen. Aus diesen gehen die Mantelpapillen hervor, die an dem weiter wachsenden Mantelrande stets neu gebildet werden. Secretzellen fehlen hier noch vollständig, oder sie enthalten wenigstens die charakteristischen Einschlüsse noch nicht. Am äussersten Rande des Mantels ragt das Epithel der Schalenseite über die Stützlamelle hinaus, um die den äussersten Rand der Schale erreichenden, jüngsten Fortsätze zu bilden.

Auch auf der Innenseite ist das Epithel höher, und seine Zellen sind schmäler. Eine kurze Strecke hinter dem äussersten Rande bemerkt man den Querschnitt durch den Ringnerven (RN). Die äussersten Zellen sind am meisten verlängert und schief gegen die Schale gerichtet. Hier findet sich eine Cuticula (l). Ueber das Verhalten derselben bin ich bei der Schwierigkeit, gute Präparate zu erhalten, nicht vollständig ins Klare gekommen. Nach dem, was ich feststellen konnte, scheint diese Cuticula von der äussersten Zellgruppe erzeugt zu werden. Ich zweifle nicht daran, dass sie das Periostracum darstellt, also sich auf die Schale umschlägt.

Woodward[1]) spricht von Kalkkörpern im Mantel von *Crania*. Ich konnte davon nichts finden und glaube, dass er durch die Secretkörperchen getäuscht wurde.

Die Darstellung, welche Joubin von dem Mantel von *Crania* giebt, ist recht unvollständig. Ausserdem bedürfen seine Angaben vielfacher Verbesserung. Zunächst hat er den interessanten Bau der Stützsubstanz gar nicht studirt. Das Einzige, was er daran gesehen hat, sind die am Rande gelegenen, radiär gerichteten Muskelfasern. Ueber ihre Natur sagt er nichts weiter, als dass er keine Anhaltspunkte dafür habe, dass es Nerven seien. Er hat offenbar überhaupt nicht erkannt, dass sie in der Stützsubstanz liegen. Die Nerven hat er, wie hier gleich bemerkt werden kann, überhaupt nicht gefunden. Am Rande will er einen Ringmuskel bemerkt haben (Taf. VII, Fig. 9). Was dies sein soll, weiss ich nicht, denn der Ringnerv liegt weiter nach innen. Nicht einmal die so leicht erkennbare Natur der Muskelfasern unter dem Cölomepithel der Sinus wurde ihm klar, er hält sie für nach innen vorspringende Rippen der Stützsubstanz!

An dem inneren Epithel des Mantels hat er die Körnchen in den Zellen gesehen, die eigenthümliche Natur der Zellen aber, ihre Füsschen, ebenso das System der Intercellularräume ist ihm entgangen.

Was uns der Autor über die Beschaffenheit des äusseren Mantelepithels und der Mantelpapillen mittheilt, ist lediglich das Product von schlechten Präparaten und einer guten Phantasie. Für den, welcher das Object kennt, klingt es etwas merkwürdig, wenn er sagt: »La figure 7, pl. VII, est une image exacte d'un de ces points« (nämlich wo der Bau besonders klar hervortreten soll). Er bildet dabei an Stelle des äusseren Epithels ein aus vielen, etwa cubischen Zellen bestehendes Netzwerk ab, mit dessen Hohlräumen die ansehnlichen, cylindrischen Hohlräume der Mantelfortsätze in Verbindung stehen sollen! Die Mantelfortsätze sind nach ihm Röhren, deren Wand aus dem schönsten Cylinderepithel besteht! Wie ich oben gezeigt habe, ist das äussere Epithel ein einschichtiges, das seinen eigenthümlichen und etwas schwer zu

---

1) Proceed. Zool. Soc., 1856, p. 368.

4*

entziffernden Charakter durch die grosse Masse der Secretzellen erhält, und die Mantelpapillen enthalten keinen Hohlraum, sondern bestehen aus mehreren, stark verlängerten Epithelzellen.

Auch das äusserst klare Epithel über den Muskelansätzen ist ihm entgangen. Er sagt, dass das Epithel hier entweder fehle oder nach van Bemmelen in die Muskeln selbst umgewandelt sei. van Bemmelen denkt aber nicht daran, die Muskeln aus dem äusseren Epithel des Mantels hervorgehen zu lassen, sondern er nimmt eine Entstehung aus dem Cölomepithel an, was gewiss richtig ist.

Joubin hat an Querschnitten durch das Ende der Muskeln eine polygonale Felderung gesehen und abgebildet, konnte aber keine Kerne finden. Er hat eben einfach Schnitte durch die Prismensubstanz der Schale gesehen, das darunter liegende Epithel mit recht deutlichen Kernen hat er nicht bemerkt. (Vergl. dazu meine Fig. 29a u. b.)

Von den übrigen neueren Beobachtern ist van Bemmelen entschieden am weitesten gekommen. Ich werde auf seine Befunde bei Behandlung der Testicardines genauer einzugehen haben. Hier mag nur hervorgehoben werden, dass er den Bau der Stützsubstanz im ganzen richtig erkannte. Er sah die Zellnetze in der Stützsubstanz und erklärt sie für Bindegewebszellen. Ich kann hier gleich einen Punkt, über welchen van Bemmelen nicht ganz ins Klare kam, erledigen. Er sah im Mantel der Testicardinen die ganze Netze bildenden, Secretkörperchen führenden Bindegewebszellen, erkannte sie aber nicht als solche, obwohl er sagt, dass sie besonders bei *Terebratulina* den Eindruck von Zellen machen. Es sind thatsächlich Zellen, welche ganz vollgefropft sind mit den Secretkörperchen, welche bei *Crania* nur spärlich vorkommen. Carpenter (3) sagte schon ganz richtig, dass ihn diese Körperchen an Drüsensecretionen erinnerten.

Zu einer genaueren Erkenntniss der Epithelien, besonders des äusseren Epithels und der Mantelpapillen, war van Bemmelen's Material nicht genügend. Er hat aber doch an dem inneren Epithel schon Andeutungen der Füsschen gesehen und abgebildet (Taf. VII, Fig. 1, 2). Im Flächenbild hat er das bei den Testicardines einfache äussere Epithel des Mantels beobachtet, aber keine Kerne gefunden und glaubt darum, in der polygonalen Felderung nur Abdrücke der Basen der Kalkprismen sehen zu müssen. Die Polygone sind, wie ich hier vorläufig bemerken kann, wirkliche Zellen, die nach oben zu die Kalkprismen abscheiden.

Der Bau der Mantelpapillen wurde ihm nicht klar, dagegen hebt er ganz richtig hervor, dass sie nicht mit den Mantelsinus in Verbindung stehen. Er hat ihre Reihenstellung beobachtet und erkannt, dass nur am Rande neue Papillen gebildet werden.

Shipley bringt über den Bau des Mantels nichts Neues. In Betreff der Mantelfortsätze fällt er in den alten Irrthum zurück, dass sie Schläuche seien, welche mit Blutgefässen in Verbindung stehen. Die in ihnen enthaltenen Secretkörperchen hält er für Blutkörperchen.

Vogt und Yung fanden im Mantel das durch van Bemmelen glücklich beseitigte Lacunensystem wieder und wollen sogar einen Ringsinus beobachtet haben. Den Randnerven halten sie für einen Muskel. Es ist gewissermaassen eine Ironie des Schicksals, dass sie ein Lacunensystem gerade da beobachtet haben, wo keines besteht, das wahre Gefässsystem dagegen leugnen.

Auf die verschiedenen Ansichten der älteren Beobachter über den Bau des Mantels und besonders der Mantelpapillen, ebenso auf die verschiedenen Functionen, welche diesen Organen zugeschrieben wurden, kann ich hier nicht näher eingehen, ich werde bei Behandlung der Formen, an welchen diese Forscher arbeiteten, ihre Resultate näher betrachten.

Der sonst so scharfsichtige Hancock hat den Bau der Körperwand und des Mantels viel complicirter dargestellt, als er in Wirklichkeit ist. Er wurde dazu verführt durch den Irrthum, dass er die Zellnetze in der Bindesubstanz für ein Lacunennetz des Blutgefässsystems hielt. Diese falsche Vorstellung hat ihn auch noch bei anderen Organen in der Deutung des Beobachteten irren lassen. van Bemmelen hat schon diesen verhängnissvollen Irrthum Hancock's aufgedeckt, und ich stimme ihm, was Mantel und Körperwand anlangt, vollständig bei.

Abschnitt 4. **Das Muskelsystem.**

Das Muskelsystem ist derjenige Theil der Anatomie von *Crania*, welchen Joubin am richtigsten dargestellt hat. Trotzdem bleibt auch hier, wie das Folgende zeigen wird, eine Nachlese nicht ohne einige zum Theil bemerkenswerthe Resultate.

Ich betrachte in diesem Abschnitt nur die grossen, zur Bewegung der dorsalen Schale dienenden Muskeln nebst einigen anderen selbständigen Muskeln, mit Ausnahme derjenigen, die in den kleinen Armsinus eingelagert sind, welche bei der Betrachtung des Armapparates besprochen werden. Die der Leibeswand angehörende Muskellage ist schon behandelt; die Muskeln der Mesenterien, des Darmes etc. finden ihre Stelle bei diesen Organen.

Die selbständigen Muskeln von *Crania* sind alle paarig. Eine Eigenthümlichkeit, welche *Crania* mit den anderen Ecardines, *Lingula* und *Discina*, gemeinsam hat, besteht darin, dass an den Muskeln keine aus der Stützsubstanz der Leibeswand hervorgegangenen Sehnen vorkommen, wie sie sich bei den Testicardinen in weiter Verbreitung finden. Die Muskeln sind darum im Allgemeinen ihrer ganzen Länge nach gleichdick und bestehen aus langen, einander parallel verlaufenden Muskelfasern, welche durch spärliches Bindegewebe zusammengehalten werden.

Die allgemeine Anordnung der Muskeln ergiebt sich aus der schematischen Abbildung, Fig. 9. Das Genauere zeigen dann die Fig. 5, 6, 7.

In den vorderen Ecken des Körpers liegen die Occlusores anteriores (adducteurs antérieurs, Joubin), in den hinteren die Occlusores posteriores, beide entspringen in der ventralen und inseriren in der dorsalen Schale. Ein Paar schiefer Muskeln entspringt von dem Knopf der ventralen Schale und inserirt in der dorsalen Schale lateral von den Occlusores post. Ich nenne sie Obliqui superiores (protracteurs de la valve dorsale, Joubin). Mit ihnen kreuzen sich etwa in der Mitte der lateralen Körperwand die in der Ventralschale, an der Aussenseite der Occl. post. entspringenden und in die vor den Occl. ant. gelegenen Theile der Körperwand ausstrahlenden Obliqui inferiores.

Die vier genannten Paare von Muskeln sind die ansehnlichsten. Zu ihnen kommen noch drei andere, unansehnliche Paare, nebst einem äusserlich zwar unpaar erscheinenden, in Wirklichkeit aber ebenfalls paarigen Muskel. Das erste Paar dieser kleineren Muskeln sind die Protractores brachiorum (protracteurs des bras, Joubin), das zweite die Retractores brachiorum (rétracteurs des bras, Joubin), das dritte die am Vorderende der Insertion der Occl. ant. in der dorsalen Schale entspringenden Levatores brachiorum. Endlich gehört noch hierher der Levator ani (muscle impair, Joubin), am Hinterrande der dorsalen Schale in der Medianlinie vom inneren Rande der Lippe entspringend und oberhalb des Afters endend.

Ehe wir zur genaueren Betrachtung der einzelnen Muskeln übergehen, ist noch Einiges über den histologischen Bau derselben zu berichten. Alle diese Muskeln sind aus glatten Fasern, denen die Kerne mit einem kleinen Plasmarest seitlich anliegen, zusammengesetzt (Fig. 44 a). Die contractile Substanz besteht aus Fibrillen, was sich in einer deutlichen Längsstreifung ausspricht. Bei der Betrachtung macerirter Muskeln glaubt man bei schwacher Vergrösserung öfter eine Querstreifung zu erkennen. Starke Systeme zeigen jedoch (Fig. 44 b), dass diese Querstreifung nur durch eine regelmässige Knickung der Fibrillen vorgetäuscht wird. Betrachtet man einen Muskel im Querschnitt (Fig. 45), so erscheinen die einzelnen Fasern unregelmässig polygonal. Sie werden durch spärliches Bindegewebe zu Bündeln verbunden. Eine den ganzen Muskel umgebende (fascienartige) Bindegewebshülle konnte ich nicht wahrnehmen.

An einzelnen Muskeln, z. B. an dem Occl. ant., dem Obl. sup., fällt schon bei Lupenvergrösserung ein etwa senkrecht oder wenig schief zur Faserrichtung verlaufender Streifen auf, der bei dem Occl. ant. an der Grenze des oberen und mittleren Drittels, bei dem Obl. sup. zwischen mittlerem und hinterem Drittel gelegen ist. Dieser äusserlich wahrnehmbare Streifen wird hervorgerufen durch eine, den Muskel in seiner ganzen Dicke durchsetzende Platte der Stützsubstanz, in welcher sich die den Muskel versorgenden Nerven ausbreiten. Diese Platte (Fig. 48, 49) hängt mit dem Stützgewebe der Körperwand zusammen; sie ist siebartig durchbrochen, und durch die Oeffnungen hindurch treten die Muskelfasern, zum Theil heften sie sich auch an die Platte an. Da, wo die Platte mit der Stützsubstanz des Körpers zusammenhängt, sieht man von dem auf der Aussenseite der Stützsubstanz, im Epithel liegenden unteren Ganglion ein Stämmchen *N'* eintreten, welches sich dann in der Substanz der Platte verbreitet. Genaueres über den Zutritt einzelner Nervenfädchen zu den Muskelfasern konnte ich nicht feststellen. Es würde dies an zweckentsprechend behandeltem Material wohl leicht gelingen. Durch diese Verhältnisse würden sich die Brachiopoden vorzüglich zum Studium der Innervirung der glatten Muskelzelle eignen. Besonders *Lingula* mit ihren massigen Muskeln, die eine schon mit blossem Auge wahrnehmbare Nervenplatte haben, wäre dafür vorzüglich. Auf die Verhältnisse bei *Lingula* komme ich unten noch einmal zu sprechen.

Die Betrachtung der einzelnen Muskeln beginnen wir mit den Occlusores anteriores. Schon aus der Vergleichung des Ursprungs und der Insertion derselben in der ventralen resp. dorsalen Schale ergiebt sich, dass die beiden Muskeln nach oben etwas divergiren müssen.

Der Querschnitt des Muskels ist etwa bohnenförmig (Fig. 5, 6, 7). In Fig. 16 ist die centrale Fasermasse durch eine feine Linie umschrieben. Auf Querschnitten lässt sich auch eine dementsprechende Verschiedenheit erkennen. Der centrale Theil macht einen mehr lockeren Eindruck; die Fasern stehen nicht so dicht wie in den peripheren Partien. Bei der Präparation unter der Lupe fällt schon auf, dass der Muskel mit seiner vorderen Fläche fest an der vorderen Körperwand angeheftet ist. Dies kommt daher, dass hier der Nerv eintritt und dass im Zusammenhang damit das Stützgewebe zur Bildung der Nervenplatte in den Muskel eindringt, wodurch eben die feste Verbindung hervorgebracht wird. Oberflächlich markirt sich diese Nervenplatte sehr deutlich (Fig. 7).

Im engsten Zusammenhang mit dem Occl. ant. steht ein anderer Muskel, der Levator brachii, dessen Ursprung sich bei der Betrachtung eines Thieres von der dorsalen Seite (Fig. 5, 7), am Vorderrande des Occl. ant. deutlich abhebt. Dieser Muskel, der wohl nur einen, etwas selbständiger gewordenen Theil des Occlusors vorstellt, zieht schräg nach vorn und abwärts und inserirt in einer, in die hier mächtig entwickelte Stützsubstanz gegen den kleinen Armsinus zu eindringenden Höhle, welche eine Ausbuchtung der Leibeshöhle darstellt (Fig. 7, 56, 57).

Diese den Muskel aufnehmende Höhle ist gegen den kleinen Armsinus ganz abgeschlossen. Es gehen keine Fasern dieses Muskels durch die Scheidewand hindurch. Die im kleinen Armsinus vorkommenden Muskeln gehören diesem selbst an. In die aus Stützgewebe gebildete Scheidewand, welche den kleinen Armsinus von der den Levator brach. aufnehmenden, mit der Leibeshöhle zusammenhängenden Tasche scheidet, treten von dem unteren Ganglion und dem aufsteigenden Aste her Nerven ein, welche theils den Lev. brach. versorgen, theils wohl auch zu den Muskeln des Sinus gehen (Fig. 56, 57). Die Nervenästchen lassen sich sehr gut an Präparaten verfolgen, an welchen der kleine Armsinus mit Berliner Blau injicirt wurde. Die Flüssigkeit dringt schon bei mässigem Drucke (10 cm Quecksilber) in die Nervenkanäle ein, so dass sie intensiv blau gefärbt sind. Durch die Kanäle hindurch gelangt die Masse in das untere Ganglion und den aufsteigenden Ast, so dass auch diese eine Strecke weit blau gefärbt werden. Im weiteren Verlauf erhält der Armmuskel seine Nerven von dem unteren Armnerven. (Vergl. Abschnitt 5.)

Ueber die Beschaffenheit der von den Nervenstämmchen durchsetzten Scheidewand muss ich hier noch ein Wort sagen. Man könnte leicht auf die Idee kommen, dass sie nichts weiter sei, als die Nervenplatte des Armmuskels, welcher dann also doch, wie Joubin glaubt, aus der Leibeshöhle direct in den kleinen Armsinus eindringen würde. Dies ist aber nicht der Fall, wie schon daraus hervorgeht, dass die Muskelfasern die Scheidewand nicht durchsetzen. Auch die Art der Nervenverzweigung in der Scheidewand spricht gegen diese Deutung. Ferner zeigt die Betrachtung anderer Brachiopoden zur Genüge, dass eine solche Ansicht nicht zulässig ist. Ihnen fehlt der Levator brachii, und die Musculatur des kleinen Armsinus ist trotzdem vorhanden, so dass also kein Zweifel darüber bestehen kann, dass diese Musculatur dem Sinus selbst angehört.

An den äusseren Rand der Insertion des Occl. ant. in der dorsalen Schale schliesst sich ein weiterer kleiner Muskel an (Fig. 5—7, 9, 10 *retr. br.*), den Joubin rétracteur du bras, ich dementsprechend Retractor brachii genannt habe. Ob er die damit ausgedrückte Function hat, scheint mir mehr als zweifelhaft, wie das Folgende ergiebt. Schon bei sorgfältiger Betrachtung mit der Lupe sieht man, dass dieser Muskel sich etwas anders verhält als die übrigen. Er hat nicht den eigenthümlichen Seidenglanz, ist viel starrer und lässt sich mit der Nadel nicht zerfasern. Die mikroskopische Untersuchung lehrt, dass der Retr. brachii überhaupt kein Muskel im gewöhnlichen Sinne ist. Fig. 46 zeigt einen Schnitt durch ihn, welcher, parallel zur Medianebene, den Muskel annähernd quer getroffen hat. In der bedeutend entwickelten Stützsubstanz sind eine Anzahl Hohlräume — der Ausdruck von in der Längsachse des fraglichen Gebildes verlaufenden Kanälen. Untersucht man einen mehr nach der Medianebene zu gelegenen Schnitt, so sieht man diese Kanäle zu einem gemeinschaftlichen Hohlraum zusammenfliessen, welcher vor dem Occl. ant. und am lateralen Rande des Lev. brach. mit der Leibeshöhle in Verbindung steht. Das Cölomepithel, das dieses Hohlraumsystem auskleidet, hat Muskelfasern entwickelt, die ungefähr in der Längsrichtung der Kanäle und somit auch des ganzen Organes verlaufen (Fig. 46 *M*). Was also bei äusserer Untersuchung leicht als Muskel angesehen wird, ist nichts weiter als ein eigenthümliches Divertikel der Leibeshöhle, in welchem durch Lamellenbildung der Stützsubstanz eine Oberflächenvergrösserung stattgefunden hat, so dass eine grössere Zahl von Muskelfasern zur Entwickelung kommen konnte. Wenn also der Retr. brach. in seinem inneren Bau sich ganz anders verhält wie die übrigen Muskeln, so hat er doch auch manches mit ihnen gemeinsam, so den Ansatz in der Schale, welcher ebenso wie die Ansätze typischer Muskeln aus Prismensubstanz gebildet ist. Dementsprechend zeigt das Epithel der Schalenseite des Mantels über dem Retr. brach. auch dieselben Modificationen, wie über den typischen Muskelansätzen. Die Zellen sind zu Haftzellen umgebildet. (Vergl. dazu den vorhergehenden Abschnitt.)   •

Ueber die Protractores brachiorum ist nicht viel zu sagen. Sie sind rings von der Stützsubstanz umgeben. Der sie enthaltende Hohlraum ist gegen die Leibeshöhle zu abgeschlossen.

Die Occlusores posteriores divergiren auch von der ventralen nach der dorsalen Seite zu etwas. Ihre Fasern sind an der der Leibeshöhle zugekehrten, medialen Fläche am höchsten, werden nach dem Hinterrande und dem Seitenrande zu kürzer, so dass Ursprung und Insertionsfläche unter einem spitzen Winkel gegen einander geneigt sind. Eigenthümlich für diese Muskeln ist die Hülle, welche die Leibeswand um sie bildet (Fig. 10, 42).

Die Beschaffenheit dieser Hülle wurde schon oben besprochen. Der den Muskel enthaltende Hohlraum ist nicht nur durch das ihn auskleidende Epithel, sondern auch durch seinen Inhalt an amöboiden

Zellen, wie sie in der Leibeshöhlenflüssigkeit vorkommen, als Abschnitt des Cöloms zu erkennen. Die Innervirung des Occl. post. findet in anderer Weise statt als bei dem Occl. ant. Man findet keine Nervenplatte, was daher kommt, dass die Nerven an der Ursprungs- und Insertionsfläche eintreten und zwar hinter dem Ursprung des Obl. inf. und der Insertion des Obl. sup. von den unteren und oberen Seitennerven her.

Die Obliqui superiores sind die längsten Muskeln im Körper von *Crania*. Sie verlaufen von ihrem Ursprung an der seitlichen und hinteren Fläche des Knopfes der Ventralschale in ungefähr S - förmiger Krümmung nach der in der Dorsalschale, lateral von der Insertion des Occl. post. gelegenen Insertion (Fig. 5, 6, 7). Der untere Theil jedes Muskels schmiegt sich an die Rückenfläche des Occl. ant. der entsprechenden Seite an. An der seitlichen Körperwand wendet er sich in die Höhe, läuft über den unteren schiefen Muskel weg, biegt dann nach hinten um und verläuft dann weiter bis zu einer Insertion in einer Ausbuchtung der Leibeshöhle, welche medial von der Scheide des Occl. post. begrenzt wird (Fig. 10, 42).

Wo er den unteren schiefen Muskel kreuzt, liegt die Nervenplatte; hier ist also der Muskel fest mit der Körperwand verbunden (Fig. 7). Während der obere schiefe Muskel mit den Occlusoren zusammen die Bewegung der freien, dorsalen Schale vermittelt, haben die unteren schiefen Muskeln damit nichts zu thun. Diese entspringen in der ventralen Schale, lateral von den Occlusoren. Es ist für sie keine so deutliche Ansatzfläche entwickelt, wie für die übrigen Muskeln. Nur selten kann man in der Schale eine Andeutung einer solchen erkennen. Auf Schnitten durch entkalkte Thiere lässt sich aber doch spärliche Prismensubstanz nachweisen, und dementsprechend ist das äussere Epithel des Mantels auch in der bekannten Weise zu Haftzellen umgewandelt.

Der Muskel läuft an der Seite des Occl. post. nach vorn und ist hier auch in ein Divertikel der Leibeshöhle eingeschlossen (Fig. 10, 42), welches wie das entsprechende, aber umfangreichere für den Obl. sup., medial von der Scheide des Occl. gebildet wird. Der die beiden schiefen Muskeln in Fig. 10 u. 42 noch trennende Zwischenraum verringert sich allmählich, bis in der Gegend, wo die Nervenplatte des Occl. sup. liegt, beide zur Berührung kommen. Auf der letzten Strecke bis dahin sind die beiden Muskeln nur durch ein dünnes Septum getrennt, das schon bei der Leibeswand erwähnt wurde. (Vergl. Fig. 11, 12.)

Von der Berührungsstelle mit dem Obl. sup. aus zieht der untere schiefe Muskel unter dem oberen hindurch, weiter an der lateralen Körperwand nach vorn. Dabei wird der Querschnitt des Muskels, welcher im hinteren Theil rundlich ist (Fig. 10), allmählich lang elliptisch (Fig. 14, 15). Der Muskel flacht sich also ab. Er zieht an der äusseren Kante des Occl. ant. vorbei, seine Fasern wenden sich etwas nach der Rückenseite zu und endigen hier in der Körperwand. Die Innervirung habe ich nicht ermittelt.

Schliesslich bleibt noch einiges über den Levator ani zu sagen. Dorsal von dem After, in der Medianebene bildet die Leibeswand eine Ausstülpung, welche aber durch Stützsubstanz gegen die Leibeshöhle abgeschlossen ist (Fig. 16). Diese Ausstülpung zieht gegen den inneren Rand der Lippe am Hinterrande der Dorsalschale (Fig. 16, 3). Der Hohlraum dieser Tasche ist durch ein Septum, das man wohl als Fortsetzung des dorsalen Mesenterium betrachten kann, in zwei Kammern getheilt (vergl. den Querschnitt, Fig. 47). In beiden Kammern sind nun reichlich Längsmuskelfasern entwickelt.

Was die Literatur über die Muskeln von *Crania* betrifft, so kann ich mich fast ganz auf die Angaben von Joubin beschränken. Die Muskelansätze allerdings sind bei den recenten und bei fossilen Cranien vielfach untersucht worden. Von den Muskelverhältnissen habe ich zwei Darstellungen in den mir zugänglichen Werken gefunden, die eine, von Woodward herrührend, bei Davidson (1), die andere von Hancock, ebenfalls bei Davidson (2). Die Abbildungen des ersteren geben die Muskelansätze im Ganzen richtig wieder, die letzteren stellen auch den Verlauf der Muskeln im Körper dar, aber ziemlich roh und in mancher Beziehung nicht ganz richtig. Bei der geradezu staunenswerthen Genauigkeit, welche die übrigen Brachiopodenuntersuchungen H a n c o c k 's auszeichnet, kann ich mir dies nur dadurch erklären, dass er von *Crania* ganz ungenügendes Material hatte. J o u b i n hat die Muskelverhältnisse im Allgemeinen richtig dargestellt. Er hebt den schon oben erwähnten Unterschied zwischen den Muskeln der Ecardines und Testicardines hervor, was übrigens H a n c o c k schon 25 Jahre vorher gethan hatte. Darauf, dass er die Modificationen des Mantelepithels an den Muskelursprüngen und Insertionen nicht richtig erkannte, habe ich im vorigen Abschnitt schon hingewiesen. Die Nervenplatten, welche bei *Crania* leicht zu sehen, bei *Discina* und *Lingula* geradezu auffallend sind, entgiengen ebenfalls seiner Aufmerksamkeit. Bei den beiden letzteren Arten durchsetzen die Muskelnerven als weisse Stränge auf grosse Strecken die Leibeshöhle. H a n c o c k hat sie bei *Lingula* gesehen und gut dargestellt (vergl. bes. T. LXV, Fig. 2); er hielt sie aber für Blutgefässe, während O w e n sie schon richtig als Nerven erkannt hatte. Eine eingehende Darstellung dieser Verhältnisse werde ich in der nächsten Abhandlung geben.

Die beiden Bündel, welche J o u b i n im Occl. ant. beschreibt, konnte ich bei den von mir untersuchten Thieren nicht erkennen. J o u b i n giebt an, dass das dritte Bündel, welches er am Occl. ant. unterscheidet, mein Lev. brach., in den kleinen Armsinus eindringe; dies ist durchaus nicht der Fall, wie man sich bei Präparation unter der Lupe und mit absoluter Sicherheit auf Schnitten überzeugt. Keine einzige Faser dringt in den kleinen Armsinus ein.

Ueber den eigenthümlichen und von allen anderen Muskeln abweichenden Bau des Retr. brach. erfahren wir von ihm auch nichts. Ebenso entspricht die Darstellung, welche er von dem Lev. ani giebt, den thatsächlichen Verhältnissen nicht, wie aus einer Vergleichung seiner und meiner Angaben hervorgeht.

In der Seitenwand des Körpers giebt J o u b i n an Stelle des von mir beschriebenen einfachen Obl. inf. zwei Muskeln, einen vorderen und einen hinteren, an. Bei *Cr. anomala* ist dies sicher nicht der Fall.

Die Wirkung der Muskeln wird von J o u b i n zutreffend geschildert. Die Occlusoren dienen dazu, die dorsale Schale gegen die ventrale zu pressen und so die Mantelhöhle zu verschliessen. Die oberen schiefen Muskeln ziehen bei gemeinsamer Action die dorsale Schale nach vorn, bei einseitiger Contraction dagegen bewirken sie eine Drehung derselben. Die Oeffnung der Schalen soll dadurch zu Stande kommen, dass die Muskeln der Körperwand sich contrahiren und so einen Druck auf die Flüssigkeit der Leibeshöhle und auf die in derselben liegenden Organe ausüben.

J o u b i n versucht dann schliesslich die möglichen Homologien zwischen den Muskeln von *Crania*, *Lingula* und *Discina* zu ermitteln. Auf diese Frage werde ich erst eingehen, nachdem ich in der folgenden Abhandlung eine genaue Darstellung der Musculatur der beiden zuletzt genannten Formen, besonders auch der für die Frage nach der Homologie verschiedener Muskeln wichtigen Innervirungsverhältnisse, gegeben haben werde.

Abschnitt 5. **Der Armapparat.**

Ueber den allgemeinen Bau des für die Brachiopoden so charakteristischen Armapparates habe ich oben bei der Schilderung der allgemeinen Gestaltungsverhältnisse unseres Thieres schon Einiges gesagt, was genügen mag, um die äusseren Beziehungen des Armapparates zum Hauptabschnitt des Körpers klarzulegen. In diesem Abschnitt soll der nicht ganz einfache Bau der Arme selbst eingehender geschildert werden.

Crania hat freie Spiralarme, wie die übrigen E c a r d i n e s und *Rhynchonella* unter den T e s t i c a r d i n e s.

Man kommt, wie ich glaube, am leichtesten zu einem Verständniss des Baues der Arme, wenn man zuerst den freien Theil derselben untersucht und dann erst ihren Ursprung am Körper und besonders das Verhalten ihrer Hohlräume in der Umgegend des Mundes betrachtet.

Die Arme von *Crania* entbehren eines verkalkten, von der dorsalen Schale ausgehenden Armgerüstes und ebenso fehlen in die Stützsubstanz der Arme selbst eingelagerte Kalkkörper, wie sie z. B. bei *Terebratulina caput serpentis* !vorkommen. Darum sind sie besonders günstig für histologische Untersuchungen, hauptsächlich auch für Macerationspräparate. Sie waren für mich deswegen auch das Hauptobject in dieser Hinsicht. Die verhältnissmässig bedeutende Starrheit der Arme wird lediglich durch die stark entwickelte Stützsubstanz bedingt, welche in denselben eine Mächtigkeit erreicht, wie sonst nirgends mehr im ganzen Körper. Die Form der Arme wird durch die Gestaltung der Stützsubstanz bedingt; auf ihr erscheinen die Epithelien, welche sie äusserlich bedecken und die inneren Hohlräume auskleiden, nur als dünne Ueberzüge.

Um einen Ueberblick über den Bau der Arme zu geben, mag Fig. 51 dienen, die einen Querschnitt durch den freien Theil derselben darstellt. Wir unterscheiden an dem im Grossen und Ganzen elliptischen Querschnitt einen unteren, convexen Theil, die Unterseite, und einen oberen, concaven, die Armrinne. Die letztere wird auf der einen Seite begrenzt von der Armfalte (Epistom), einer lamellenartigen, vom äusseren Epithel überzogenen Erhebung der Stützsubstanz, auf der anderen Seite von einer wulstartigen Erhebung der Stützsubstanz, dem Cirrenwulst, auf welchem eine Doppelreihe von tentakelartigen Fortsätzen, die Cirren, stehen. Die der Armfalte anliegende Seite des Armes nenne ich die Faltenseite, die gegenüberliegende die Cirrenseite.

In der Stützsubstanz der Arme ausgehöhlt sind zwei grosse Canäle, welche in keiner Verbindung mit einander stehen. Den an der Faltenseite liegenden nenne ich mit Hancock den grossen Armsinus (canal de la lèvre, Joubin), den an der Cirrenseite gelegenen den kleinen Armsinus (canal des cirres, Joubin).

An der Faltenseite verläuft an der Basis der Armfalte der in die Supraösophagealcommissur übergehende Hauptarmnerv, an der der Armrinne zugekehrten (inneren) Seite des Cirrenwulstes der Nebenarmnerv, an der Unterseite des Armes der vom unteren Ganglion stammende untere Armnerv, an der äusseren Seite des Cirrenwulstes der äussere Armnerv. Die Nerven liegen alle subepithelial.

Die Cirren sind nach der Armrinne zu einrollbare, fingerförmige Fortsätze, die einen aus dem kleinen Armsinus entspringenden Hohlraum, den Cirrencanal, enthalten.

An der dem grossen Armsinus zugekehrten (medialen) Wand des kleinen Sinus liegt das Armgefäss, welches in jeden Cirrus ein Cirrengefäss abgiebt, das auf den inneren Cirrenmuskeln in die Höhe läuft und an der Spitze blind endet. Im Grunde des kleinen Armsinus liegt der Armmuskel (Brachialis).

Die genauere Betrachtung der Arme beginnen wir mit der Stützsubstanz. Diese hat die Consistenz eines bindegewebigen Knorpels und hat auch in der Structur Aehnlichkeit mit einem solchen. Der Hauptsache nach besteht sie aus einer hyalinen Intercellularsubstanz, in welcher verschiedene fibrillenartige Differenzirungen auftreten und in welche zahlreiche Zellen eingestreut sind. Diese letzteren, die Erzeuger der Intercellularsubstanz, liegen in Lückenräumen derselben, ähnlich wie die Knorpelzellen. Sie sind vielfach verästelt und bilden, indem sie mit ihren Fortsätzen zusammenhängen, stellenweise ganze Zellnetze, so besonders zwischen dem Boden der Armrinne und dem Cirrenwulste des Armes (Fig. 100).

Unter den fibrillären Bildungen, die in der Grundsubstanz vorkommen, muss man zweierlei unterscheiden: 1) feinste, der Grundsubstanz selbst angehörende Fibrillen, 2) derbere, mit den Zellen im Zusammenhang stehende Fasern.

Diese beiden Fasersysteme lassen sich leicht an Osmiumpräparaten oder an mit Eosin gefärbten Sublimatpräparaten nachweisen. In den letzteren nehmen die feinen Fibrillen nur einen ganz schwachen Ton an, die stärkeren färben sich etwas intensiver.

Die feinen Fibrillen scheinen da, wo die Stützsubstanz eine grössere Dicke erreicht, ziemlich unregelmässig angeordnet zu sein. Da aber, wo sie dünnere Membranen bildet, verlaufen sie regelmässig wellig und der Oberfläche annähernd parallel, so z. B. in der Lamelle der Stützsubstanz, welche die Grundlage der Armfalte bildet (Fig. 101), in den dünneren Wandpartien der Armsinus.

An der Oberfläche, d. h. also unter dem äusseren Epithel und unter dem die Hohlräume auskleidenden Epithel, ist die Stützsubstanz von dichterer Beschaffenheit, was sich in einer intensiveren Färbung ausspricht. Es scheint dies daher zu kommen, dass hier die Fibrillen dichter zusammengelagert und der Oberfläche annähernd parallel verlaufen (Fig. 97). Solche Züge dichterer, durch Färbung deutlich hervortretender Substanz bemerkt man auch sonst noch an einigen Stellen der Arme, so besonders in der Armfalte, an der Cirrenbasis und in der Grundsubstanz der Cirren selbst. Auf den Querschnitten durch den in das Grundgewebe des Armes eingesenkten Theil der Cirrenkanäle tritt dies besonders deutlich hervor (Fig. 89, 95). Man sieht hier, wie jeder Cirrenkanal von einem Mantel dichter Substanz umgeben wird, der sich nach der Cirrenseite des Armes zu in zwei Fortsätze auszieht. In Wirklichkeit sind dies Lamellen, welche, allmählich dünner werdend, der Oberfläche zustreben (Fig. 85—88, 96).

Weiter gehen solche Züge von dem Cirrenkanal nach der Armrinne (Fig. 94). Untersuchen wir endlich den freien Theil des Cirrus, so zeigt ein Querschnitt (Fig. 72, 73), dass die Stützsubstanz an der der Armrinne zugekehrten Seite sehr dünn ist, dagegen an den Seiten und an der der Armrinne abgekehrten Seite eine bedeutende Dicke erreicht. In diesem dickeren Theil sind, wie ganze Präparate und Längsschnitte (Fig. 69, 70, 94) zeigen, von Strecke zu Strecke Ringe zu erkennen, die sich ebenfalls dunkler färben und am frischen Präparat durch stärkere Lichtbrechung auffallen. Man sieht, dass die sonst der Längsachse des Cirrus parallel verlaufenden, feinen Fibrillen hier etwas wellig gebogen sind (Fig. 69, 70).

Alle diese eben beschriebenen Züge scheinen im Wesentlichen dazu bestimmt, der Grundsubstanz der Arme eine grössere Festigkeit zu verleihen, indem sie, wie Streben, den übrigen Theil durchziehen. Da, wo sie am besten entwickelt sind, an der Cirrenbasis, ist das Gewebe am festesten.

Was nun die oben an zweiter Stelle erwähnten Fasern anlangt, so sind sie leicht von den eben besprochenen Fibrillen zu unterscheiden. Sie sind Producte der in der Grundsubstanz zerstreuten Zellen (Fig. 98, 99). In dem Raume zwischen dem grossen und kleinen Armsinus verlaufen sie nach allen Richtungen durcheinander (Fig. 99). An anderen Stellen ist der Verlauf etwas regelmässiger. Es geht dies am besten aus der Betrachtung des Querschnittes Fig. 93 hervor. Die feinen Fibrillen sind als Bindegewebsfibrillen zu betrachten, die eben erwähnten Fasern dagegen mit elastischen Fasern zu vergleichen.

An den Epithelien der Arme treten die charakteristischen Eigenthümlichkeiten der Brachiopodenepithelien besonders schön hervor. Wir betrachten zuerst das äussere Epithel und die damit im engsten Zusammenhang stehenden Nerven.

Das Epithel hat an den verschiedenen Stellen des Armquerschnittes einen etwas verschiedenen Charakter; überall aber sitzen, wie überhaupt im äusseren Epithel, die Zellen nicht mit ihrer ganzen Breite der Stützsubstanz auf, sondern ziehen sich in mehr oder weniger lange, dünne Fortsätze aus, die sich an der Basis zu einem kleinen Scheibchen verbreitern, mit welchem sie sich der Stützsubstanz anheften. (Vergl. besonders Taf. V.) Zwischen diesen Füsschen besteht demnach ein System von mit einander communicirenden Hohlräumen; in diesen verlaufen die Nervenfasern.

5*

In dem äusseren Epithel der Arme, und dies gilt für das Epithel der ganzen Körperoberfläche, mit Ausnahme der von der Schale bedeckten Stellen, konnte ich unterscheiden: wimpertragende Zellen, Secretzellen und Drüsenzellen. Ob alle Zellen, welche keine Drüsen- oder Secretzellen sind, Wimpern tragen, konnte ich nicht feststellen. Mit Ausnahme der Zellen der Schalenseite des Mantels sind wahrscheinlich alle bewimpert. Ebenso konnte ich Sinneszellen mit Sicherheit nicht nachweisen. Auf Zellen, die sich vielleicht als solche auffassen lassen, werde ich beim Nervensystem zu sprechen kommen. Jedenfalls ist nirgends ein ausgesprochenes Sinnesepithel vorhanden. Die Gestalt, besonders die Länge der Epithelzellen ist sehr wechselnd. Von fadenartig dünnen Formen, wie sie sich z. B. über dem Haupt- und Nebenarmnerven finden, kommt man durch eine Reihe von Uebergängen zu ganz niedrigen, breiteren Elementen, wie sie die Aussenseite der Cirren bedecken.

Die wimpertragenden Zellen lassen alle, sowohl auf Schnitten (Fig. 68 an versch. Stellen, bes. 68 g), wie besonders an Macerationspräparaten (Fig. 76 c, e), einen sehr deutlichen Cuticularsaum erkennen, der für die Wimper eine kleine Oeffnung trägt. Manchmal glaubte ich die Wimper noch ein Stück weit in das Zellplasma hinein verfolgen zu können.

Untersucht man einen feinen Schnitt, oder in einem Macerationspräparat eine Reihe zusammenhängender Epithelzellen, so sieht man zwischen den vorderen, an den Cuticularsaum anstossenden Enden der Zellen, dem Cuticularsaume dicht anliegend je ein stark lichtbrechendes Körnchen (Fig. 68 g etc.)' Dies ist der Ausdruck dafür, dass der Cuticularsaum sich mit leistenartigen Vorsprüngen zwischen die Zellenköpfe hineinsenkt. So entsteht auf der Unterseite desselben eine zierliche Felderung, die man leicht in Macerationspräparaten zu Gesicht bekommt, wo oft grössere Fetzen des Cuticularsaumes sich ablösen (Fig. 76 d). In jeder Facette zeigt ein feiner Punkt die Durchtrittsöffnung für die Wimper an.

Das Plasma der Zellen enthält gewöhnlich dichtgedrängt feine, stark lichtbrechende Körnchen, welche besonders in den fadenförmigen Zellen auffallen, wo sie zwischen Kern und freiem Ende regelmässig in 1 oder 2 Längsreihen angeordnet sind (Fig. 68 g etc.). Diese wurden schon für das Epithel des Mantels erwähnt. An macerirten Präparaten sind die Körnchen stets verschwunden, und das Plasma erscheint dann schaumig.

Verhältnissmässig niedrig sind die Zellen auf der äusseren Seite der Armfalte, auf der Faltenseite, unterhalb der Hauptarmnerven, auf der Unterseite des Armes. Gegen die Cirrenbasen nehmen sie etwas an Höhe zu (Fig. 68 d, b). Von der Cirrenseite stammt auch die Figur 68 c, die zeigt, dass das oberflächliche Mosaik der Zellen ein etwas wechselndes ist. Der untere Theil der niederen Zellen, das Füsschen, trägt nach verschiedenen Seiten zu plattenartige Erhebungen, durch welche benachbarte Zellen mit einander in Verbindung stehen. Dadurch entsteht auf einem Flächenschnitt durch das Epithel das eigenthümliche Bild eines Zellennetzes (Fig. 75). Die Zellen der Cirrenseite tragen wohl meistens Wimpern. An einer Zelle konnte ich stets nur eine Wimper beobachten. Dies gilt auch für die anderen wimpertragenden Zellformen.

Von dem freien Rande der Armfalte an, um den ganzen Umfang des Armes herum bis zur Cirrenbasis, finden sich in dem Epithel gewöhnlich in Menge Secretzellen, denen wir schon beim Mantel begegnet sind (bes. Fig. 68). Auch im Epithel der Armrinne und des Nebenarmnerven kommen sie vor, doch spärlich. Besonders angehäuft sind sie gleich unter dem Cirrenwulst, so dass hier das Epithel durch sie etwas verdickt erscheint. Diesen Secretzellenwulst hält Joubin für einen aus Sinneszellen zusammengesetzten Streifen! Wie bei dem Mantel ausgeführt wurde, konnte ich mich dort davon überzeugen, dass die Secretzellen aus in der Tiefe zwischen den gewöhnlichen Epithelzellen liegenden Zellen hervorgehen.

Dasselbe gilt wohl für die Arme. Auch hier trifft man in der Tiefe des Epithels zerstreut kleine Zellen an, die sich wohl in die Secretzellen umwandeln. Man muss dabei aber beachten, dass diese Zellen vielleicht zum Theil auch Ganglienzellen sind. Direct entscheiden konnte ich diese Fragen nicht. Die Zahl der Secretzellen wechselt bei verschiedenen Exemplaren. Bei jungen Thieren sind sie spärlich, bei alten oft so massenhaft, dass das Studium des Epithels durch sie recht erschwert wird. Auch in den jüngeren Theilen der Arme sind sie gewönlich spärlicher. Sollten die in ihnen enthaltenen Körperchen Excrete sein? Dem Aussehen nach und im Verhalten gegen Reagentien stimmen die Körperchen der Secretzellen mit denen in den Zellen der Stützsubstanz, besonders des Mantels, wo sie sich bei *Waldheimia* und *Terebratulina* in Menge finden, überein.

Während die eben besprochenen Secretzellen im Epithel der Arme eine weite Verbreitung haben, ist das Vorkommen der Drüsenzellen ein sehr beschränktes. Diese Drüsenzellen (Fig. 68 a, c; 94) finden sich nur an der Cirrenbasis, und zwar liegen sie in einer ungefähr halbmondförmigen Zone, jedesmal zwischen dem Ursprung zweier Cirren der äusseren Reihe und ziehen in einem schmalen Streifen noch etwas höher an den Seitenflächen der äusseren Cirren hinauf (Fig. 72). Diese Drüsenzellen sind leicht als Zellen zu erkennen — bei den Secretzellen hält dies manchmal schwer — von etwa keulenförmiger Gestalt (Fig. 68 a) und enthalten in ihrem Plama eine grosse Menge feinster Kügelchen, die sich ebenso wie die grösseren Secretkugeln der zuerst besprochenen Zellen mit verschiedenen Farbstoffen, bes. Eosin und Indigocarmin stark färben. Während die Secretzellen nie die Oberfläche des Epithels erreichen, ist dies bei den Drüsenzellen der Fall. Diese Drüsenzellengruppen kommen an derselben Stelle, wie bei *Crania*, bei allen von mir bis jetzt daraufhin untersuchten Brachiopoden vor.

Einen etwas anderen Charakter hat das Epithel über dem Hauptarmnerven und in der Armrinne.

Ueber dem Hauptarmnerven stehen schlank-fadenförmige Zellen (Fig. 68 h, i), von denen jede eine Wimper trägt und zwischen deren langen, zum Theil weit auseinanderstehenden Füsschen die Nervenfasern verlaufen. Dasselbe gilt für das Epithel über dem Nebenarmnerven (Fig. 68 NAN, 68 f), hier finden sich die schlanksten Zellen am ganzen Körper, mit Ausnahme des Darmes. Im Grunde der Armrinne haben wir es mit einem hohen Cylinderepithel zu thun (Fig. 68 g), das an einer Stelle, an der Basis der Armfalte (Fig. 68), noch etwas an Höhe zunimmt.

An den Epithelzellen der Armrinne treten meist die Körncheneinlagerungen und die Cuticularschicht mit ihren Durchtrittsöffnungen für die Cilien besonders gut hervor.

Wieder etwas anders sind die Verhältnisse auf dem freien Theil der Cirren, wie die Querschnitte Fig. 72, 73, 74 zeigen. Und zwar verhalten sich darin die Cirren der äusseren Reihe verschieden von denen der inneren.

Aus den Querschnitten durch einen äusseren (Fig. 72) und inneren (Fig. 73) Cirrus ergiebt sich, dass die Cirren beider Reihen schon im gröberen Bau von einander verschieden sind. Die äusseren sind an der der Armrinne zugekehrten Seite leicht rinnenförmig ausgehöhlt, und die Seitenränder dieser Rinne sind stark gewulstet. Die inneren haben keine solche Rinne und sind daher im Querschnitt mehr rundlich. Diese Verschiedenheit spricht sich auch in dem Bau des Stützgewebes der Cirren aus.

Betrachten wir zuerst an einem äusseren Cirrus die Epithelverhältnisse etwas genauer. Der Grund der Rinne ist von einem niederen Cylinderepithel (Fig. 70 e) überkleidet, das nach den Rändern zu etwas höher wird. Die gewulsteten Ränder selbst bestehen aus sehr langen, fadenförmigen Zellen, welche die Kerne in verschiedener Höhe tragen. Nach der äusseren Seite zu wird das Epithel wieder niedriger, um endlich auf derselben aus ganz niedrigen, stark verbreiterten Zellen zu bestehen (Fig. 75, 76 a). Die Zellen des Rinnengrundes und der Seitenwülste tragen alle lange Wimpern, an den flachen Zellen der Rückseite konnte ich keine solchen auffinden.

An Schnitten durch die äusseren Cirren, die nicht weit über deren Ursprung liegen, wie der in Fig. 72 dargestellte, erscheinen von den Seitenwülsten nach der Aussenseite zu die Enden der oben erwähnten, zwischen je zwei Cirren der äusseren Reihe liegenden Drüsenzellengruppen (*Dr*).

Der Querschnitt durch einen inneren Cirrus (Fig. 73) zeigt, dass dieselben Zellenarten, mit Ausnahme der Drüsenzellen, vorhanden sind, wie bei den äusseren Cirren, jedoch in etwas anderer Gruppirung. Die platten Zellen der Aussenseite bilden einen viel schmäleren Streifen, dadurch kommen die aus fadenförmigen Zellen bestehenden Wülste ganz an die Seite zu liegen, und so entsteht auf der der Armrinne zugekehrten Seite keine Rinne. Nahe dem oberen Ende der Cirren verschwinden die im unteren Theile so charakteristischen Verschiedenheiten des Epithels mehr und mehr (Fig. 74).

Im Anschluss an das äussere Epithel sollen gleich die fast durchweg subepithelial gelagerten Nerven besprochen werden. Der an der äusseren Seite der Armfalte, dicht unterhalb deren Ursprung verlaufende Hauptarmnerv giebt in regelmässigen Abständen, den Cirren entsprechend, Aestchen, die Verbindungsnerven, ab (Fig. 68 und das Uebersichtsbild Fig. 51), welche, in einen Canal des Stützgewebes eingelagert, schief nach oben zum Boden der Armrinne ziehen; sie treffen auf denselben ungefähr in der Mitte und gewinnen hier wieder eine subepitheliale Lagerung, steigen dann an der Cirrenbasis in die Höhe und bilden hier, mit einander anastomosirend, den Nebenarmnerven, von welchem die gleichfalls subepithelial gelagerten Cirrennerven entspringen. Diese steigen an der der Armrinne zugekehrten Seite der Cirren in die Höhe, und zwar lassen sich, wie die Querschnitte zeigen, drei Stämmchen erkennen, eines unter der Mitte der der Armrinne zugekehrten Fläche und zwei seitliche, unter den aus fadenförmigen Zellen bestehenden Zellsäulen gelagerte. Diese Stämmchen sind jedoch nicht scharf von einander abgegrenzt, sondern kommen nur dadurch zu Stande, dass die Nervenfasern an den genannten Stellen sich anhäufen, in den dazwischen liegenden Regionen dagegen etwas spärlicher sind. Die Cirrennerven versorgen das äussere Epithel und die Musculatur der Cirren. Zu den Haupt- und Nebenarmnerven, die durch die Verbindungsnerven in enger Verbindung mit einander stehen, kommt als dritter Hauptstamm der untere Armnerv (Fig. 51 *UAN*, 78 a, c), welcher nicht so leicht auffällt wie die besprochenen. Derselbe liegt in breiter Schicht unter dem äusseren Epithel, zum grössten Theil unter dem kleinen Armsinus, aber noch etwas auf den grossen übergreifend. Er giebt Aeste ab, welche das die Wand des kleinen Armsinus bildende Stützgewebe durchsetzen, um der Musculatur des kleinen Armsinus zu gelangen. Auch die Musculatur des grossen Armsinus wird von ihm versorgt. Wenigstens fand ich diese Innervirung an dem in die vordere Körperwand eingelagerten Theile des Sinus (Fig. 50).

Wie schon oben erwähnt, entspringt dieser Nerv aus dem unteren Ganglion und beweist dadurch, dass der von ihm versorgte Theil des Armumfanges dem ausserhalb des Scheitelfeldes gelegenen Abschnitte der Körperwand angehört. Als letzter Längsstamm ist zu erwähnen der äussere Armnerv (Fig. 51 *AAN*), welcher an der Aussenseite des Cirrenwulstes verläuft und bei *Crania* schwächer bleibt als bei anderen Brachiopoden, z. B. *Lingula*.

Ausser diesen Hauptzügen von Nerven trifft man aber noch einzelne Fasern überall unter dem Epithel an (Fig. 68 *N*), so dass wohl ein ganzes Netz von Nervenfasern unter demselben besteht.

Ueber den feineren Bau der Nervenstämmchen ins Reine zu kommen, ist nicht ganz leicht, besonders nicht an den grösseren Stämmen. Besser gelingt dies an den Verbindungsnerven und zwar an dem das Stützgewebe durchsetzenden Theil auf Schnitten und an den Cirrennerven durch Macerationspräparate. Besonders an letzteren (Fig. 76 *c, k*) überzeugt man sich bald, dass die Nervenstämmchen nicht aus neben einander verlaufenden, vollständig von einander isolirten Fasern bestehen, es gelingt nur selten, einzelne Fasern auf längere Strecken zur Ansicht zu bringen, sondern dass ein solches Nervenstämmchen eigentlich ein Maschenwerk von vielfach mit einander verbundenen Fasern ist. Ob die Fasern selbst vielfach mit einander anastomosiren, oder ob feinste Verbindungsfäserchen vorhanden sind, kann ich bis jetzt nicht entscheiden.

Eine besondere Besprechung verdient der Haupt- und Nebenarmnerv. Vergleicht man Querschnitte dieser beiden (Fig. 68) mit einem Durschschnitt durch einen gewöhnlichen Nerven, etwa den Unterarm-nerven (Fig. 78 a, c), so fällt auf, dass bei letzterem die Nervenfasern zwischen gewöhnlichen Epithelzellen verlaufen. Bei dem Haupt- und Nebenarmnerven ist nun nicht nur die Fasermasse vermehrt, weil es an-sehnlichere Stämme sind, sondern die Epithelzellen sind verändert, sehr hoch, mit langen Füsschen, und was noch wichtiger ist, in der Fasermasse finden sich Zellen (Fig. 68 *IIAN*, *NAN*, Fig. 68 k), die wir als Ganglienzellen betrachten müssen, und zwar in ziemlich grosser Zahl.

Ich werde später bei dem Nervensystem noch einmal auf diese Verhältnisse zurückkommen und hier nur vorläufig erwähnen, dass der Hauptarmnerv nicht ein Nerv im gewöhnlichen Sinne, sondern das ungeheuer verlängerte C e r e b r a l g a n g l i o n ist.

Stehen diese subepithelial verlaufenden Nerven und Netvenfasern nun mit allen Zellen oder mit ein-zelnen solchen in Verbindung? Sicheres konnte ich in dieser Beziehung nicht einmal bei den die grösseren Nervenstämme bedeckenden Zellen feststellen. Bei Zellen von dem Hauptarmnerven habe ich öfter an den Füsschen einen seitlichen Fortsatz beobachtet (Fig. 68 i). Möglicherweise stellt dieser eine solche Ver-bindung her. Ich möchte vermuthen, da es mir nicht gelang, bestimmte Zellen mit Sicherheit als Sinnes-zellen zu erkennen (vergl. Abschnitt 10), dass die Epithelzellen allgemein mit den Nervenfasern in Verbindung stehen.

Vielleicht würden hier die neueren Methoden der Nervenfärbung interessante Aufschlüsse ergeben.

Der g r o s s e und k l e i n e A r m s i n u s sind Abschnitte des Cöloms, die aber beim erwachsenen Thier mit dem Haupttheil desselben nicht mehr im Zusammenhang stehen. Für diese Deutung fehlt vor der Hand noch der entwickelungsgeschichtliche Nachweis; die Richtigkeit derselben ergiebt sich aber aus der Beschaffenheit des die beiden Hohlräume auskleidenden Epithels, welches in wesentlichen Punkten, be-sonders auch in der ausgiebigen Production von Muskelfasern mit dem eigentlichen Cölomepithel über-einstimmt.

Von beiden Hohlräumen zeigt der grosse Armsinus das einfachere Verhalten; er soll darum zuerst besprochen werden.

Die Zellen des den g r o s s e n A r m s i n u s auskleidenden Epithels sind mehr oder weniger gestreckt spindelförmig und enthalten in ihrem Plasma meist einige stark lichtbrechende, gelbliche Granulationen (Fig. 102 b, 103 a, b). Auf Querschnitten zeigt sich, dass sie sehr flach sind (Fig. 79).

Am grössten Theile des Umfanges haben diese Zellen glatte Muskelfasern von schlank spindel-förmiger Gestalt entwickelt (Fig. 102 a). Diese Muskelfasern finden sich in einfacher Lage an der oberen, unter der Armrinne gelegenen und ebenso an der äusseren, nach der Faltenseite gekehrten Wand des Sinus. Sie verlaufen alle in der Längsrichtung des Armes. Der dem kleinen Armsinus zugekehrte und der untere Theil der Wand sind frei von solchen (Fig. 79, 103).

Bei dem k l e i n e n A r m s i n u s bestehen etwas complicirtere Verhältnisse dadurch, dass sein Hohl-raum in die Cirrenkanäle sich fortsetzt, dann durch eine reichere Production von Muskelfasern die zum Theil zu mächtigen Muskeln zusammentreten, und durch Einlagerung eines Blutgefässes (vergl. das Ueber-sichtsbild Fig. 51).

Der eigentliche Sinus ist, wie schon die Bezeichnung sagt, auf dem Querschnitt weniger umfangreich als der grosse.

Von ihm entspringen die Cirrenkanäle und durchsetzen den dicksten Theil des Stützgewebes, um dann in den freien Cirrus einzutreten und bis an sein Ende zu verlaufen, wo sie blind geschlossen enden. Während die Cirren deutlich in zwei Reihen stehen, liegen die Ursprünge ihrer Kanäle aus dem kleinen Armsinus in einer Längsreihe, oder, was gewöhnlicher ist, je ein äusserer und ein innerer Cirrenkanal entspringen gemeinschaftlich mit einem kurzen, einfachen Stämmchen aus dem kleinen Sinus (Fig. 91). Dabei liegt dann stets der äussere Cirrus eines solchen Paares vor dem inneren, d. h. nach der freien Spitze des Armes zu.

Im Ursprung der Cirrenkanäle kommen viele Unregelmässigkeiten vor, wie die Abbildung zeigt. Nicht selten trifft man auch Anastomosen zwischen benachbarten Cirrenkanälen. Während der äussere Cirrenkanal dicht an der Oberfläche der Cirrenseite des Armes in die Höhe läuft (Fig. 90, 93), zieht der innere schief nach innen und oben (Fig. 51), so dass schon im Stützgewebe die Kanäle die zweireihig alternirende Stellung zeigen, wie sie die freien Cirren besitzen (Fig. 84—89).

Der Umstand, dass die Ursprünge der Cirrenkanäle aus dem kleinen Armsinus in e i n e r Reihe liegen, ist von Wichtigkeit, weil er zeigt, dass die zweireihige Anordnung der Cirren im ausgebildeten Thiere eine secundäre Erscheinung ist. Damit stimmt die einreihige Anordnung der Cirren bei jungen Thieren bald nach der Metamorphose überein. (Vergl. Brooks, Kowalewski, Fritz Müller [1]), Morse 10.)

Das den kleinen Armsinus und die Cirrenkanäle auskleidende Epithel zeigt im Grossen und Ganzen denselben Charakter wie das des grossen Armsinus; auch hier sind es wieder spindelförmige, mit ihren spitzen Enden in einander gekeilte Zellen, die an gewissen Stellen Muskeln produciren. Nur ist die Muskelproduction eine viel bedeutendere, als im grossen Sinus. So ist nicht nur die Wand stellenweise von einer einfachen Lage von Muskelzellen bedeckt, sondern es kommt zur Entwickelung von ansehnlichen Muskelzügen sowohl in den Cirrenkanälen als auch besonders im Sinus selbst, dessen Lumen zum grössten Theil von einem mächtigen Muskelbündel ausgefüllt wird (Fig. 51, 90).

Um nun zum Einzelnen überzugehen, so finden wir im kleinen Sinus selbst Epithelzellen ohne Muskelfasern nur in beschränktem Masse vor. Solche liegen an der Cirrenseite, dicht am Eingang in die Cirrenkanäle (Fig. 80) und an der dem grossen Armsinus zugekehrten Wand gleich unterhalb des Armgefässes. In beiden Fällen wird nur eine schmale Zone von solchen Zellen bedeckt, und gleich unter derselben finden sich ansehnliche, in der Längsrichtung verlaufende Muskelfasern (Fig. 80, 81, 77, 78 b).

Was nun die den grössten Theil des kleinen Armsinus ausfüllende Muskelmasse, den Armmuskel, Brachialis (Fig. 51, 90, 91), betrifft, so ist zunächst zu betonen, dass dieser dem Armsinus angehört und keineswegs in directem Zusammenhang mit dem Levator brachii steht, worauf schon oben hingewiesen wurde. So mächtig der Armmuskel ist, so ist er doch nur durch Vermehrung der sonst meist in einfacher Lage vorkommenden epithelialen Fasern entstanden. Davon überzeugt man sich, wenn man Querschnitte durch die jüngsten Theile der Arme betrachtet. Hier ist der Armmuskel nur wenige Faserlagen dick, und man erkennt leicht das continuirlich über ihn hinwegziehende Epithel. Auch in den hintersten Theilen der Arme, wo der Muskel recht dick ist, findet man dies noch, wenn auch schwieriger (Fig. 78 d, *Ep. coel.*). Die den Muskel zusammensetzenden Fasern sind glatt.

Recht schwer ist es, sich den Faserverlauf und die Wirkungsweise des Muskels klar zu machen. Ich muss gestehen, dass ich trotz vielfacher Bemühung zu keinem befriedigenden Resultat in dieser Be-

---

[1] Arch. f. Anat. u. Phys., 1860, S. 72—80, und Wiegmann's Arch., 1861, S. 55—56

ziehung gekommen bin. Bei ganz jungen Thieren liegen die Verhältnisse klarer als bei den erwachsenen. Fig. 92 stellt einen Längsschnitt durch den Arm eines solchen Thieres dar. Man sieht, dass die Fasern zum grossen Theil an der Scheidewand *S*, die den Sinus von der Leibeshöhle trennt, entspringen und fächerförmig gegen die Eingänge der Cirrenkanäle ausstrahlen, in die sie ein Stückchen weit eindringen, um sich an ihrer Wand zu inseriren. Bei erwachsenen Thieren trifft man ein solches Verhalten nur ganz ausnahmsweise (Fig. 90, 91 bei *). Es lässt sich, soviel ich sehen konnte, keine regelmässige Anordnung der zu den Cirren ziehenden Muskelbündel wahrnehmen. Ab und zu lösen sich auch Faserbündel los, welche an der Cirrenseite des Sinus inseriren (Fig. 91 * *). Die Hauptmasse der Fasern verläuft aber in der Längsrichtung des Sinus. Die Fasern entspringen und inseriren an der Wand desselben.

Die Wirkung des Muskels besteht wohl darin, die Schraubenwindungen der Arme beim Oeffnen der Schale von einander zu entfernen, so dass der ganze Armkegel höher wird und die Cirren mehr Platz erhalten, um sich auszustrecken. Diese Musculatur ist gerade bei den Formen mit freien Spiralarmen besonders entwickelt.

Ehe ich zur Betrachtung des Epithels der Cirrenkanäle und deren Musculatur übergehe, muss ich noch über eine eigenthümliche Erscheinung berichten, die man oft am Eingang in die Cirrenkanäle trifft. Man sieht bei manchen Thieren von der medialen Wand des kleinen Armsinus, welche öfter unterhalb des Armgefässes leistenartig in den Hohlraum des Sinus vorspringt, Zellen mit verästelten, feinen, fadenartigen Ausläufern quer durch das Lumen des Sinus bis in die Cirrenkanäle hinein sich ausspannen (Fig. 83). Man überzeugt sich bald, dass die verästelten, frei im Hohlraum liegenden Zellen mit fädchenartigen Fortsätzen der Epithelzellen zusammenhängen. Ich war anfangs geneigt, diese Bildungen, die man nur ab und zu antrifft, für pathologische Veränderungen zu halten, bin aber von dieser Ansicht doch abgekommen, weil die übrigen Gewebe der betreffenden Thiere einen vollständig intacten Eindruck machen, und weil ich alle die Thiere, welche ich conservirte, stets sofort nach der Rückkehr von der Excursion mit concentrirter Sublimatlösung abtödtete. Nie wurden dazu Thiere verwandt, welche längere Zeit in Gläsern oder Aquarien verweilt hatten. Unter diesen Umständen fehlt mir vor der Hand noch eine Erklärung für diese eigenthümliche Erscheinung.

Ich will noch bemerken, dass man nicht an einen Vergleich mit den amöboiden Zellen denken darf, welche man in den Sinus und der Leibeshöhle der Brachiopoden, so besonders bei den Testicardines, in prachtvoller Ausbildung antrifft. Dies sind freie Zellen der Leibeshöhlenflüssigkeit; bei *Crania* handelt es sich zum Theil um Epithelzellen mit amöboiden Ausläufern, zum Theil um damit im Zusammenhang stehende Zellen. In der in den Sinus von *Crania* enthaltenen Flüssigkeit konnte ich überhaupt freie Zellen nur spärlich nachweisen. Man trifft diese gewöhnlich da und dort in Massen eines flockigen Gerinnsels eingeschlossen an. Nie traf ich sie in solcher Menge wie bei den Testicardines.

In den Cirrenkanälen hat das Epithel fast denselben Charakter wie in dem Sinus selbst. Es besteht aus spindelförmigen, platten Zellen (Fig. 70, 76 i), diese haben wieder zum Theil Muskeln ausgeschieden, zum Theil aber erhält man in Macerationspräparaten Zellen, welche mit einer langen, feinen Fibrille im Zusammenhang stehen (Fig. 76 h). Man erkennt dies schon, wenn auch weniger deutlich, im Flächenbild des Epithels (Fig. 70).

Diese Fibrillen sind keine Muskelfasern, wie schon ein Vergleich derselben mit unzweifelhaften Muskelzellen ergiebt. Besonders zeigt sich dies aber an Präparaten, in denen die Muskelfasern durch Eosin, Orange G oder Indigocarmin gefärbt sind. Die in Rede stehenden Fibrillen sind in solchen Präparaten stets ungefärbt.

In den Cirrenkanälen finden sich stets zwei Muskelzüge, einer, der ansehnlichere, an der der

Armrinne zugekehrten Seite, den ganzen Cirrus bis zur Spitze durchziehend, die **inneren Cirren-
muskeln** (Fig. 51, 69, 70, 71, 72, 73. 74, 89, *I. Cirr. M.*). Die Muskelfasern sind platte, spindelförmige
Bänder und springen in den Hohlraum vor, sie liegen zwischen der Stützsubstanz und dem Cirrengefäss
(Fig. 72—74, 89).

Die Fasern erreichen die Länge des Cirrus nicht und sind so angeordnet, dass die unteren nach
oben divergiren; zwischen die auseinanderstehenden oberen Enden schieben sich die unteren Enden
der nachfolgenden ein. Man erkennt diese Anordnung leicht, wenn man einen abgepinselten Cirrus von der
der Armrinne zugekehrten Seite betrachtet.

An der gegenüberliegenden Seite finden sich die **äusseren Cirrenmuskeln** (Fig. 51, 84—89,
A. Cirr. M.). Diese sind viel kürzer und erstrecken sich nach oben nur bis in die Gegend, wo der Cirrus
frei wird, oder nur wenig höher.

Diese äusseren Cirrenmuskeln zeigen bei vielen Thieren insofern ein eigenthümliches Verhalten,
als sie in einen besonderen Kanal eingeschlossen sind. Diese Einrichtung ist in der Serie Fig. 84—89
dargestellt. Der Kanal wird dadurch gebildet, dass die Stützsubstanz zwei, in das Lumen des Cirrenkanals
vorspringende Lamellen bildet. Diese stossen jedoch nicht in ihrer ganzen Länge zusammen, sondern
verbinden sich nur stellenweise. So entsteht ein durchbrochenes Septum, welches die Hohlräume beider
Kanäle nur unvollständig von einander trennt. Ausserdem steht der Muskelkanal oben und unten mit dem
Cirrenkanal in offener Verbindung. Es sind nun Muskelfasern an der ganzen Wand des Muskelkanals und
ausserdem auch an der dem Cirrenkanal zugekehrten Seite des Septums entwickelt. Der Muskelkanal erstreckt sich nicht bis an das obere Ende der äusseren Cirrenmuskeln; hier liegen dieselben in der gewöhnlichen Weise unter dem Epithel des hier einfachen Cirrenkanals (Fig. 89). Solche Muskelkanäle finden sich
nur bei den Cirren der äusseren Reihe. Bei denen der inneren sind zwar die äusseren Muskeln ebenfalls
vorhanden, liegen aber einfach unter dem Epithel des Cirrenkanals.

Wie schon bemerkt, traf ich diese Einrichtung nur bei verhältnissmässig wenigen Thieren an. Ob
dadurch eine specifische Verschiedenheit zum Ausdruck kommt, wage ich nicht zu entscheiden. Andere
Unterschiede habe ich bei den Thieren nicht gefunden. Bei den untersuchten Exemplaren von *Crania
turbinata* Poli aus dem Mittelmeer fehlten die Muskelkanäle.

Die Cirrenmuskeln lassen an mit dem **Hertwig**'schen Gemisch macerirten Exemplaren eine deutliche Querstreifung erkennen (Fig. 76 f, g). Trotz der geringen Grösse der Muskeln sind die Zwischen-
scheiben ausserordentlich deutlich. Eine Längsstreifung glaubte ich manchmal zu sehen, doch bin ich nicht
sicher. In der Mitte der Muskelfaser liegt eine kleine Menge Protoplasma mit dem Kern.

Die inneren Cirrenmuskeln besorgen die Einrollung der Cirren nach der Armrinne zu. In diesem
Zustande trifft man die Cirren meist bei abgetödteten Thieren, wenn nicht besondere Vorsichtsmaassregeln
angewandt wurden.

Die äusseren Cirrenmuskeln sind wohl Antagonisten der inneren. Doch glaube ich, dass bei der
Streckung der Cirren auch die Starrheit der Stützsubstanz eine grosse Rolle spielt, denn bei Thieren, welche,
in verdorbenem Wasser abgestorben, etwas faulten, so dass Epithel, Musculatur etc. zerstört sind, findet man
die Cirren immer starr ausgestreckt. Die Stützsubstanz ist recht widerstandsfähig gegen Fäulniss.

In dem kleinen Armsinus verläuft endlich das **Armgefäss**. Dasselbe durchzieht den Sinus der
ganzen Länge nach und giebt in jeden Cirrenkanal ein Cirrengefäss ab (Fig. 7, 51, 58, 82).

Das Armgefäss liegt dicht unter dem Ursprung der Cirrenkanäle an der medialen Wand des kleinen
Armsinus (Fig. 51, 77, 82). Am Ende des Armes endet es blind.

Die **Cirrengefässe** entspringen aus demselben mit einer dreieckigen, platten Ausbuchtung, welche in das untere Ende des Cirrenkanals hereinreicht (Fig. 82). Im Cirrus selbst ist das Gefäss im Querschnitt kreisrund und liegt nach innen von den inneren Cirrenmuskeln (Fig. 69—74, 84—89). Es zieht bis ans obere Ende des Cirrenkanals und endet hier blind.

Die Wand der Gefässe besteht aus einer einfachen Zellenlage. Ich vermuthe, dass dazu noch eine ganz zarte Stützlamelle kommt, konnte aber mit Sicherheit eine solche nicht erkennen.

An conservirten Thieren sind die Gefässe meist von einem gelblichen Gerinnsel erfüllt; da und dort traf ich in dem Armgefäss auch Zellen an (Fig. 77).

Das Armgefäss ist nur auf Schnitten mit Sicherheit nachzuweisen. Dagegen lassen sich die Cirren-gefässe in abgepinselten Cirren mit Leichtigkeit sehen (Fig. 71). Durch Zerklopfen eines solchen Cirrus unter dem Deckglase gelingt es oft, die Gefässe auf grosse Strecken zu isoliren.

Nachdem wir nun den Bau der freien Arme betrachtet haben, gehen wir dazu über, ihren Ur-sprung vom Körper und besonders das Verhalten ihrer Hohlräume in der Umgebung des Oesophagus zu untersuchen.

Gerade der letzte Punkt, das Verhalten der Sinus in der Umgebung des Oesophagus und ihre Be-Beziehungen zur Leibeshöhle sind von hervorragender Bedeutung für die Beurtheilung der Sinus selbst und darum auch von Wichtigkeit für die Auffassung des Baues der Brachiopoden überhaupt. Wenn auch die beiden Hohlräume der Arme, der grosse und kleine Armsinus von den meisten Autoren richtig erkannt und von einander unterschieden wurden, so gehen doch über ihre Beziehungen zu einander und zur Leibeshöhle die Ansichten noch sehr auseinander. Eine genaue Feststellung des Verhaltens lässt sich nur durch Schnitt-serien und unter Zuhülfenahme von Injectionen vornehmen. Auf diese Weise sind auch die jetzt zu schil-dernden Resultate erlangt.

Das äussere Verhalten der Arme wurde schon oben (Abschnitt 2) bei Betrachtung der äusseren Morphologie geschildert. Hier kann ich noch beifügen, dass die Cirren hinter dem Munde in einfacher Reihe stehen, auf dem Querschnitt ebenso gebaut sind, wie die inneren Cirren der freien Arme, und dass die dort an der Drüsenbasis gelegenen Drüsenzellengruppen fehlen. Sonst verhalten sie sich wie die Cirren der Arme. Ich wende mich darum gleich zu dem Verhalten ihrer Hohlräume.

Zur Erläuterung dieser Verhältnisse dienen Fig. 52—58. Von diesen stellen Fig. 52—57 6 Schnitte aus einer Sagittalserie durch die vordere Körperwand von *Crania* dar. Auf Grund derselben und unter Zuhülfenahme von Frontal- und Transversalserien ist die Fig. 58 construirt, welche das Verhalten der Sinus in der Umgegend des Oesophagus, von oben (dorsal) gesehen, darstellt. Der Oesophagus ist durch einen (in der Richtung *A B*, Fig. 52, verlaufenden) Frontalschnitt abgetragen, so dass man in das Lumen desselben hineinsieht. Der Verlauf der 6 Sagittalschnitte ist in dem Uebersichtsbild durch die mit den entsprechenden Figurenzahlen bezeichneten Linien angegeben. Die Farben haben, wie auch in der Tafelerklärung an-gegeben, folgende Bedeutung:

Grün = äusseres Epithel.

Ockergelb = Darmepithel.

Grau = Stützsubstanz.

Blau = kleiner Armsinus und damit zusammenhängende Hohlräume.

Gelb = grosser Armsinus.

Wo beide Sinus sich überlagern, ergiebt sich ein grünlicher Ton.

Roth = Blutgefässe.

Braun = Leber.

Am einfachsten verhält sich der grosse Armsinus. Derselbe liegt, wie das Uebersichtsbild Fig. 58 und die Schnitte Fig. 56, 57 zeigen, im freien Theil der Arme unter, d. h. also ventral von dem kleinen Armsinus. Diese Lage behält er bei bis zu der Stelle, wo die Arme von der Körperwand sich loslösen. Hier verengert er sich etwas und biegt ungefähr in einem rechten Winkel nach der Medianlinie um. Mit dieser Biegung tritt er dann in das nach der Medianlinie zu immer mächtiger werdende Stützgewebe der vorderen Körperwand ein. Während er am Anfange der ersten Armwindung seine grösste Ausdehnung von rechts nach links (von der Armrinne gegen die Unterseite des Armes, Fig. 51) hatte, gewinnt er in der Vorderwand eine grössere Ausdehnung von der dorsalen nach der ventralen Seite. Die bedeutendste Höhenausdehnung hat er in Schnitt Fig. 54, 55. Während er anfangs vor dem zu einem engen Kanal gewordenen kleinen Armsinus liegt, kommt er mehr nach der Medianlinie zu über denselben zu liegen. In Fig. 54 macht sich eine etwa in der Mitte des Querschnittes durch den grossen Sinus auftretende Einschnürung bemerkbar, welche schliesslich zur Bildung eines oberen und unteren Blindsackes führt.

Der obere Blindsack kommt nahe an die äussere Wand des Centralsinus, wie ich den grossen, zu beiden Seiten und hinter dem Oesophagus gelegenen Hohlraum nenne, von welchem aus die-beiden Armsinus ihren Ursprung nehmen. Der untere Blindsack setzt sich noch etwas weiter gegen die Medianebene fort. Er tritt dabei in die dicke Wand des Stützgewebes ein, welche den Centralsinus von hinten her begrenzt (von der Leibeshöhle trennt) (Fig. 53).

Der grosse Armsinus jeder Seite ist also ein für sich vollständig abgeschlossener Hohlraum, welcher weder mit dem der anderen Seite, noch mit dem kleinen Armsinus, noch mit der Leibeshöhle im Zusammenhang steht.

Etwas verwickelter gestalten sich die Verhältnisse des kleinen Armsinus. Dieser liegt im Anfangstheil der freien Arme über (dorsal von) dem grossen Sinus (Fig. 50—58). Er setzt sich in seiner ganzen Breite bis zu der Stelle fort, wo der Arm von der Körperwand sich loslöst. Hier ist er durch eine quere Scheidewand aus Stützsubstanz von der Leibeshöhle abgeschlossen (s. Fig. 7, 56, 57). Auf der dem Sinus zugekehrten Seite dieser Scheidewand inseriren die Muskeln des kleinen Sinus (der Brachialis), auf der der Leibeshöhle zugewandten dagegen der Levator brachii. In die Scheidewand treten Nerven für die beiden Muskeln ein, sowohl vom postösophagealen Nervenstrang als von dem aufsteigenden Aste. Vergl. dazu das oben (Abschnitt 4) Gesagte.

Am unteren Rande der Scheidewand verengert sich der kleine Armsinus plötzlich trichterförmig und senkt sich nach der Ventralseite hinab, um dann im vorderen Theile der Körperwand als ganz enges Rohr zuerst hinter, dann unter dem grossen Armsinus nach der Medianlinie zu zu laufen. Unter dem Ende des unteren Blindsackes des grossen Sinus mündet dieses enge Rohr mit einer trichterförmigen Erweiterung in den Centralsinus ein (Fig. 58). Der Centralsinus umgiebt den Oesophagus als weiter Hohlraum von vorn und von beiden Seiten und setzt sich nach hinten zu zwischen die beiden Blätter des ventralen Mesenteriums fort. Die eigenthümliche und schwer zu beschreibende Gestalt dieses Hohlraumes wird durch den Verlauf des Oesophagus bedingt. Dieser wendet sich (Fig. 92) von der Mundöffnung an fast horizontal nach vorn, dann im Bogen nach der Dorsalseite, um sich dann, allmählich in den Magen übergehend, wieder etwas nach der Ventralseite zu senken.

Der Centralsinus hat nun seine grösste Ausdehnung hinter dem Oesophagus und keilt sich allmählich aus, indem er rechts und links von demselben nach vorn zu dringt. Sein unterer (ventraler) Theil entsendet nach jeder Seite zu ein kleines, blindgeschlossenes Divertikel, welches vor dem Anfangstheil des kleinen Armsinus und unterhalb des grossen Sinus liegt (Fig. 54, 58). Der Centralsinus wird von Muskelfasern durchsetzt, welche von seiner äusseren Wand radiär nach der Wand des Oesophagus verlaufen (Fig. 52, 60). Nach hinten zu setzt sich der Centralsinus unter dem Darme, zwischen die beiden Blätter des ventralen Mesenteriums fort (Fig. 58). Dieser auf dem Querschnitt dreieckige Raum wird dorsal von dem Darm, rechts und links von je einem Blatte des Mesenteriums begrenzt.

Mit dem Centralsinus stehen ferner, wie sich durch Injectionen leicht nachweisen lässt, die Periösophagealkammern (Fig. 52, 58 *P. oes. k.*) im Zusammenhang. Diese Kammern liegen in der ziemlich dicken Stützlamelle, welche die Grundlage der Oesophaguswand bildet und das den Schlund auskleidende hohe Cylinderepithel auf ihrer Innenseite trägt. Vorn, wo der Centralsinus aufhört, ist die die Kammern enthaltende Stützlamelle direct zwischen das äussere Epithel und das Epithel des Oesophagus eingeschaltet. Die Periösophagealkammern stehen unter sich in Zusammenhang und in vielfacher Verbindung mit dem Centralsinus, denn sie injiciren sich leicht und vollständig, wenn man die Kanüle in den kleinen Sinus eines Armes einsetzt. Sie sind also Theile des Centralsinus. Dies wird auch durch ihre histologische Beschaffenheit erwiesen. Sie sind, wie der Centralsinus und die Armsinus, von einem Epithel ausgekleidet, und dieses Epithel erzeugt, wie in den Armsinus, reichlich Muskelfasern, welche den Oesophagus ringförmig umziehen (Fig. 52 und besonders Fig. 59—61). Diese periösophagealen Kammern umgeben den ganzen Vorderdarm, da, wo dieser in den erweiterten Mitteldarm übergeht, verschwinden sie; die Stützlamelle wird sehr dünn, und die Musculatur des Darmes liegt dann direct unter dem Cölomepithel, von dem sie abstammt (Fig. 62, 63, 64). Darauf werde ich genauer im nächsten Abschnitt eingehen. Vor dem Oesophagus setzen sich die Periösophagealkammern und mit ihnen die aus ihrem Epithel entstandenen Muskelfasern noch eine Strecke weit nach rechts und links in das Epistom fort (Fig. 53, 54). Bei *Lingula* durchsetzen sie die ganze Armfalte bis ans Ende der Arme.

Die Periösophagealkammern sind ebenso wie der Centralsinus und die ganzen kleinen Armsinus gegen die eigentliche Leibeshöhle vollständig abgeschlossen. Es lässt sich weder anatomisch eine Verbindung der Leibeshöhle mit diesen Hohlräumen nachweisen, noch lässt sich eine solche durch Injectionen wahrscheinlich machen.

Ich habe 20 Thiere vom kleinen Armsinus aus injicirt und nie ist eine Spur der Flüssigkeit in die Leibeshöhle eingedrungen, auch dann nicht, wenn bei hohem Druck (25—30 cm Quecksilber) die fast unmessbar feinen Nervenkanälchen in der Stützsubstanz alle sich angefüllt hatten.

Dieses Resultat ist von Wichtigkeit, weil bei *Lingula* eine Verbindung des kleinen Armsinus mit der Leibeshöhle besteht, wie zuerst Gratiolet (2) mit Sicherheit nachgewiesen hat und wie ich nach eigenen Untersuchungen bestätigen kann.

Bevor ich zur Betrachtung der Ergebnisse anderer Autoren über die Arme und ihre Hohlräume übergehe, will ich noch versuchen, den morphologischen Werth der Armsinus an der Hand der anatomischen Befunde klarzulegen. Ich kann dies gleich hier thun, da keiner der Autoren, die vor mir über Brachiopoden geschrieben haben, sich eingehender mit dieser Frage beschäftigte.

Sind die Armsinus und die mit dem sog. kleinen in Zusammenhang stehenden Räume, der Centralsinus und die Periösophagealkammern, Theile der secundären Leibeshöhle, des Cöloms, oder sind sie etwas anderes?

Wie ich glaube, lässt sich aus den anatomischen Ergebnissen mit voller Schärfe beweisen, dass diese Räume Theile des Cöloms sind, und ich bin überzeugt, dass die Entwickelungsgeschichte dies bestätigen wird. Darauf, dass bei *Lingula* noch eine directe Verbindung der Leibeshöhle mit dem kleinen Armsinus besteht, und dass dementsprechend auch die charakteristischen Zellen der Leibeshöhlenflüssigkeit im kleinen Armsinus, den Cirren, den Hohlräumen der Armfalte gefunden werden, will ich nicht einmal besonderen Werth legen, denn bei *Crania* ist bei dem erwachsenen Thiere sicher keine wegsame Verbindung des kleinen Armsinus mit der Leibeshöhle mehr vorhanden, und dies gilt für eine ganze Reihe anderer von mir untersuchter Brachiopoden. Der grosse Armsinus endlich ist stets vollkommen von der Leibeshöhle und dem kleinen Armsinus abgeschlossen. Trotzdem weisen die anatomischen Ergebnisse ganz direct darauf hin, dass beide Hohlräume von dem Cölom sich ableiten.

Wie ich im 7. Abschnitt genauer ausführen werde und wie auch schon durch die Untersuchungen anderer Autoren bekannt ist, wird die eigentliche Leibeshöhle von einem Epithel ausgekleidet, das in reichem Maasse Muskelfasern erzeugt. Dies ist ja eine Eigenschaft des Cölomepithels überhaupt. Die Sinus sind von einem ebenso beschaffenen und ebenfalls reichlich Muskelfasern producirenden Epithel ausgekleidet. Da, wo grössere Muskelmassen sich finden, wie in dem kleinen Armsinus, liegen diese auch noch unter dem Epithel, was sich, wie oben angeführt, besonders klar bei *Crania* an den Enden der Arme erkennen lässt. Auch die Muskelfasern in den Cirren sind in directem Zusammenhang mit den Epithelzellen. Ob das Epithel der Sinus Wimpern trägt, wie das der Leibeshöhle, weiss ich nicht, da ich am lebenden Object nicht darauf achtete. Ich glaube es aber mit Bestimmtheit annehmen zu dürfen, da, wie erwähnt, im kleinen Armsinus von *Lingula* und in den damit zusammenhängenden Hohlräumen stets Zellen der Leibeshöhlen-flüssigkeit in Menge sich finden und diese durch Wimperbewegung transportirt werden, wie wir durch die Beobachtungen von Macdonald und Semper wissen.

Die mit dem Centralsinus zusammenhängenden Periösophagealkammern sind natürlich ebenfalls Theile des Cöloms. Dies wird nicht nur durch ihren Zusammenhang mit dem Centralsinus bewiesen, sondern ganz besonders durch ihr Verhalten zur Musculatur des Vorderdarmes. Alle diese Hohlräume sind, wie sich leicht nachweisen lässt, von einem Epithel ausgekleidet, und dieses Epithel erzeugt die Muskelfasern, welche den Vorderdarm ringförmig umziehen. Wie Fig. 59, 60 zeigen, liegen diese Muskelfasern stets in den Kammern. Ganz in der Nähe des Mundes fehlen die Kammern an der Hinterwand; hier liegen die Muskelfasern unter dem Epithel des Centralsinus (Fig. 52 bei *M*). Dies beweist wohl, dass das die Periösophagealkammern auskleidende Epithel gleichen Ursprungs mit dem des Centralsinus etc. ist. Die Lacunen begleiten den ganzen Vorderdarm fast bis zu seiner Einmündung in den erweiterten, die Ausführgänge der Leber auf-nehmenden Mitteldarm. Untersuchen wir die Musculatur des Darmes da, wo die Hohlräume nicht mehr vorhanden sind (Fig. 62—64), so finden wir sie direct unter dem den Darm überziehenden Cölomepithel. Diese Verhältnisse beweisen nach meiner Ansicht zur Genüge die oben aufgestellte Behauptung, dass die Hohlräume der Arme Theile des Cöloms sind.

In der Besprechung der Angaben anderer Autoren über den Armapparat kann ich mich ziemlich kurz fassen, da nur eine Arbeit, die von Joubin, sich mit *Crania* befasst und die auf andere Formen sich beziehenden Angaben in den nächsten Heften eingehender besprochen werden müssen. Die gröbere Ana-tomie, besonders auch die Verhältnisse der Sinus, sind von den älteren Autoren in den meisten Punkten richtig erkannt und besonders von Hancock gut dargestellt worden. Nur bei *Lingula* ist der sonst so sorgfältige Beobachter in einen sonderbaren Irrthum verfallen, indem er die Hohlräume der Armfalte als dem kleinen Armsinus der übrigen von ihm untersuchten Arten entsprechend betrachtete und den kleinen Armsinus, der bei *Lingula* allerdings recht ansehnlich ist, für etwas Besonderes hielt. Er nennt ihn posterior channel. Gratiolet (2) hat diesen Irrthum berichtigt und hat das grosse Verdienst, die von Hancock zweifelhaft gelassene Verbindung des kleinen Armsinus mit der Leibeshöhle durch Injectionen endgültig festgestellt zu haben. Dagegen irrte er, indem er eine Verbindung der grossen Armsinus mit der Leibeshöhle durch die von ihm vésicule intermédiaire genannte Ausstülpung der Leibeshöhle annahm. Vogt hatte, wie dies auch die späteren Beobachter bestätigten, das Abgeschlossensein des grossen Armsinus erkannt.

Hancock giebt eine ausführliche Beschreibung des Blutgefässsystems der Arme; in diesem Punkte aber verband er Richtiges und Unrichtiges zu einem Ganzen, was durch seine ungenügenden technischen Hülfsmittel sich verstehen lässt. Er hielt den Hauptarmnerven für das zuführende Armgefäss, den kleinen Armsinus für das rückführende Gefäss, dazu beschreibt er noch zwei complicirte Plexus und die in den Cirren aufsteigenden Gefässe. van Bemmelen hat die Irrthümer Hancock's richtig gestellt, indem er sein zuführendes Gefäss als Nerven erkannte und die Plexus Hancock's auf die sternförmig verästelten Zellen der Stützsubstanz zurückführte, hat dagegen die eigentlichen Blutgefässe nicht gefunden. Wie aus diesen kurzen Angaben hervorgeht, sind nur die von Hancock beschriebenen Cirrengefässe, welche aber an der Spitze geschlossen sind, nicht, wie er glaubt, offen, Theile des wirklichen Gefässapparates. Das im kleinen Armsinus verlaufende Gefäss hat er nicht gesehen. Dasselbe ist auch nur auf guten Durchschnitten mit Sicherheit nachzuweisen. Bei *Waldheimia dilatata* allerdings kann man dasselbe und die abgehenden Cirrengefässe noch mit der Lupe in dem aufgeschnittenen kleinen Armsinus erkennen.

Wenn ich mich nun zu den Angaben Joubin's über die Arme von *Crania* im Speciellen wende, so bin ich genöthigt, zunächst eine Liste von dem zu geben, was er nicht gefunden hat, und dann das Meiste von dem, was er beobachtet haben will, gerade umzukehren.

Er hat die Armnerven, das Armgefäss, die Cirrengefässe nicht gefunden, die histologischen Verhältnisse fast gar nicht berücksichtigt. Was er als Armplexus unter der Armrinne beschreibt und abbildet (Taf. XI, Fig. 7, 8), hat mit dem Nervensystem überhaupt nichts zu thun. Es sind die verästelten Zellen der Stützsubstanz, die ihn, wie schon manchen anderen Beobachter, in die Irre geführt haben.

In grossen Bezirken der Stützsubstanz sollen Zellen fehlen. Wie ich oben gezeigt habe, sind diese überall vorhanden, nur sind sie bald etwas reichlicher, bald etwas spärlicher. Das Lacunensystem, das er besonders in der Lippe gefunden haben will und das mit dem grossen Armsinus (seinem canal de la lèvre) und mit den Periösophagealkammern im Zusammenhang stehen soll, wurde ihm wieder durch die Bindegewebszellen vorgetäuscht; von einem Zusammenhang mit den genannten Organen ist keine Rede.

Was dann schliesslich die Angaben Joubin's über das Verhalten der Armsinus zu einander und zu der Leibeshöhle anlangt, so geht schon aus der Darstellung dieser Verhältnisse, die ich oben gab, zur Genüge hervor, dass er hier Dinge gesehen hat, die nicht bestehen.

Der grosse Armsinus theilt sich, wie Joubin richtig sah, in der Nähe des Oesophagus in einen oberen und einen unteren Blindsack. Der letztere soll nach ihm blind endigen, der erstere mit dem medianen Theile des kleinen Armsinus, meinem Centralsinus, in Verbindung stehen. Dies ist nicht der Fall. Beide Aeste enden blind, wie nicht nur die anatomische Untersuchung, sondern auch jede Injection zur Genüge beweist. Ebensowenig, wie diese Verbindung, besteht die von Joubin angegebene und Taf. VIII, Fig. 1 abgebildete Verbindung des Centralsinus mit der Leibeshöhle. Ich kann mir seine Darstellung nur so erklären, dass er durch die Ausdehnung des Centralsinus nach hinten zu zwischen die Blätter des ventralen Mesenteriums sich täuschen liess, denn diese beiden Blätter scheinen mir das zu sein, was er als Klappenapparat beschreibt. Den Zusammenhang der Periösophagealkammern mit dem Centralsinus erkannte er nicht, ohne Injectionen war dies auch nicht möglich.

Dagegen muss ich gegen seine Fig. 5, Taf. X, die einen Medianschnitt durch die hintere Wand des Oesophagus darstellt, einwenden, dass er das Epithel, welches die Lacunen auskleidet, sehr stark verschönert und egalisirt und die Muskelfasern ganz in die Stützsubstanz begraben hat, während sie doch, wie überall, so auch hier dem Epithel angehören.

In diesem Abschnitt der Joubin'schen Arbeit tritt ganz besonders der Uebelstand hervor, dass die Buchstabenbezeichnungen in den Figuren weder mit dem Text noch mit der Tafelerklärung übereinstimmen.

Abschnitt 6. **Der Darm mit seinen Anhängen.**

Durch den Besitz eines median am Hinterende gelegenen Afters zeigt der Darmkanal von *Crania* ein ursprünglicheres Verhalten, als bei allen übrigen Brachiopoden. Denn wo sonst noch ein After vorkommt, ist er nach der rechten Seite verlagert (*Lingula* und *Discina*); bei den Testicardines fehlt, soviel man bis jetzt weiss, stets die Afteröffnung. Von diesem wichtigen Punkte abgesehen, stimmt der Darm von *Crania* mit dem der übrigen Brachiopoden in der Hauptsache überein. Die Unterschiede, die sich finden, auf die ich bei der Betrachtung der anderen Arten eingehen werde, sind ganz unwesentlich.

Der Darm von *Crania* lässt drei Abschnitte unterscheiden: den Oesophagus, den Mitteldarm, den Enddarm.

Der Oesophagus beginnt mit der Mundöffnung, deren Lage in der Armrinne zwischen Cirren und Mundfalte (Epistom) schon geschildert wurde (vergl. Fig. 6, 52). Die Mundöffnung ist etwas in die Breite gezogen (in der Richtung der Armrinne) und senkt sich trichterförmig in den Oesophagus ein. Den Verlauf des letzteren zeigt am besten ein Medianschnitt (Fig. 52). Er wendet sich, wie man erkennt, zuerst fast horizontal nach vorn, um dann, etwa halbkreisförmig gekrümmt, nach oben und hinten zu ziehen. Dieser Theil des Schlundes ist in den schnabelartigen Vorsprung der Vorderwand des Körpers eingelagert und ist von aussen schon durch seine matt-gelblichweisse Farbe zu erkennen. Er wird umgeben von den Periösophagealkammern, zu welchen an den Seiten und hinten noch der, durch die Vereinigung des beiderseitigen kleinen Armsinus entstehende Centralsinus kommt. Das Genauere wurde im vorigen Abschnitt behandelt. In die Leibeshöhle tritt der Vorderdarm dicht unter der dorsalen Körperwand ein (Fig. 7), senkt sich dann etwas nach der Ventralseite zu und geht hier in den stark erweiterten Anfangstheil des Mitteldarmes, den Magen, über, welcher vorn an beiden Seiten die Ausführgänge zweier ansehnlicher Drüsen der sog. Leber aufnimmt. Die Magenerweiterung zeigt nahe ihrem Hinterende eine leichte Einschnürung und geht dann allmählich, sich verjüngend, in den hinteren Theil des Mitteldarmes, welchen man Dünndarm nennen könnte, über. Dieser Abschnitt zieht in der Medianlinie weiter nach hinten, fast bis an die Körperwand, bildet dann eine Schlinge, indem er sich nach links unten und vorn wendet, wieder nach hinten umkehrt, um in den stark erweiterten Enddarm einzumünden.

Der letzte Abschnitt des Enddarmes ist ein dünnes Rohr (Fig. 16). Er ist in eine kegelförmige Ausbuchtung der hinteren Körperwand eingelagert und mündet auf einer, durch diese Ausbuchtung gebildeten, kegelförmigen Hervorragung, der in der Medianlinie gelegenen Afterpapille, nach aussen.

Der Darmkanal wird, soweit er nicht von den Periösophagealkammern umschlossen ist, sondern die eigentliche Leibeshöhle durchzieht, von einem dorsalen und ventralen Mesenterium und den beiden Ileoparietalbändern festgehalten, deren Verhalten im nächsten Kapitel genauer erörtert werden soll.

Dagegen sollen hier gleich die eigenthümlichen Verhältnisse der Mesenterien am Enddarm und der im Zusammenhang mit diesem sich findende besondere Muskel, der Protrusor ani, besprochen werden. Zur Erläuterung dieser Verhältnisse dienen Fig. 16—21. Die letztere ist aus den in den dargestellten Quer- und Längsschnitten durch das Hinterende construirt und stellt das Hinterende, von der Dorsalseite betrachtet, dar. Die Körperwand ist durchsichtig gedacht. Die Lage der vier Querschnitte Fig. 17—20 ist eingetragen, ebenso die des Längsschnittes Fig. 16.

Auf dem erweiterten Theile des Enddarmes sieht man das hintere Ende des einfachen dorsalen Mesenteriums. Bei z weichen die beiden Blätter, aus denen man sich dasselbe entstanden denken muss, auseinander. So entsteht eine im hinteren Theile des Mesenteriums gelegene Höhle von dreieckigem

Querschnitt (Fig. 20). Die eine, ventrale Seite wird von dem Enddarm, die beiden anderen von den auseinander gewichenen Mesenterien, die ich Mesenteria lateralia nenne, begrenzt. Der Spaltraum nimmt nach hinten an Höhe zu und bei *z*, hat er sich so ausgedehnt, dass die beiden Blätter des dorsalen Mesenteriums ganz von einander getrennt sind und jedes Lateralmesenterium für sich an der dorsalen Körperwand inserirt (Fig. 19). Die Anheftung erfolgt in der Linie *y*, (Fig. 21). Der punktirte Theil der Linie *y* zeigt die Strecke, in der das Lateralmesenterium auf dem Enddarme sich befestigt. Wo die Linie *y* ausgezogen ist, hat sich das Mesenterium vom Darm losgelöst und sich mit dem entsprechenden ventralen Blatte verbunden (Fig. 18). Hinten befestigen sich die Membranen an der Leibeswand, da, wo dieselbe in die Afterpapille sich ausstülpt, in der Linie *y₁₁* (vergl. auch den Längsschnitt Fig. 16).

Auf der ventralen Seite sind die Verhältnisse ganz ähnliche, nur beginnt die Spaltung des Mesenteriums schon früher (vergl. die Abbildungen Fig. 16 und 20). Durch dieses eigenthümliche Verhalten der Mesenterien wird also ein hinterer Abschnitt der Leibeshöhle, den ich vorläufig **Analkammer** nenne, von dem Haupttheil vollständig abgetrennt. Der verengerte Theil des Enddarmes durchzieht diese Analkammer ganz frei, ohne von einem Mesenterium festgehalten zu sein (Fig. 17). Die Analkammer ist, wie die Leibeshöhle selbst, von Epithel ausgekleidet.

Diese Abgrenzung des hintersten Abschnittes der Leibeshöhle verdient besondere Aufmerksamkeit. Ob ihr eine grössere Bedeutung zukommt, muss die Entwickelungsgeschichte entscheiden.

Längs der ganzen Linie, in welcher die lateralen Mesenterien an der Leibeswand inseriren, entspringen Muskelfasern, welche den Enddarm in einem Kegelmantel umgeben und an seiner Wand sich befestigen (Fig. 21 rechts und Fig. 16). In den Fig. 18—20 sieht man die Querschnitte durch diese Fasern in einem Kranz um den Enddarm. Ich glaube, dass diese Muskelfasern den Enddarm nach aussen ziehen, und habe sie in ihrer Gesammtheit darum **Protrusor ani** genannt. Ich stelle mir die Wirkung folgendermassen vor: ventral (Fig. 16) ist die Körperwand bis zum Grunde der Afterpapille festgewachsen; der dorsale Theil kann durch den Levator ani gespannt werden, so dass dann die Körperwand das punctum fixum ist. In der Leibeshöhle ist der Darm jedenfalls etwas verschiebbar, so dass bei der Contraction des Protr. ani der Enddarm weiter in die Afterhöhle hineingeschoben wird.

Wie bei den meisten Brachiopoden, so findet sich auch bei *Crania* ein rechter und ein linker Leberlappen (Fig. 7, 15). Jeder Lappen ist eine acinöse Drüse, welche mit einem ansehnlichen Ausführgang in den erweiterten Anfangstheil des Mitteldarmes einmündet. Die beiden Lappen umgreifen den Darm nach der Dorsal- und Ventralseite, so dass sie in der Medianebene, durch das Mesenterium geschieden, zusammenstossen. Nach vorn zu füllen sie den Raum zwischen den Occlusores anteriores vollständig aus, nach hinten zu erstrecken sie sich etwa bis zu dem Ileoparietalband.

Der **histologische Bau** des Darmes und der Leber ist im Ganzen recht einfach (Fig. 64—67). Ich kann über denselben nur nach Schnitten berichten, da mir das macerirte Material verloren ging. Der Schaden ist nicht gross, da die Verhältnisse nur unwesentlich verschieden von denen bei *Terebratulina* und *Waldheimia* sind, von denen mir reichliches macerirtes Material zu Gebote stand.

Die Grundlage der Darmwand bildet eine dünne Stützlamelle, welche in der Umgebung des Vorderdarmes mit dem von Stützsubstanz gebildeten Gerüste der Periösophagealkammern und durch dieses mit der Stützsubstanz der Körperwand in Verbindung steht. Wo die Periösophagealkammern aufhören, ist die Stützlamelle ein dünnes Häutchen (Fig. 10—15, 62—65), an einzelnen Stellen, z. B. am Magen, etwas dicker. Sie setzt sich fort in die Seitenwülste, welche die dorsalen Mantelarterien tragen, in das dorsale und ventrale Mesenterium. Nach innen zu trägt die Stützmembran das Darmepithel, aussen wird sie von dem Cölomepithel überzogen, welches eine an einzelnen Stellen aus Ringfasern, an anderen aus Längsfasern bestehende Muskellage entwickelt hat.

Der ganze Vorderdarm trägt Ringmuskeln, welche anfangs den Periösophagealkammern angehören, später unter dem Cölomepithel liegen (Fig. 62. 63). Die Ringfasern erstrecken sich noch ein Stückchen weit hinter die Ausführgänge der Leber (Fig. 67). Im hinteren Theil des Magens fehlen sie vollständig und werden durch Längsfasern ersetzt; wo der Magen sich verengend in den eigentlichen Darm übergeht, fängt wieder die Ringmusculatur an. Von diesem eigenthümlichen Verhalten überzeugt man sich leicht, wenn man das betreffende Stück des Darmes der Länge nach aufschneidet und das Epithel abpinselt. Nach einem solchen Präparate ist die schematische Fig. 67 gezeichnet. Uebrigens lässt sich diese Anordnung ebenso leicht auf Flächenschnitten in sagittaler oder frontaler Richtung feststellen.

Der Enddarm hat Längsmuskeln. Das Epithel des ganzen Darmtractus ist bei *Crania*, wie bei anderen Brachiopoden durch die stellenweise enorme Länge seiner Zellen verbunden, mit äusserster Feinheit ausgezeichnet. Da die Kerne in verschiedener Höhe liegen, so sieht man auf Schnitten fast überall eine periphere Zone von dicht gedrängten Kernen, während nach innen zu die fadenartigen Enden der Zellen sich bemerklich machen (Fig. 64).

Auf Längs-, wie auf Querschnitten sieht man das Epithel an einzelnen Stellen höckerartig in das Lumen vorspringen. Es ergiebt sich daraus, dass wir es mit pyramidalen Erhebungen zu thun haben. Diese sind jedoch kein regelmässiges Vorkommniss. Nicht selten fehlen sie fast vollständig, und die innere Grenze des Epithels verläuft fast parallel der Stützlamelle. Ich glaube darum, dass die Epithelhöcker Folgeerscheinungen der Contraction der Darmmuskeln sind.

Die Zellen haben in den verschiedenen Abschnitten des Darmkanales eine verschiedene Länge. Am höchsten ist das Epithel im Mitteldarm hinter dem Magen, dann im Oesophagus (Fig. 59, 64); niedriger in dem Enddarm (Fig. 65) und in dem Magen (Fig. 62).

Die Zellen tragen Wimpern. Das Epithel zeigt einen deutlichen Stäbchensaum (Fig. 64 a). Wie schon oben bemerkt, konnte ich von *Crania* keine Isolationspräparate untersuchen, dagegen habe ich mich bei *Waldheimia* und *Terebratulina* davon überzeugt, dass jede Zelle in ein solches Stäbchen, das die Wimper trägt, endet.

Zwischen den gewöhnlichen Zellen eingestreut, durch den ganzen Darmkanal verbreitet, da und dort zu Gruppen vereinigt, im Ganzen aber nicht sehr zahlreich, kommen Secretzellen vor. Am zahlreichsten sind sie im Mitteldarm; besonders gleich hinter der Einmündung der Lebergänge traf ich regelmässig Gruppen von solchen an (Fig. 63). Sie liegen ganz in der Tiefe des Epithels, der Stützlamelle an und enthalten, wie die Secretzellen des äusseren Epithels, ein mit Eosin sich sehr intensiv färbendes, anscheinend recht consistentes Secret. Wie bei jenen, konnte ich auch bei diesen keine Ausführgänge beobachten. Solche findet man leicht bei den echten Drüsenzellen des Enddarmes (Fig. 65). Diese zeichnen sich durch einen aus feinsten, ebenfalls stark sich färbenden Körnchen bestehenden Inhalt aus. Mit ihrem kolbenförmig angeschwollenen unteren Ende sitzen sie der Stützlamelle auf, und dann sieht man sie bis zur Oberfläche des Epithels sich fortsetzen, indem sie sich so stark verschmälern, dass nur eine einzige Reihe von Körnchen noch in sie eingelagert ist [1]).

Wie bei dem Darm, so bildet auch bei der Leber die Stützsubstanz die Grundlage des ganzen Organes. Sie ist noch dünner als am Darm (Fig. 66), selbstverständlich erhält die ganze Leber einen Ueberzug des Cölomepithels. Auf die Ausführgänge des Organes setzt sich auch die Musculatur des Darmes fort. Bei den Leberläppchen selbst konnte ich keine Muskelfasern mehr nachweisen.

Das Epithel der Leberläppchen und der Ausführgänge hat einen anderen Charakter, als das des

---

1 Bei einem Exemplar habe ich in dem Enddarm eine Monocystidee in beträchtlicher Menge gefunden.

Darmes. Es besteht aus ansehnlichen Cylinderzellen, die Wimpern tragen. Diese sind in den Schnitten noch recht gut nachweisbar. Ausserdem habe ich mich von ihrem Vorhandensein auch bei *Terebratulina* an Macerationspräparaten überzeugt. Der Kern der Epithelzellen liegt der Basis genähert. Der nach dem Lumen zu gerichtete grössere Theil der Zelle lässt ein maschiges Plasma erkennen, wohl dadurch zu Stande gekommen, dass Secrettröpfchen aufgelöst sind. Dafür sprechen die Beobachtungen von Joubin. Ich selbst habe die frische Leber nicht untersucht.

Zwischen diesen gewöhnlichen Epithelzellen finden sich spärlich noch andere Zellen, welche ich für besondere Drüsen halten muss (Fig. 66 c). Sie sind nach der Stützmembran zu kolbig verbreitert und erreichen mit verschmälertem Ende den Hohlraum. Sie enthalten ein körniges, intensiv sich färbendes Secret und einen grossen, an färbbarer Substanz armen Kern. Wieder an anderen Stellen finden sich in ähnlicher Lagerung rundliche Zellen, deren Plasma in Körnchen zerfallen ist, und deren Kern auch einen degenerirten Eindruck macht (Fig. 66 b). Was sie bedeuten, ist mir unklar.

Bemerken will ich noch, dass es gar nicht leicht ist, von der Leber gute Präparate zu erhalten. Nur aus dem lebenden Thier herausgenommene und direct in die Conservirungsflüssigkeit übertragene Organe liefern solche. In ganzen Thieren ist sie meist verdorben, wenn auch die sonstige Erhaltung tadellos ist. Ebenso ist in solchen das Epithel des Magens in der Umgebung der Einmündungen der Leber alterirt. Ich glaube daraus schliessen zu können, dass das Secret der Leber eine energisch verdauende Wirkung hat. Es wäre darum wohl auch die Bezeichnung Hepatopankreas die richtigere.

Von den Angaben anderer Autoren brauche ich hier nur die von Joubin zu berücksichtigen. Joubin beschreibt die allgemeinen Verhältnisse des Darmkanales und der Leber richtig. Vor allem hat er die wichtige Eigenthümlichkeit von *Crania*, die Lage des Afters in der Medianebene am Hinterende gefunden. Dagegen übersah er das eigenthümliche Verhalten der Mesenterien, welches zur Bildung der Analkammer führt, und ebenso den Protrusor ani. Die histologischen Verhältnisse hat er nur wenig eingehend berücksichtigt. So erfahren wir von der interessanten Anordnung der Musculatur des Darmkanales gar nichts. Auch die Drüsenzellen hat er ganz übersehen.

Abschnitt 7. Die Leibeshöhle, die Mantelsinus, die Mesenterien, die Nephridien.

Leibeshöhle im engeren Sinne nenne ich den centralen Hohlraum des Körpers, welcher die Hauptmasse der Eingeweide umschliesst. Mit ihr in directem Zusammenhang stehen die Mantelsinus, welche Fortsätze der Leibeshöhle in den dorsalen und ventralen Mantel darstellen. Ich bemerke, dass ich, wie schon in Abschnitt 5 ausgeführt, auch die Hohlräume des Armapparates, den grossen und kleinen Armsinus, ebenso die Analkammer und die die Occlusores posteriores einschliessenden Hohlräume als Theil der Leibeshöhle betrachte, obwohl diese — bei der erwachsenen *Crania* wenigstens — in keinem directen Zusammenhang mit dem Hauptabschnitte der Leibeshöhle mehr stehen.

Die Leibeshöhle im engeren Sinne ist bei *Crania*, wie bei allen Brachiopoden, ein geräumiger Hohlraum, in welchem, durch verschiedene Mesenterien festgehalten, der Haupttheil des Darmes mit der Leber liegt, der ferner die ansehnlichsten Muskeln, grosse Theile des Blutgefässsystems und des Geschlechtsapparates nebst den Nephridien aufnimmt. Die ganze Leibeshöhle — und dies gilt auch für die Mantelsinus — wird von einem Flimmerepithel ausgekleidet, dessen platte Zellen überall an der Körperwand und den verschiedensten Organen reichlich Muskelfasern entwickeln. Das wimpernde Epithel — Cölomepithel — überzieht natürlich auch alle Organe, den Darm, die Leber, die Mesenterien.

Von Mesenterien finden sich bei *Crania*: 1) ein medianes, das eigentliche M e s e n t e r i u m, 2) jeder-seits ein seitliches, die I l e o p a r i e t a l b ä n d e r. Die bei den übrigen Brachiopoden vorkommenden Gastro-parietalbänder fehlen.

Das M e s e n t e r i u m durchzieht die ganze Leibeshöhle in der Medianebene und scheidet sie so in eine rechte und linke Hälfte. Es umschliesst mit seinen beiden Blättern den Darmkanal vollständig und bildet so den Peritonealüberzug desselben. Es lässt sich an ihm ein dorsal von dem Darm gelegener Theil, das d o r s a l e M e s e n t e r i u m, und ein ventral von demselben verlaufender, das v e n t r a l e M e s e n t e r i u m unterscheiden. Wie oben ausgeführt, legt sich der hintere Theil des Darmes in eine S-förmige Schlinge. Dies geschieht vollständig innerhalb des Mesenteriums. Da aber der untere Theil der Schlinge aus der Medianebene weicht, so wird hier der streng dorsoventrale Verlauf des Mesenteriums etwas verändert, wie die Durchschnitte Fig. 10—12 zeigen. Das Verhalten des Mesenteriums am Hinterende, das zur Bildung der Analkammer führt, wurde schon im vorigen Abschnitt geschildert; ebenso wurde schon in Abschnitt 5 gezeigt, wie zwischen die beiden Blätter des ventralen Mesenteriums ein Fortsatz des Centralsinus eindringt.

Die Ileoparietalbänder entspringen (Fig. 7) jederseits in der Gegend des Darmes, wo der sog. Magen durch eine Einschnürung von dem übrigen Mitteldarme sich absetzt. Die Ursprungslinie verläuft im Bogen von der Dorsalseite etwas nach hinten und unten, dann nach unten und vorn.

Die Insertion der Ileoparietalbänder am Darme wird dadurch etwas complicirt, dass der freie, das gemeinschaftliche Mantelgefäss tragende Rand nicht direct nach der Seite zu liegt, sondern nach vorn gerichtet ist, so dass das Band selbst ein Stück weit von der Insertion nach vorn zu auf den Darm zu liegen kommt. Dadurch entstehen rechts und links von dem dorsalen Septum je eine vorn offene, nach rückwärts blind geschlossene Tasche, die besonders auf Querschnitten (Fig. 113 *) leicht zu Verwechselungen Anlass geben können. Auf seitlichen Längsschnitten durch die Insertion des Ileoparietalbandes tritt dieses Verhalten deutlich hervor (Fig. 115).

Der unmittelbar an den Darm sich ansetzende Theil des Mesenteriums ist eine dreieckige Platte, welche an den Rändern durch stärkere Balken der Stützsubstanz grössere Festigkeit erhält. An der lateralen Spitze des Dreieckes ist das Verhalten ein etwas eigenthümliches. Dies wird besser durch die bildliche Darstellung (Fig. 7) klar als durch eine lange Beschreibung.

Mit der starken Verschmälerung des Ileoparietalbandes tritt hier eine Drehung seiner Flächen und gleichzeitig ein Zerfall in drei Theile ein. Der erste Theil verläuft längs der ganzen Seite des Darmes (Fig. 7, 116) nach vorn und inserirt, sich etwas verbreiternd, an der vorderen Körperwand, gerade unterhalb des Einganges in den dorsalen Mantelsinus seiner Seite. An seinem Rande verläuft das dorsale Mantel-gefäss. Vielleicht entspricht dieser Theil dem Gastroparietalband der übrigen Brachiopoden. Der zweite Theil ist das Aufhängeband des Nephridiums (Fig. 7). Er wendet sich nach der Seite, vorwärts und abwärts hinter den Occlusor anterior verlaufend, und ist auf dem Trichter des Nephridiums noch nachzuweisen (Fig. 107, 108). Auf ihm verläuft das ventrale Mantelgefäss. Der dritte Theil endlich ist der umfang-reichste. Er ist durch eine schmale Spalte von dem Aufhängeband des Nephridiums getrennt und wendet sich nach hinten und der Seite zu. Er hat zwei freie Ränder. Der eine mediale kehrt sich nach dem Darme zu, der andere nach vorn gegen das Aufhängeband des Nephridiums. Die Insertion dieses Theiles ist sehr ausgedehnt. Der mediale Rand erreicht die hintere Körperwand und inscrirt sich hier etwas nach der dorsalen Seite zu. Von da aus verläuft die Insertion (Fig. 7 die punktirte Linie) immer an der d o r s a l e n Körperwand vor dem Occlusor posterior herum bis in die lateral von demselben gelegene Tasche der Leibeshöhle, in welcher der obere schiefe Muskel inserirt. Von dem Punkte, wo der mediale Rand die hintere Körperwand erreicht, setzt sich das Ileoparietalband an der dorsalen Körperwand noch ein Stück weit nach vorn parallel der Medianebene fort, als Aufhängeband des Endabschnittes des rücklaufenden Genitalgefässes (Fig. 7, 11).

Die Mesenterien und die verschiedenen Theile des Ileoparietalbandes bestehen alle aus einer Grundlage von Stützsubstanz und sind von dem Cölomepithel überzogen. Das dorsale Mesenterium ist in seinem mittleren Theile reichlich mit Muskelfasern ausgestattet (Fig. 43). Solche finden sich auch am Ursprunge der Ileoparietalbänder.

Die Mantelsinus sind bei *Crania* in Vierzahl vorhanden, zwei dorsale und zwei ventrale. Die beiden dorsalen entspringen aus der Leibeshöhle nahe bei einander an der vorderen Körperwand, gerade oberhalb der Insertionen der Protractores brachiorum. Von den ventralen entspringt der eine an der rechten, der andere an der linken Körperwand zwischen den Occlusores anteriores und posteriores. Der Eingang liegt dem ersteren näher, gerade unter dem Nephridium.

Das Verhalten der Sinus im Mantel wurde schon im Abschnitt 2 beschrieben. Sie sind, wie die Leibeshöhle überhaupt, vom Cölomepithel ausgekleidet, das auf der der Mantelhöhle zugekehrten Seite reichlich Muskelfasern entwickelt, die ganz regelmässig vom Rande des Sinus nach der Mittellinie desselben verlaufen (Fig. 39). In dieser Mittellinie verläuft das Aufhängeband des dem betreffenden Sinusast zukommenden Gefässes. Die am Boden der Mantelsinus quer verlaufenden Fasern, die auch bei anderen Brachiopoden vorkommen, wurden von Hancock ganz richtig als Muskelfasern betrachtet. Dies geht schon aus ihrem histologischen Verhalten und ihrer Beziehung zum Epithel zweifellos hervor. Es wird ihre Muskelnatur aber ganz unwiderleglich dadurch bewiesen, dass ich die zutretenden Nerven sehen konnte, ferner sieht man oft in einem Präparat neben einander einen Querschnitt durch einen Sinus, an welchem die Oberfläche des Epithels ganz glatt ist — die Muskelfasern sind erschlafft — und einen anderen, an welchem Stützlamelle und Epithel in dichte Falten gelegt sind — die Muskelfasern sind contrahirt. Weiter sind, wie Fig. 30 b zeigt, gerade über den Rändern der Sinus, wo die Muskelfasern an der Stützlamelle inseriren, die für Muskelansätze ganz charakteristischen Haftzellen entwickelt, deren Fasern man deutlich in die Stützsubstanz hinein verfolgen kann. Die Muskelfasern haben jedenfalls die nicht unwichtige Function, die Herausbeförderung der Geschlechtsproducte aus den Sinus zu unterstützen. Die Bewegung der Leibeshöhlenflüssigkeit wird wohl hauptsächlich durch Wimperaction des Cölomepithels geschehen (Macdonald und Semper bei *Lingula*). Van Bemmelen glaubte die Muskelnatur dieser Fasern bestreiten zu müssen und hat dafür den etwas eigenthümlichen Grund geltend gemacht, dass manche Brachiopoden in der Wand der Mantelsinus Kalkkörper hätten, die bei der Action dieser Muskeln zerbrechen würden! Zerbrechen etwa die Holothurien ihre Kalkkörperchen?

Die Nephridien von *Crania* stimmen in allen wesentlichen Beziehungen mit denen der übrigen Brachiopoden überein, die von fast allen Beobachtern richtig beschrieben, wenn auch von manchen älteren fälschlich als Herzen gedeutet wurden.

Crania hat zwei Nephridien, welche den Ileoparietalbändern angehören. Wie schon bei der Betrachtung dieser ausgeführt wurde, zerfällt jedes derselben in einen hinteren, umfangreicheren und einen vorderen, bandartigen Theil. Dieser bildet das Aufhängeband für das Nephridium (Fig. 7) und geht direct in den vorderen längeren Zipfel des Trichters über. Die Nephridien selbst (Fig. 104) sind kurz-schlauchförmige Organe, die mit einer weiten, plattgedrückt-trichterförmigen Oeffnung in der Leibeshöhle beginnen. An den Trichter schliesst sich der schlauchförmige, ungefähr dorsoventral plattgedrückte Haupttheil des Nephridiums an, der unter dem Obliquus inferior hindurch nach vorn zieht, um dann an der Seite des Körpers (Fig. 8, 109) mit einer schief nach aussen und oben gerichteten Oeffnung zu endigen. Der Trichter zieht sich in zwei Zipfel aus, von welchen der vordere an dem Aufhängeband befestigt ist, und zwar so, dass das letztere in der Mittellinie der äusseren (vorderen) Fläche des Lappens sich ansetzt (Fig. 108). In seinem freien Rande trägt es das ventrale Mantelgefäss. Der hintere, kürzere Zipfel des Trichters befestigt sich an der vorderen Wand der Scheide des Occlusor posterior (Fig. 7). Auch der nach der Seite gerichtete Theil des röhrenförmigen Theiles ist in dieser Weise befestigt. In dem Winkel, den die Occlusorscheide mit der Körperwand bildet, biegt sich das Nephridium nach vorn um und ist dann mit seinem äusseren Rande an der Körperwand befestigt.

Unter dem Nephridium liegt die Eingangsöffnung in den ventralen Mantelsinus (Fig. 11—13, 105, 106), unter einer einspringenden Falte der Seitenwand des Körpers. Da, wo das Nephridium sich nach vorn umbiegt (Fig. 106 *), tritt das Aufhängeband mit dem Mantelgefäss von dem Rande des Nephridiums auf die Falte der Seitenwand über und von da mit dem Gefäss in den Mantelsinus ein. Von dieser Stelle an ist dann das Nephridium durch einen Fortsatz des Aufhängebandes, der sich zwischen seinem Vorderrande und der Körperwand ausspannt, mit dieser verbunden (Fig. 12, 13, 105). Während der Trichter und der auf ihn folgende Theil des Nephridiums mit seiner breiten Seite annähernd horizontal (ein wenig von hinten nach vorn geneigt) liegt, dreht sich der an der Seitenwand zwischen dieser und dem Occlusor anterior verlaufende Endabschnitt so, dass seine Breitseite der Körperwand anliegt. So kommt dann die eine im hinteren Abschnitt nach vorn gegen den Occlusor anterior gerichtete schmale Seite mehr nach der Ventralseite zu zu liegen (Fig. 13).

Was den feineren Bau der Nephridien anlangt, so bildet auch hier wieder die Stützsubstanz die Grundlage des Organes (Fig. 110). Die Röhre wird ausgekleidet von einem wimpernden Cylinderepithel, zwischen dessen Zellen, nicht gerade zahlreich, Secretzellen sich finden. Die Wimperzellen sind in ihrem dem Hohlraum des Organes zugekehrten Theile mit gelblich gefärbten Körnchen angefüllt, wie sie auch bei anderen Brachiopoden beobachtet sind. Am Trichter hat das Epithel eine etwas andere Beschaffenheit (Fig. 111), die Zellen sind viel höher und schmäler und die Secretzellen sehr reichlich. Die Oberfläche des Epithels ist hier gewulstet, wie es Fig. 104 zeigt.

Die Leibeshöhle ist von einer coagulirenden, zellenhaltigen Flüssigkeit erfüllt. Die Zellen sind nicht sehr zahlreich. Ich habe die Leibeshöhlenflüssigkeit von *Crania* nicht frisch untersucht, nehme aber nach Analogie mit den übrigen von mir darauf in frischem Zustand geprüften Brachiopoden an, dass die Zellen amöboid sind. [Die Zellen der Leibeshöhlenflüssigkeit von *Lingula*, die sog. Blutkörperchen, dürften wohl nicht oder nur in beschränktem Maasse amöboid sein.] Bei *Waldheimia cranium* und *Terebratulina caput serpentis* sind die Zellen der Leibeshöhlenflüssigkeit sehr reichlich und recht gross, sie bilden ganze Netze, welche sich besonders schön darstellen lassen, wenn man Thieren einen Tropfen Tusche in die Leibeshöhle bringt und sie noch einige Stunden am Leben lässt. Die Tuschekörnchen werden von den Zellen aufgenommen, und solche Präparate gehören zu den zierlichsten, die ich kenne.

Wie schon früher angegeben, ist die in den Armsinus und den Scheiden der Occlusores posteriores eingeschlossene Flüssigkeit ebenfalls zellenhaltig.

Von einer Färbung der Leibeshöhlenflüssigkeit habe ich nichts bemerkt.

Die in diesem Abschnitte behandelten Organisationsverhältnisse hat Joubin im Ganzen richtig dargestellt, wenigstens insofern sie ohne besondere Schwierigkeit zu sehen sind.

Abschnitt 8. **Das Blutgefässsystem.**

Der am meisten umstrittene Punkt in der Anatomie der Brachiopoden ist das Blutgefässsystem. Hancock hat ein reich entwickeltes Gefässsystem mit einem Centralorgan, Herzen, beschrieben. Alle neueren Untersucher haben dieses System entweder gar nicht gefunden oder, wenn sie einzelne Theile desselben sahen, glaubten sie dasselbe durchaus nicht als Blutgefässsystem betrachten zu müssen. Trotzdem besteht dasselbe und ist in seinen Haupttheilen an gut conservirtem Material sicher, wenn auch nicht immer leicht aufzufinden. Ich freue mich, Hancock's Ergebnisse in wesentlichen Punkten bestätigen und weiter ausführen zu können. Die Darstellung, welche der englische Anatom von dem Blutgefässsystem giebt, ist ein glänzendes Zeugniss für seine präparatorische Kunst und sein richtiges Urtheil. Allerdings stellte er das Gefässsystem in seinen peripheren Theilen complicirter dar, als es ist. Ich habe schon oben gezeigt, dass das von ihm beschriebene Lacunensystem nichts mit dem Blutgefässsystem zu thun hat. Wenn man aber bedenkt, dass dies nur durch genaue histologische Untersuchung nachzuweisen ist, so wird man seinen Irrthum gern entschuldigen. Mit der heutigen Färbetechnik ist es allerdings nicht schwer zu finden, dass Hancock's Lacunensystem durch sternförmig verästelte Secretkörperchen haltende Zellen ihm vorgetäuscht wurde. Zu seiner Zeit aber war dies anders. Alles, was man ohne Färbung und ohne gute Schnitte von dem Blutgefässsystem sehen kann, hat Hancock richtig gesehen. Ich habe schon beim Beginn meiner Untersuchungen dem Blutgefässsystem besondere Aufmerksamkeit geschenkt, ihm galt auch hauptsächlich die vorläufige Mittheilung, die ich 1885 veröffentlichte (1) und welche von den nachfolgenden Untersuchern der Brachiopodenanatomie, so besonders von Joubin, Vogt und Young, nicht weiter berücksichtigt wurde.

Ich schrieb damals: »Das von Hancock beschriebene Herz der Brachiopoden ist ein contractiles Organ. Ich habe mich davon an vielen Exemplaren von *Terebratulina* und *Waldheimia* überzeugt. Wenn man bei einer *Terebratulina* z. B. die dorsale Schale rasch spaltet und mit einigen Schnitten Darm mit Herz und Leber herauspräparirt und denselben in ein Schälchen mit Seewasser bringt, so gelingt es leicht, schon mit der Lupe die Contractionen des Herzens zu beobachten; dieselben verlaufen ziemlich langsam. Bei einem Exemplar von *Terebratulina* konnte ich z. B. 30 Contractionen beobachten, die in Intervallen von ungefähr 30—40 Secunden aufeinander folgten, und mein Freund, Herr cand. Hilger, hat sich ebenfalls davon überzeugt.

Die histologische Untersuchung ergiebt in dem Herzen verzweigte Muskelplatten, auf deren feineren Bau ich hier ohne Abbildungen nicht näher eingehen kann.

Auch die von Hancock beschriebenen Gefässe existiren. So findet sich die von ihm angegebene, dorsal über den Darm, vom Herzen nach vorn ziehende Vene, welche weiter nichts ist als ein Spaltraum zwischen den beiden Blättern des Mesenteriums, ebenso sind wahrscheinlich die Genitalarterien zu betrachten, die in der von Hancock angegebenen Weise verlaufen.

Bei der Beschreibung des Gefässsystems der Arme sind bei Hancock einige Irrthümer untergelaufen, was sehr zu entschuldigen ist einerseits mit der Schwierigkeit des Materials, andererseits mit den ungenügenden optischen Hülfsmitteln, die ihm zu Gebote standen.

Meine Untersuchungen ergaben nun, dass an der Medianseite des sog. kleinen Armsinus, also ungefähr unter der Armfalte (aber im Sinus selbst), ein Gefäss verläuft, von welchem feine Aeste zu den Cirren abgehen, ungefähr so, wie dies Hancock in Fig. 3, Taf. LVIII abgebildet hat. Er hat das eben erwähnte, im kleinen Armsinus verlaufende Gefäss jedoch nicht gesehen — es ist dies überhaupt nur auf guten Querschnitten deutlich zu beobachten — sondern lässt die Cirrengefässe aus dem sog. grossen Armplexus entspringen. Was er als Armarterie, afferent] brachial canal bezeichnet, ist, wie van Bemmelen richtig vermuthet, der supraösophageale Armnerv, der an der äusseren Seite der Armfalte verläuft. Ebenso haben die von Hancock beschriebenen Plexus mit dem Blutgefässsystem nichts zu thun, sondern entsprechen verästelten Bindegewebszellen, welche in dem die Grundlage der Arme und der Körperwand bildenden Bindegewebe reichlich verbreitet sind und, untereinander anastomosirend, ganze Netze bilden. Dass H a n c o c k bei *Waldheimia* den ›afferent brachial canal‹ nicht deutlich sehen konnte, kommt daher, dass bei den Waldheimien der Armnerv, der übrigens an derselben Stelle verläuft, wie bei den übrigen Brachiopoden, lange nicht so deutlich zu sehen ist, wie z. B. bei *Rhynchonella* oder *Terebratulina*.

Das von mir angegebene Armgefäss und die davon abgehenden Cirrengefässe finden sich in der ganzen Länge des kleinen Armsinus. Es läuft geschlossen hinter dem Oesophagus herum, giebt zu beiden Seiten desselben jedoch zwei kurze Aestchen ab, welche in die Lückenräume in der Umgebung des Oesophagus einmünden (*Waldheimia cranium*). Dieses Gefässsystem der Arme scheint nur durch die Lückenräume in der Umgebung des Oesophagus mit der sog. Vene und so auch mit dem Herzen zu communiciren.

Das Herz und Gefässsystem habe ich bis jetzt im Grossen und Ganzen übereinstimmend bei folgenden Formen beobachtet: *Waldheimia septata* und *cranium*, *Terebratulina caput serpentis*, *Rhynchonella psittacea*, *Argiope neapolitana* und *decollata*, *Lingula anatina*. [Heute könnte ich diese Liste noch vergrössern, und ich habe die Ueberzeugung, dass dieselben Verhältnisse bei allen Brachiopoden wiederkehren.] Etwas abweichend sind die Verhältnisse bei *Crania anomala*, wo allerdings die sog. Vene dorsal vom Darm und die beiden Genitalarterienpaare sich in derselben Weise wie bei den schon oben erwähnten Formen finden. Statt e i n e s Herzens finden sich hier jedoch zwei grössere und mehrere kleinere Aussackungen am hinteren Ende der sog. Vene, die auch histologisch eine einfachere Structur zeigen, als z. B. das Herz von *Terebratulina* und *Waldheimia*. Auch das Gefässsystem der Arme verhält sich etwas anders und ist bei weitem schwieriger zu beobachten, als z. B. bei *Waldheimia*. Sehr gewöhnlich trifft man bei *Crania* die Gefässe und Aussackungen der sog. Vene mit einem gelblichen bis grünlichen Gerinnsel (ohne Zellen) angefüllt. Dasselbe findet sich auch bei anderen Brachiopoden.‹

Wie die nachfolgende ausführliche Darstellung des Blutgefässsystems von *Crania* zeigen wird, hat diese kurze Darstellung fast Wort für Wort das Richtige getroffen. Die damals vermuthete Abweichung im Bau der Armgefässe von *Crania* ist durch neue Beobachtungen beseitigt, und so ergiebt sich bei allen bis jetzt untersuchten Brachiopoden, wie bei anderen Organsystemen so auch im Blutgefässsystem, eine willkommene Uebereinstimmung in allen wesentlichen Punkten.

Präparatorisch lässt sich bei der geringen Grösse des Objectes von dem Blutgefässsystem nicht viel darstellen. Dagegen gelingt es nicht schwer, auf guten Schnittserien dasselbe zu verfolgen. Die Herzen (Gefässanhänge) lassen sich allerdings schon mit der Lupe erkennen.

Wenn man ein Thier von der Rückseite öffnet (Fig. 7, 10—15), so sieht man bei aufmerksamer Betrachtung auf dem hinteren Theile des Magens, rechts und links vom Mesenterium, eine Anzahl gelblicher, etwa birnförmiger Bläschen. Diese, dem einfachen Herzen der meisten übrigen Brachiopoden entsprechend, stehen mit dem zwischen den beiden, oberhalb des Darmes auseinanderweichenden Blättern des dorsalen Mesenteriums bestehenden dreieckigen Spaltraum, dem R ü c k e n g e f ä s s , in offener Verbindung. Das Rückengefäss erstreckt sich auf dem Darme nach vorn bis zu der Stelle, wo der Oesophagus in die Periösophagealkammern eintritt. Hier tritt es ebenfalls in diese ein, wie sich unschwer feststellen lässt. Von da aus dasselbe weiter zu verfolgen, gehört zu den schwierigsten Aufgaben. Es scheint sich in den Periösophagealkammern aufzulösen.

Vielfach wiederholte Untersuchung hat mich jedoch zu der Ueberzeugung geführt, dass dies nicht der Fall ist. Vor allem waren mir dafür auch die Injectionen in den kleinen Armsinus massgebend. Wie ich in Abschnitt 5 gezeigt habe, ist es ein Leichtes, von diesem aus den Centralsinus und die Periösophagealkammern vollständig anzufüllen. Obwohl nun bei einer ziemlich grossen Zahl von Thieren die Injectionen sehr gut gelungen waren, und die Periösophagealkammern und bei einzelnen, wenn höherer Druck angewendet wurde, die Nervenkanäle aufs Beste angefüllt waren, so war die Masse doch nie in die Gefässe, besonders auch nicht in das Rückengefäss, das ein ziemlich bedeutendes Lumen hat, eingedrungen. Schon daraus lässt sich der Schluss ziehen, dass eine Verbindung der Periösophagealkammern mit den Gefässen nicht besteht. Ich glaube mich aber auch durch das sorgfältige Studium von Schnittserien von dem Fehlen einer solchen Verbindung überzeugt zu haben. Das Rückengefäss theilt sich nach seinem Eintritt in die Kammern in einen rechten und linken Ast. Davon habe ich mich an einem Präparat, in welchem diese beiden Aeste durch Blutgerinnsel leicht zu erkennen waren, vergewissert. Diese beiden Aeste sind in Fig. 7 noch angegeben. Sie laufen auf dem Oesophagus abwärts und seitwärts, durchsetzen die Periösophagealkammern und treten in das dieselben vorn und an den Seiten noch ein Stückchen weit dicht umschliessende Stützgewebe ein; nach kurzem Verlauf in demselben treten sie an der vorderen, seitlichen Wand in den Centralsinus über und sind hier wieder leicht zu verfolgen. Sie laufen, mit ziemlich weitem Lumen, nach abwärts (Fig. 53, 58), wenden sich nach hinten zu dem Eingang in den kleinen Armsinus. Ehe sie als A r m g e f ä s s e in denselben eintreten, giebt jedes ein medianwärts gerichtetes Aestchen ab. Diese beiden Aestchen verlaufen auf dem Boden des Centralsinus (Fig. 52, 53, 58) vor den Eingängen in die Cirrenkanäle und verbinden sich in der Mitte. Sie bilden zusammen das V e r b i n d u n g s g e f ä s s zwischen dem rechten und dem linken Armgefäss. Das Verbindungsgefäss entsendet in jeden Cirrus hinter dem Munde ein an dessen der Mund- (Arm-) Rinne zugekehrten Seite auf den inneren Cirrenmuskeln bis zur Spitze verlaufendes und dort blind geschlossen endendes Gefäss.

Die Armgefässe verlaufen nach ihrem Eintritt in den kleinen Armsinus ebenfalls vor den Eingängen der Cirrenkanäle — also nach der Armfalte zu — und geben ebenfalls in jeden Cirrus ein aufsteigendes Gefäss ab (Fig. 51, 54—58). Sie verlaufen dann in der gleichen relativen Lage durch den ganzen kleinen Armsinus bis zur Spitze der Arme, regelmässig die Cirren mit Gefässen versorgend. Dieser Theil des Gefässsystems wurde schon bei den Armen (Abschnitt 5) behandelt.

Das Rückengefäss theilt sich in der Herzregion nach hinten zu in zwei Gefässe (Fig. 113), d i e g e - m e i n s c h a f t l i c h e n M a n t e l g e f ä s s e, denen auch noch Herzen ansitzen. Die gemeinschaftlichen Mantelgefässe treten nach den Seiten aus dem Mesenterium aus auf den vorderen Rand der Ileoparietalbänder (Fig. 115). Jedes theilt sich in einen vorderen und hinteren Stamm: das d o r s a l e und das v e n t r a l e M a n t e l g e f ä s s

Das erstere wendet sich auf dem Ileoparietalband nach vorn und tritt ganz nahe an den Darm heran. Es verläuft an der Wand des Mittel- und eines Theiles des Vorderdarmes entlang, und zwar liegt es auf einer über die äussere Oberfläche des Darmes hervorragenden Leiste aus Stützsubstanz (Fig. 12—15, 53—55, 116). Diese Leiste verbreitert sich nach vorn zu etwas und inserirt an der vorderen Körperwand zwischen Darm und medialer Fläche des Occlusor anterior, also unter dem Eingang in den dorsalen Mantelsinus der betreffenden Seite (Fig. 7). Das Gefäss tritt in den Mantelsinus ein und biegt, in der Mittellinie des Stammes verlaufend, nach der Seite und nach hinten um. In jeden Zweig des Sinus entsendet das Gefäss ebenfalls einen Zweig, der, bis an die Spitze des einzelnen Theilsinus verlaufend, hier blind endet. Die in die Mantelsinus eingelagerten Gefässe verlaufen auf einer Leiste der Stützlamelle (Aufhängeband), welche von der inneren, der Mantelhöhle zugekehrten Wand des Sinus sich erhebt (Fig. 121—123, 28).

In dem Cölomepithel der in den Mantelsinus verlaufenden Gefässe entstehen die Geschlechtsproducte. Ueber das Verhalten der Gefässe in dieser Region siehe den nächsten Abschnitt.

Der andere Ast des gemeinsamen Mantelgefässes gelangt in den ventralen Mantelsinus seiner Seite und zwar auf folgendem Wege. Nachdem er sich von dem oberen Mantelgefäss getrennt hat, läuft er am hinteren Rande des Ileoparietalbandes entlang, kommt dann über die Unterseite desselben auf den vorderen, schmalen Theil desselben, das Aufhängeband des Nephridiums, läuft an diesem entlang, kommt dann auf den vorderen Rand des Nephridiums selbst, wo er auch auf dem Rande einer Leiste der Stützsubstanz verläuft (Fig. 7, 12, 108—105). Dann tritt er um den vorderen und unteren Rand des Nephridiums herum, verläuft eine ganz kurze Strecke über die Seitenwand des Körpers, um in den ventralen Mantelsinus der betreffenden Seite einzutreten. Hier verhält sich das Mantelgefäss ebenso wie das des dorsalen Mantelsinus.

Da, wo das ventrale Mantelgefäss unter dem gedachten Theile des Ileoparietalbandes durchtritt, um auf das Aufhängeband des Nephridiums zu kommen, giebt es zwei Aeste ab (Fig. 7), von welchen der eine — ich nenne ihn r ü c k l a u f e n d e n A s t — am medialen Rande des Ileoparietalbandes gegen die hintere Körperwand verläuft, dort dem auf die Dorsalwand sich umschlagenden Rande des Ileoparietalbandes folgend, nach vorn zieht, um ungefähr in der Höhe der Herzen blind zu endigen (Fig. 11, 117). Der andere — S e i t e n a s t — folgt dem vorderen freien Rande des Ileoparietalbandes bis in die Tasche des oberen schiefen Muskels hinein, um hier ebenfalls blind zu enden (Fig. 10, 42). Zwischen diesen, am vorderen und medialen Rande des Ileoparietalbandes verlaufenden Gefässen bestehen auf der unteren (ventralen) Fläche des Bandes netzartige Anastomosen, von welchen sich senkrecht zur Fläche blind endigende Aeste erheben. Auf der Wand derselben entstehen die Geschlechtsproducte (Fig. 118). Das Genauere hierüber im folgenden Abschnitt [1]).

Die Betrachtung der feineren Verhältnisse des Blutgefässapparates beginnen wir naturgemäss mit dem Bau der Herzwandung. Die Untersuchung der Herzwand gehört mit zu den schwierigsten Aufgaben in der Histologie der Brachiopoden, besonders bei den grösseren Formen, wo entsprechend der bedeutenderen Grösse des Herzens auch die Wandung complicirter gebaut ist. Bei *Crania* liegen die Verhältnisse etwas einfacher. Man muss zur Untersuchung solche Präparate sich aussuchen, wo die Herzen möglichst frei von Gerinnseln sind, oder wo diese sich von der Herzwand losgelöst haben. Nach solchen sind die Fig. 112, 113 gezeichnet. Auf der Herzwand sind die Zellen des Cölomepithels grösser und weniger plattgedrückt, im Ganzen etwa cubisch, mit gerundeter Oberfläche in die Leibeshöhle vorspringend.

Unter diesen Zellen nach dem Hohlraume zu liegt eine zarte Lamelle aus Stützsubstanz, die aber keinen so compacten Eindruck macht, wie die Stützsubstanz an anderen Stellen. Zwischen Cölomepithel und Stützlamelle, stellenweise vielleicht auch in die letztere eingesenkt, verlaufen unregelmässig angeordnete Muskelfasern (*M* Fig. 112, 113). Diese sind sehr fein, lassen sich aber doch an Eosin-Hämatoxylinpräparaten, noch besser an solchen, die mit Indigocarmin-Boraxcarmin gefärbt sind, mit Sicherheit nachweisen. Man darf diese feinsten Fäserchen mit um so mehr Recht als Muskelfasern betrachten, als im Herzen von *Terebratulina* und *Waldheimia*, wie hier vorläufig bemerkt werden mag, solche viel leichter sich erkennen lassen, weil sie viel kräftiger sind. Hier sind es verzweigte, vielfach durcheinander gefilzte Muskelplatten, deren Zusammenhang mit den ansehnlichen, beutelartig über die Oberfläche vorspringenden Zellen des Cölomepithels ich nachweisen konnte. Zudem sehen wir bei *Crania* in nächster Nähe der Herzen auf der Wand des Rückengefässes kräftige, zweifellose Längsmuskelfasern (Fig. 112 *M*).

---

1) Ich halte es für zweckmässig, hier einiges über die Art der Untersuchung dieser complicirten Gefässverhältnisse anzufügen. Man erhält von den Gefässursprüngen Uebersichtspräparate, wenn man die entsprechende Region des Darmes mit den Ursprüngen der Ileoparietalbänder herauspraparirt, den Darm auf der ventralen Seite durch einen Längsschnitt öffnet und das Epithel abpinselt. Man kann die Gefässe jedoch nur dann gut verfolgen, wenn sie durch Gerinnsel angefüllt sind. Vorsicht ist hier nothwendig, um nicht durch die stärkeren Züge der Stützsubstanz sich täuschen zu lassen. Ganz sichere Resultate liefern Schnittserien. Alle meine Angaben sind auf zahlreichen Serien controllirt. Auch hier ist es besonders günstig, wenn Gerinnsel die Gefässe erfüllen. Diese färben sich mit Eosin auffallend intensiv, so dass dann die Gefässe wie mit einer dunkelrothen Masse injicirt erscheinen. Auf Flächenpräparaten des Ileoparietalbandes sieht man von dem auf demselben befindlichen Gefässnetze nur Spuren, weil man dasselbe beim Entfernen der Geschlechtsorgane grösstentheils mit abreisst. Auf Schnitten überzeugt man sich leicht von seinem Vorhandensein.

Die Herzen lassen sich also auch durch die anatomische Untersuchung als contractile Organe erkennen.

Der Hohlraum der Herzen wird ebenso wie der des Rückengefässes von einem Endothel ausgekleidet. Das Rückengefäss (Fig. 114) hat eine kräftige Wand, die der Hauptmasse nach aus Stützsubstanz besteht. Man kann dasselbe als zwischen den beiden Blättern des Mesenteriums (Cölomsackwandungen) gelegenen Spaltraum, also als einen Rest der primären Leibeshöhle betrachten.

Ob den übrigen Gefässen allen eine Stützlamelle zukommt, ist bei der geringen Grösse der meisten Gefässe kaum zu entscheiden. In den Arm- und Cirrengefässen konnte ich mich nicht mit Sicherheit von ihrem Vorhandensein überzeugen. Allerdings halte ich es nach den Resultaten bei anderen Formen für wahrscheinlich, dass noch eine feinste Lage Stützsubstanz vorhanden ist. Bei den auf den Ileoparietalbändern sich erhebenden Gefässzotten und den Verzweigungen der Genitalarterien im Mantel ist sicher eine solche der Stützlamelle angehörende Wandung vorhanden (Fig. 118, 123). Im Inneren dieser Gefässe sieht man, da und dort der Wand ansitzend, mit gelblichen Körnchen erfüllte Zellen, wie sie auch sonst vorkommen. Diese sind wohl als Endothelzellen zu betrachten.

Ueber die Blutflüssigkeit kann ich nur nach conservirten Thieren berichten, da es natürlich ein Ding der Unmöglichkeit ist, dieselbe an frischem Material zu untersuchen. An Thieren, die mit Sublimat conservirt wurden, kommen fast regelmässig massige Gerinnsel in den Gefässen vor. Ganz besonders trifft man sie in den Herzen, welche oft prall von der geronnenen Masse angefüllt sind (Fig. 112). Nur ausnahmsweise sind sie frei von solchen (Fig. 113). Ebenso sieht man compacte Gerinnsel fast stets im Rückengefäss und den übrigen grösseren Gefässen. Gerade die Gerinnsel erleichtern das Verfolgen der Gefässe auf Schnitten ganz bedeutend. In den feineren Gefässen, besonders den Cirrengefässen, beobachtet man sie auch von Strecke zu Strecke. Durch die Alkoholwirkung ist das Gerinnsel meist stark contrahirt und hat sich von der Gefässwand zurückgezogen, besonders im Rückengefäss. Wo die Wand weniger widerstandsfähig ist, wie in den Herzen, löst sich das Gerinnsel oft nicht von der Wand. Dazu mag noch beitragen, dass die Herzen beim Abtödten der Thiere sich häufig contrahiren.

An ungefärbten Präparaten sieht das Gerinnsel gelblich aus. Mit Eosin färbt sich dasselbe intensiv. Nach dem compacten Eindruck, den die Gerinnsel machen, muss die Blutflüssigkeit ziemlich viel coagulirbare Substanz enthalten.

Die Frage, ob in dem Blute Zellen vorhanden sind, kann ich nicht sicher entscheiden. Allerdings findet man da und dort Zellen in den Gefässen. Im Ganzen sind sie aber recht spärlich, und es ist schwer zu entscheiden, ob es sich nicht um losgelöste Endothelzellen handelt.

Jedenfalls ist sicher, dass das Gefässsystem von *Crania* — und das gilt auch für die anderen Brachiopoden — eine specifische, coagulirbare, im Leben wahrscheinlich schwach gelblich oder röthlich gefärbte Flüssigkeit enthält, sich also auch dadurch als echtes Blutgefässsystem, wie es von vielen Wirbellosen bekannt ist, zu erkennen giebt. Ob Zellen in der Flüssigkeit sind oder nicht, thut nichts zur Sache.

Auf die Art und Weise, wie man sich die Function dieses Gefässsystems vorstellen kann, werde ich in dem allgemeinen Abschnitt eingehen.

Die Beziehungen zu anderen Thiergruppen, welche sich für die Brachiopoden durch die Beschaffenheit des Gefässapparates ergeben, liegen ganz klar. Ich habe darauf bereits an anderer Stelle hingewiesen (No. 2).

Was die Litteratur über das Blutgefässsystem und im Speciellen von *Crania* betrifft, so kann ich mich kurz fassen. Ich halte es für überflüssig, an dieser Stelle die älteren Ansichten von Cuvier, Vogt

8*

und Owen zu wiederholen, welche die Nephridien als Herzen betrachteten und ein mit diesen im Zusammenhang stehendes Gefässsystem beschrieben. Ich werde im Schlussheft darauf genauer eingehen. Der Entdecker des Gefässsystems der Brachiopoden ist Hancock. Ich habe oben schon angeführt, worin er irrte. Er hat das Armgefäss nicht gefunden, die Cirrengefässe aber erkannt, die er aus seinem Armplexus entspringen lässt. Seit der classischen Arbeit von Hancock hat die Kenntniss des Blutgefässsystems nicht nur keine Fortschritte, sondern sogar bedeutende Rückschritte gemacht. Alle noch folgenden Beobachter haben sich bemüht, wenn sie überhaupt etwas von dem Gefässsystem sahen, darzuthun, dass es sich nicht um Gefässe und bei dem Herzen vor allem nicht um ein contractiles Organ handle, so Gratiolet, Semper, Morse, Ray Lankester, Shipley, Schulgin.

Der neueste Autor Joubin sagt: »Tout ce qui est comparable à un organe central de la circulation, tout ce qui est semblable à des vaisseaux y fait complètement défaut. Je dis: *chez les Cranies*, mais je pourrais dire chez tous les Brachiopodes actuellement connus. En effet, ce qui a été pris par Hancock pour des artères n'est absolument pas comparable à ces organes et les coeurs qu'il a décrits n'ont pas cette fonction.«

Das ist sehr apodictisch gesprochen! Der einzige Beweis, den der Autor für diese Behauptungen beibringt, ist, dass er Herzen und Gefässe bei *Crania* und *Discina* nicht gesehen hat.

Man kann mit Recht die Sache umkehren und sagen: Das von Hancock beschriebene Gefässsystem besteht bei allen Brachiopoden in allen wesentlichen Theilen und wird dadurch der Wahrheit näher kommen. Auch Vogt und Yung sprechen sich auf Grund eigener Untersuchungen gegen das Bestehen des Gefässsystems aus, wie beiläufig bemerkt sein mag.

Wie schon aus der oben angeführten Stelle meiner vorläufigen Mittheilung hervorgeht, hatte ich mich schon im Jahre 1884 von dem Vorhandensein des Gefässsystems bei einer ganzen Reihe von Brachiopoden überzeugt. Die Zahl der untersuchten Formen hat sich inzwischen nicht unbeträchtlich vergrössert, und bei allen hat sich im Grossen und Ganzen dieselbe Anordnung des Blutgefässsystems ergeben.

Abschnitt 9. **Die Geschlechtsorgane.**

Die Geschlechter sind bei *Crania* ebenso wie bei den übrigen Brachiopoden stets getrennt. Unterschiede im Baue der Geschlechtsorgane kommen nur vereinzelt vor. Bei *Crania* fehlen sie. Dagegen lassen sich beiderlei Thiere durch die Farbe der Geschlechtsorgane unterscheiden. Die Organe der Weibchen sind gelblich bis bräunlichroth, die der Männchen blass-weisslichgelb gefärbt. In beiden Geschlechtern entstehen die Geschlechtsproducte aus Zellen des Peritonealepithels, und zwar an der Wand der Genitalgefässe, also in den Sinus des dorsalen und ventralen Mantels, auf der Ventralseite des Ileoparietalbandes, an dem rücklaufenden und seitlichen Genitalgefäss, also zum grossen Theil in der eigentlichen Leibeshöhle. In einzelnen Fällen habe ich sogar auf der Wand der gemeinschaftlichen Genitalgefässe Zellen angetroffen, die ich nach ihrer Grösse und der Beschaffenheit ihres Kernes für Keimzellen halten muss. Die reifen Geschlechtsproducte fallen in die Leibeshöhle und werden durch die Nephridien nach aussen entleert.

Ich habe bei *Crania* den Bau der Geschlechtsorgane, besonders auch die Entstehung der Eier und Samenfäden nicht genauer untersucht. Für *Terebratulina* stehen mir eingehendere Beobachtungen zur Verfügung, über die ich in einer folgenden Abhandlung berichten werde. Ich schildere hier darum nur die allgemeineren Verhältnisse der Geschlechtsorgane von *Crania*.

Bei ganz jungen Thieren, oder bei älteren an den Enden der Mantelsinus (Fig. 112), sieht man auf der Wand des einfachen Genitalgefässes Zellen, die sich durch Grösse und Beschaffenheit des Kernes von den gewöhnlichen Zellen des Cölomepithels leicht unterscheiden. Dies sind die Keimzellen.

Betrachtet man einen Querschnitt durch einen in der Eibildung weiter fortgeschrittenen Theil eines Ovariums (Fig. 123), so findet man wieder das Genitalgefäss an seinem Aufhängeband (*Gen. gef.*), dasselbe enthält recht oft, wie in dieser und anderen Figuren dargestellt, ein ansehnliches Gerinnsel. Da, wo die Erzeugung von Geschlechtsproducten reichlicher ist, hat das Genitalgefäss Seitenäste entwickelt, die nach verschiedenen Seiten ausstrahlen. Gegen das Ende zu verlieren sie ihr Lumen und sind dann einfache Fasern oder Lamellen der Stützsubstanz. Diesen Gefässverzweigungen ansitzend trifft man die verschiedenen Entwickelungszustände der Eier. Man bemerkt auf denselben bald ein aus platten Zellen bestehendes Follikelepithel. Ich traf öfter Thiere, die in den Ovarien ziemlich weit entwickelte Eier enthielten (Fig. 123 *Ei*). Unter dem Follikelepithel findet sich dann eine deutliche Dotterhaut, das Eiplasma ist mit kleinen Dotterkügelchen dicht angefüllt, der Kern ist sehr gross, mit ansehnlichem Nucleolus. Vielfach trifft man zwischen den Eifollikeln Detritus-ähnliche Massen mit Zellkernen und grossen gelblichen Körperchen an. Ich glaube, dass diese aus den zerfallenden Epithelzellen der entleerten Follikel, vielleicht auch aus degenerirten Eiern unter Einwirkung der als Phagocyten functionirenden amöboiden Zellen der Leibeshöhlenflüssigkeit hervorgehen.

Das hier über die Beschaffenheit der in den Mantelsinus gelegenen Theile der Ovarien Gesagte gilt auch mutatis mutandis für die übrigen Theile derselben und ebenso für die Hoden. In den Hoden sind die Gefässzotten leichter zu verfolgen, als in den Ovarien, besonders an den auf der Ventralseite des Ileoparietalbandes sich entwickelnden Theilen (Fig. 118, 120). Hier erheben sich dieselben etwa senkrecht zur Fläche des Bandes, dicht umgeben von einer mehrfachen Lage von Keimzellen. Auf Schnitten, die der Fläche des Ileoparietalbandes parallel verlaufen (Fig. 120), sieht man in jedem Querschnitt durch die dem Rande näheren Theile der Zotten in der Mitte derselben den Gefässdurchschnitt. Nach dem Ende zu verliert sich auch hier der Hohlraum, und das Gefäss wird zu einem feinen Strang oder einer Lamelle. Hat man etwas ältere Thiere zur Untersuchung, so trifft man die centralen Theile der Hoden umgeben von einer Masse lose liegender Zellen, offenbar die von dem Mutterboden losgelösten Spermatocyten. Reife Spermatozoen traf ich in meinen Präparaten nie. Oft begegneten mir in den Hoden Stellen, wie die in Fig. 119 dargestellte, wo an Stelle der Keimzellen ein Gerüstwerk von Zellwänden sich fand, ohne protoplasmatischen Inhalt. In einzelnen Zellräumen fanden sich noch Kerne, in anderen nur eine Anzahl gelblicher Körnchen. Wie diese Structuren zu Stande gekommen, konnte ich nicht ermitteln. Nebenbei will ich noch bemerken, dass ich bei einem Thier in den Hoden ziemlich weit entwickelte Eizellen antraf.

Die älteren Autoren, besonders H a n c o c k , haben den gröberen Bau der Geschlechtsorgane richtig erkannt und dargestellt. v a n B e m m e l e n hat das Verdienst, zum ersten Male den feineren Bau genauer untersucht und die Zweigeschlechtigkeit der Brachiopoden über alle Zweifel sichergestellt zu haben. Er erkannte die wichtige Thatsache, dass die Geschlechtsproducte aus dem Cölomepithel entstehen.

J o u b i n ist über van B e m m e l e n ' s Ergebnisse nicht hinausgekommen, besonders hat er ebensowenig als dieser die wahre Natur der Mantelgefässe erkannt, die er — jedenfalls in Folge sehr mangelhafter Untersuchung — nur bis zum Eintritt in die Leibeshöhle verfolgen konnte. Auch die Beschreibung der Anordnung der Keimdrüsen im Allgemeinen ist nicht ganz richtig.

Abschnitt 10. **Das Nervensystem.**

Das Nervensystem von *Crania* hat ein ganz besonderes Interesse, weil dasselbe fast vollständig epithelial liegt. Nur wenige Nerven sind auf kurze Strecken in die Stützsubstanz eingelagert. Diese vollständig epitheliale Lagerung ist auch der Grund, dass ich einige Theile des peripheren Nervensystems, so besonders die Ausbreitung der Mantelnerven nicht so genau verfolgen konnte, wie bei den von mir untersuchten Testicardinen. Trotzdem lässt sich bei unserem Thier recht viel ermitteln. So lässt sich z. B. die Innervirung der meisten Muskeln ohne besondere Schwierigkeit auffinden. Präparatorisch und auf Gesammtpräparaten lässt sich gar nichts erreichen. Es muss alles auf Schnittserien untersucht werden. Nach den Ergebnissen der Untersuchung, besonders von Sagittal- und Transversalserien, ist das Schema (Fig. 124) entworfen. Unter Zugrundelegung desselben und unter Berücksichtigung der gezeichneten Schnitte will ich versuchen ein Bild des Nervensystems zu entwerfen. Zunächst muss ich jedoch einiges über das Schema selbst sagen. Dasselbe stellt das Nervensystem von der Dorsalseite gesehen dar. Die auf der Oberseite verlaufenden Nerven sind schwarz und gelb, die auf der Unterseite dagegen gelb gezeichnet. Zur Orientirung sind die Umrisse der Occlusoren, der Durchschnitt durch den Oesophagus, die vordere Körperwand und der linke Arm angegeben.

Zunächst muss ich betonen, dass Cerebralganglien im gewöhnlichen Sinne nicht vorhanden sind. Man sucht vergeblich vor dem Oesophagus nach einer distincten, durch reicheren Gehalt an Ganglienzellen ausgezeichneten Nervenmasse. Die Hauptarmnerven sind die ungeheuer verlängerten Cerebralganglien.

Vor dem Oesophagus finden sich gewöhnlich (Fig. 52, 59) mehrere feine Nervenfädchen, die Supraösophagealcommissuren. Ausnahmsweise nur beobachtete ich eine einzige ansehnlichere Commissur (Fig. 128); aber auch in diesem Falle war noch ein feineres Nervenfädchen etwas mehr nach dem Munde zu vorhanden.

Diese Commissur geht nach den Seiten zu ganz allmählich in die Hauptarmnerven über, indem ihre einzelnen Abschnitte sich verbinden und indem in der so entstehenden etwas ansehnlicheren Fasermasse anfangs spärlich, dann reichlicher Ganglienzellen auftreten.

Den Bau des Hauptarmnerven habe ich schon bei Betrachtung des Armapparates (Abschnitt 5) genauer geschildert und dort schon hervorgehoben, dass in seinem ganzen Verlaufe reichlich Ganglienzellen der kleineren Art sich finden. Dort habe ich auch schon auf die auffallenden Unterschiede aufmerksam gemacht, die im Querschnitte zwischen dem Hauptarmnerven und einem gewöhnlichen Nerven bestehen (Fig. 68—78 a). In den letzteren hat das Epithel seinen gewöhnlichen Habitus, Ganglienzellen fehlen. Im ersteren sind die Epithelzellen stark verlängert, und vor allem sind reichlich Ganglienzellen vorhanden, so dass die Aehnlichkeit mit dem Baue des unteren Ganglions sofort in die Augen springt.

Die Nerven der Arme wurden schon oben (Abschnitt 5) geschildert; ich erwähne sie darum hier nur ganz kurz. Von dem Hauptarmnerven entspringen in regelmässigen Abständen feine Nervenstämmchen (Fig. 124, 51, 68), die Verbindungsnerven, welche durch die Stützsubstanz hindurch den Boden der Armrinne erreichen, hier wieder epitheliale Lagerung gewinnen und dann mit dem an der Innenseite der Cirrenbasis liegenden Nebenarmnerven (*NAN*) sich verbinden, der auch reichlich Ganglienzellen enthält. Von dem Nebenarmnerven entspringen die an der Innenseite der Cirren in die Höhe ziehenden Cirrennerven (*Cirr. N.*).

Der erste jederseits neben dem Oesophagus von dem Hauptarmnerven abgehende Verbindungsnerv ist etwas stärker als die übrigen (Fig. 120). Er durchsetzt wie sie die Stützsubstanz und wendet sich dann auf dem Boden der Mundrinne nach der Medianebene zu, um sich hier auch mit dem Nebenarmnerven zu verbinden, der die Cirrenreihe hinter dem Munde hindurch begleitet (Fig. 52 *N.A.N*), die hier entspringenden Cirren versorgt und Fasern unter das Epithel des Oesophagus in die Höhe schickt.

Auf diese Weise liegt also der Oesophagus zwischen dem Haupt- und Nebenarmnerven, rechts und links von ihm verlaufen die ersten Verbindungsnerven. Da und dort konnte ich in den Schnitten kleine Nervenästchen beobachten, die, das Stützgewebe des Epistoms durchdringend, in die Periösophagealkammern eintreten, wohl um die in diesen liegende Musculatur der Lippe zu versorgen. Ob die Stämmchen, die diese Zweige in die Tiefe schicken, Theile der Schlundcommissur oder besondere vom Hauptarmnerven ausgehende Nerven sind, konnte ich nicht entscheiden. Das erstere scheint mir wahrscheinlicher.

Die unteren Ganglien (*Ggl. i. oes.*) haben eine etwas eigenthümliche Lage. Sie finden sich nicht, wie bei anderen Brachiopoden, gleich hinter dem Munde, sondern liegen zu beiden Seiten des Körpers, ungefähr vor der Mitte der Occl. ant. beginnend und diese im Bogen umziehend, etwa bis zur Mitte des Zwischenraumes zwischen Occl. ant. und post. einer Seite reichend (Fig. 124, 55—57, 13—15). Hinter dem Oesophagus sind beide Infraösophagealganglien durch eine von Ganglienzellen ganz oder jedenfalls fast ganz freie Commissur, die Infraösophagealcommissur verbunden (Fig. 124, 52—54, 125).

Die Schlundcommissuren, welche die unteren mit den oberen Ganglien, d. h. also mit den Hauptarmnerven verbinden, zeigen auch ein durch ihre ganz epitheliale Lagerung bedingtes, von anderen Brachiopoden abweichendes Verhalten. In dem Winkel, welchen die Arme da, wo sie frei werden, mit der Körperwand bilden, also vor der seitlichen Partie der Occl. ant. steigt ein starker Nervenstamm in die Höhe, um auf die Dorsalseite des Armursprunges zu kommen (Fig. 15, 56, 57 *A.A*). Auf der Dorsalseite theilt er sich in mehrere Aeste. Der am meisten laterale (*N. pall. lat.*) breitet sich in den dorsalen Mantel aus. Der nächste, weiter medialwärts gelegene (*U.A.N*) ist der untere Armnerv, der gleich, nachdem er sich von dem gemeinsamen Stamme getrennt hat, Aeste abgiebt, welche in die die Leibeshöhle von dem kleinen Armsinus trennende Scheidewand eindringen, um von hier aus den Lev. brachii und wohl auch den Anfangstheil des im kleinen Armsinus gelegenen Armmuskels zu versorgen. Auch von dem Anfangstheil des aufsteigenden Astes gehen solche ab (Fig. 57 *N*).

Bei Injectionen in den kleinen Armsinus füllen sich die Nervenkanäle in der Scheidewand vollständig an. Die Masse dringt durch sie in den im Epithel gelegenen Nervenstamm selbst ein, diesen auf grosse Strecken färbend. Der untere Armnerv versorgt in seinem weiteren Verlauf die Muskeln des grossen und kleinen Armsinus, wie früher gezeigt wurde. Von dem unteren Armnerven stammen wahrscheinlich auch die wenigen Fasern, die den äusseren Armnerven (Fig. 51) bilden. Dieser ist bei anderen Brachiopoden mächtiger. Ich habe bei *Crania* ihn nicht eingehender untersucht.

Medial von dem unteren Armnerven lösen sich mehrere Nervenfädchen los, welche, immer unter dem Epithel, schräg nach innen und abwärts ziehen, um sich mit dem Anfangstheil des Hauptarmnerven (des Cerebralganglions) zu verbinden. Dies sind die Schlundcommissuren (*S. comm.*, Fig. 124). Dieser eigenthümliche Verlauf der Schlundcommissur ist der Grund, dass ich sie im Anfange meiner Studien an *Crania* nicht auffinden konnte. Ich schrieb damals (1): »Seitliche, den Schlund umgreifende Commissuren konnte ich bis jetzt noch nicht auffinden, will jedoch deshalb ihr Vorhandensein noch keineswegs in Abrede stellen.«

Ein letzter Ast endlich zieht auf der Oberseite der vorderen Körperwand bis zur Insertion der Protr. brach., steigt dann an der Aussenseite derselben empor, um sich im Mantel auszubreiten, dies ist der mediale Mantelnerv (*N. pall. med.*). Von ihm stammt wohl auch ein medialwärts auf der Wand des grossen Armsinus verlaufendes Nervenstämmchen, welches durch die Stützsubstanz hindurch Aestchen zu den Muskeln des grossen Armsinus schickt (Fig. 50).

Von dem vorderen Ende der unteren Ganglien entspringen die Nerven für die Occl. ant. (*N. occl. ant.*), welche ungefähr an der Grenze des oberen und mittleren Drittels der Länge in den Muskel eindringen und durch ihre Ausbreitung die leicht auffallende Nervenplatte bilden (Fig. 48, 49). Von dem hinteren Ende des Ganglions entspringt der Nerv zu dem Obl. sup. (*N. obl. sup.*). In dieser Gegend sind Ganglienzellen nur noch spärlich vorhanden, das Ganglion wird hier zu dem Seitennerven (*N. lat.* Fig. 11, 12). Noch weiter nach hinten trennt sich der Seitennerv in zwei Stämme, den oberen und unteren Seitennerven (*N. lat. sup.* und *inf.*, Fig. 10). Diese sind jedoch nicht vollständig von einander geschieden, man findet zwischen beiden noch eine dünne Schicht von Nervenfasern. Der obere Seitennerv liegt an der Unterseite der den Obl. sup. aufnehmenden Ausbuchtung der Körperwand, der untere dagegen an der Oberseite der durch den Obl. inf. bedingten Vorwölbung. Jeder giebt hinter dem Ende des Obl. sup. resp. inf. einen Ast zu dem Occl. post. ab, welche an dem oberen resp. unteren Ende dieses Muskels sich ausbreiten. Die beiden Seitennerven gelangen dann um den Occlusor herum auf die Hinterwand des Körpers, in der sie sich ausbreiten.

Nicht feststellen konnte ich, wie der den Mantelrand umziehende Ringnerv (Fig. 34) mit den übrigen Nerven zusammenhängt. Es ist möglich, dass er dadurch zu Stande kommt, dass die gegen den Rand ausstrahlenden Nervenstämmchen hier sich zu dem Ringnerven verbinden.

Die Nerven des ventralen Mantels entspringen von den Seitentheilen der unteren Ganglien und ziehen in der Körperwand abwärts, um sich im Mantel auszubreiten.

In dem die Schale absondernden Epithel, das die Aussenseite des Mantels bedeckt, konnte ich nirgends Nerven auffinden.

Die vorstehende Beschreibung zeigt, dass das Nervensystem von *Crania* ebenso reich gegliedert ist wie das der übrigen Brachiopoden und trotz interessanter Verschiedenheiten in den wesentlichen Punkten mit jenem übereinstimmt.

Was den histologischen Bau anlangt, so ist für denselben charakteristisch die geringe Ausbildung der Ganglienzellen, besonders gegenüber anderen Formen, wie *Lingula, Terebratula, Terebratulina, Waldheimia*, wo ansehnliche Ganglienzellen in grosser Zahl sich finden. Um die histologischen Verhältnisse gründlicher zu studiren, wäre es nothwendig, die neueren Methoden der Nervenfärbung anzuwenden. Ich konnte dies nicht thun, weil diese zu der Zeit, als ich frisches Material zur Verfügung hatte, noch nicht bekannt waren. Vielleicht wird es mir möglich sein, diese Lücke später noch auszufüllen.

Ich habe schon oben (Abschnitt 5) über den feineren Bau der Hauptarmnerven (Supraösophagealganglien) einiges mitgetheilt. Das dort Gesagte gilt im Wesentlichen auch für die Infraösophagealganglien.

In den letzteren erreichen die Stützzellen eine ganz bedeutende Länge, und dementsprechend ist auch die zwischen ihnen liegende Fasermasse mächtig entwickelt. Untersucht man das vordere oder hintere Ende des Ganglions, so bieten die Schnitte dasselbe Bild, wie die durch den Hauptarmnerven. Man findet unter den oberflächlich liegenden Körpern der Stützzellen eine Schicht von kleinen Ganglienzellen, deren Plasmakörper oft schwer abzugrenzen ist und deren Kern nur durch mehr rundliche Gestalt und etwas bedeutendere Grösse von den Kernen der Epithelzellen sich unterscheidet. Zu diesen kleinen Ganglienzellen (*Ggz. 1*, Fig. 127) kommen nun im mittleren Theile des unteren Ganglions recht stattliche Ganglienzellen (*Ggz. 2*), die sich durch ihre bedeutende Grösse und ihren grossen, chromatinarmen, stets einen ansehnlichen Nucleolus enthaltenden Kern sofort als Ganglienzellen zu erkennen geben. Diese grossen Ganglienzellen kommen allein an dieser Stelle vor, fehlen vor allem auch dem oberen Ganglion (Hauptarmnerven) vollständig.

In der die beiden unteren Ganglien verbindenden Infraösophagealcommissur ist zwar die Fasermasse mächtig entwickelt, Ganglienzellen fehlen aber vollständig (Fig. 125, 126).

Was die Fasermasse in den Ganglien und Commissuren betrifft, so gilt das schon bei den Arm-nerven Hervorgehobene. Nirgends hat man es mit auf längere Strecken frei nebeneinander verlaufenden Fasern zu thun, sondern mit einem Netzwerk von feinsten Fibrillen. in welchem allerdings auf Längsschnitten (Fig. 126, 129) eine deutliche Faserung zu bemerken ist. In den mittleren Theilen des Ganglions war auf Längsschnitten eine solche ausgesprochene Längsfaserung nicht zu bemerken (Fig. 127).

Sinnesorgane hat man bei den erwachsenen Brachiopoden bis jetzt nicht gefunden. Ich war nicht glücklicher als meine Vorgänger. Specifische Sinnesorgane fehlen jedenfalls vollständig. Es hängt dies mit der Lebensweise der Thiere zusammen. Dagegen sollte man wohl erwarten, bei Thieren die ein so wohl ausgebildetes, im ganzen Epithel verbreitetes Nervensystem haben, wenigstens Sinneszellen zu finden. Aber auch in dieser Beziehung sind meine Befunde fast negativ. Man findet zwischen den ge-wöhnlichen Epithelzellen da und dort, besonders am Hauptarmnerven, der Armrinne und dem unteren Ganglion (Fig. 127 *Si*), Zellen, welche sich von den gewöhnlichen Epithelzellen durch grössere Schlankheit ihres Körpers und etwas andere Beschaffenheit ihres Kernes unterscheiden. Dieser ist stäbchenförmig und färbt sich sehr dunkel. Diese Zellen sind vielleicht Sinneszellen. Auf Schnitten haben diese Zellen eine ziemlich grosse Aehnlichkeit mit den Pinselzellen, wie sie bei Acephalen zahlreich vorkommen. Aller-dings habe ich weder an Schnitten noch an zahlreichen Macerationspräparaten die eigenthümlichen End-borsten gesehen.

Von den Angaben anderer Autoren über das Nervensystem der Brachiopoden brauche ich an dieser Stelle nur die von Joubin, welche sich auf *Crania* speciell beziehen, zu berücksichtigen, da ich in den nächsten Heften noch Gelegenheit haben werde, auf die übrigen einzugehen. Auch Joubin's Angaben verlangen keine genauere Analyse, da seine Resultate höchst mangelhafte sind, wie sich dies bei der an-gewandten Untersuchungsmethode — Aufhellung ganzer Stücke in Glycerin — auch gar nicht anders erwarten liess. Der Autor verlegt den Schlundring an die Stelle, wo der Oesophagus in den Magen über-geht! Dass er das Nervensystem der Arme durchaus unrichtig auffasst, habe ich schon oben nachgewiesen. Richtig sah er den von dem unteren Ganglion aufsteigenden Ast, der die medialen Mantelnerven abgiebt. Dass hier die Schlunddarmcommissur liegt, blieb ihm verborgen. Bei den Darstellungen, die er von dem Schlundring giebt, kann man sich der Vorstellung nicht erwehren, dass er, durch die Verhältnisse bei anderen Brachiopoden, spec. Testicardinen beeinflusst, Dinge gesehen hat, die überhaupt nicht vorhanden sind.

UNTERSUCHUNGEN ÜBER DEN BAU DER BRACHIOPODEN.

Von

DR. FRIEDRICH BLOCHMANN,

PROFESSOR DER ZOOLOGIE IN TÜBINGEN.

ZWEITER THEIL

DIE ANATOMIE VON **DISCINISCA LAMELLOSA** (BRODERIP)
UND **LINGULA ANATINA** BRUGUIÈRE

MIT EINEM ATLAS VON 12 LITHOGR. TAFELN
UND 14 ABBILDUNGEN IM TEXT.

TEXT.

JENA,
VERLAG VON GUSTAV FISCHER
1900.

II. *Discinisca lamellosa Broderip*

mit Tafel VIII XII.

Ich hatte schon vor Jahren an einigen Exemplaren von *Discinisca* Untersuchungen angestellt und manches über den Bau dieser Formen ermittelt. Bei dem sehr beschränkten und ungenügend erhaltenen Material war es mir nicht möglich, eine einigermassen vollständige Darstellung zu geben. Dass ich dies jetzt kann, verdanke ich der Liebenswürdigkeit meines Freundes Prof. L. Plate, der mir sein reiches und gut conservirtes Brachiopodenmaterial von der chilenischen Küste zur Bearbeitung überliess. Die Disciniseen waren sämmtlich in starkem Alkohol conservirt und recht gut erhalten, so dass theilweise noch histologische Dinge zu ermitteln waren, wenn auch in dieser Hinsicht manches etwas zweifelhaft bleiben muss.

Die Anatomie von *Discinisca* hat bisher zwei Darstellungen erfahren, zuerst von Owen (1835), dann von Joubin (1885).

Dass die erste den heutigen Anforderungen nicht mehr genügt, bedarf keiner Begründung. Aber auch die Arbeit von Joubin hat das Thema nicht erschöpft. Manche der Ungenauigkeiten seiner Darstellung mögen darauf zurückzuführen sein, dass ihm nur spärliches und mangelhaft conservirtes Material zur Verfügung stand.

1. Die Schale.

Die Schale von *Discinisca lamellosa* ist so oft beschrieben und abgebildet, dass man annehmen könnte sie sei in jeder Hinsicht vollständig bekannt. Das ist aber nicht der Fall. Ein in vergleichender Hinsicht sehr wichtiger Punkt, die Durchbrechung der Ventralschale ist fast immer falsch dargestellt worden, indem sie als Loch in der Schale bezeichnet wurde. Nur Joubin braucht den richtigen Ausdruck „échancrure" und sagt ausdrücklich, dass die Oeffnung nicht allseitig von der Schale umgeben wird. Obwohl diese Thatsache auch in systematischer Hinsicht wichtig genug ist, so wurde sie doch weder von Davidson, noch sonst irgendwo richtig gewürdigt.

Im Umkreis sind die Schalen fast kreisrund (Fig. 1a bis c). Bei genauer Untersuchung ergibt sich jedoch eine unbedeutende Verjüngung nach hinten. Gelegentlich, jedoch nicht häufig, trifft man unregelmässig gestaltete Schalen, was wohl, wie bei *Crania*, durch Anpassung an die Unterlage bedingt sein mag. Das Thier selbst behält dabei aber — vom Mantel abgesehen — seinen regulären Bau.

Der Durchmesser meiner grössten Exemplare beträgt etwas über 20 mm. Die Farbe ist ein ins gelblichgrünliche spielendes Braun. Die Ventralschale ist heller und da, wo sie vom Stiele bedeckt wird, gelblichweiss. Die Innenseite der Schalen ist stark glänzend und glatt.

Die Dorsalschale ist flach, kegel- oder mützenförmig. Der Wirbel liegt dem hinteren Rande genähert. Er wird umgeben von sehr deutlichen Anwachsstreifen, die zu ihm concentrisch verlaufen, also, seiner Lage entsprechend, nach dem Vorderrande zu viel breiter sind, als zwischen dem Wirbel und dem Hinterrande. Die

9*

äusseren Ränder der Anwachsstreifen sind wenig oder nicht verkalkt und krümmen sich, besonders in der Nähe des Schalenrandes nach aufwärts (vgl. den Schliff, Fig. 2).

Die Ventralschale ist flacher als die dorsale. Ihr Relief ist aber complicirter. Zunächst fällt der Schalenschlitz auf, der, am Hinterrande schmal beginnend, allmählich sich erweiternd, ungefähr ein Drittel des Gesammtdurchmessers (etwa die Hälfte der Stieleinsenkung) nach vorne reicht. Von aussen betrachtet zeigt sie in der hinteren Hälfte, der Ansatzfläche des Stieles entsprechend, eine etwa kreisförmige Einsenkung, welche hinten am tiefsten ist. Vor der Einsenkung ist die Schale nach aussen vorgewölbt, der Vorderrand ist wieder etwas nach der Dorsalseite gekrümmt (Fig. 1 c.)

Die Einsenkung für den Stiel erscheint auf der Innenfläche als Emporwölbung mit etwas gewulsteten Rändern. In der Verlängerung des Schalenschlitzes nach dem Vorderrande zu erhebt sich eine Crista, deren hinterer, noch auf der Emporwölbung für den Stiel gelegener Theil am höchsten ist. Er bietet in seinen Seitenflächen die Insertionsstellen für die Obliqui interni. Nach dem Vorderrande zu wird die Crista niedriger und verschwindet schliesslich ganz. Auf der Aussenseite der Schale markirt sich ausserhalb der Stieleinsenkung die Crista als seichte Rinne.

Die Anwachsstreifen sind auf der Ventralschale etwas weniger auffallend, als auf der dorsalen.

Auf der Innenseite der Dorsalschale treten die Muskeleindrücke deutlich hervor. Zu welchen Muskeln sie gehören, zeigt ein Blick auf Fig. 4 und 5. An den Seiten sind die Eindrücke der vorderen und hinteren Occlusoren durch eine Linie, die dem Ansatze der Körperwand mit ihrer Muskulatur entspricht, verbunden. Auf der Ventralschale lassen sich die Muskeleindrücke nicht deutlich abgrenzen.

Der feinere Bau der Schale weicht nicht unbeträchtlich von dem der *Lingula*schale, welcher *Discinisca* am nächsten steht, ab. Zunächst ist das Periostracum nicht eine glatte Membran, sondern trägt dem Rande parallele, scharfe Leisten. (Das Genauere siehe unter Mantel.) Das Periostracum lässt sich an jüngeren Schalen (etwa bis 1 cm Durchmesser), die man nach dem Entkalken noch gut schneiden kann, überall, auch auf der unteren Seite des freien Randes der Anwachsstreifen nachweisen. Ob das bei ausgewachsenen Schalen noch ebenso ist, weiss ich nicht.

Die Schale selbst (Fig. 2) besteht aus schief zur Oberfläche gerichteten Lamellen, die sich also wie Dachziegel decken. Ein Wechsel zwischen Chitin[1]) und Kalklamellen, wie bei *Lingula* findet sich nicht. Die Lamellen sind alle gleich und enthalten alle in der derben Chitingrundlage eine ziemlich grosse Menge von Kalk, und zwar ist es vorwiegend phosphorsaurer Kalk[2]). Dass etwas Calciumcarbonat in der Schale ist, zeigt die allerdings schwache Gasentwickelung beim Entkalken.

Die Schale wird ihrer ganzen Dicke nach durchsetzt von feinen, unter sich parallelen, zur Oberfläche etwa senkrecht stehenden Röhrchen (Fig. 3a und b).

Eigenthümlich ist dabei, dass diese sich nach der äusseren Oberfläche zu in grösserer Zahl vereinigen. Es wird angegeben, dass die Schalenröhrchen in Gruppen ständen. Ich habe diesen Punkt geprüft und folgendes gefunden. In Flächenschliffen, die der inneren Oberfläche nahe liegen, lässt sich von einer besonderen Gruppirung der Röhrchen nichts bemerken. Eine solche tritt deutlich hervor, in Schliffen, die der äusseren Oberfläche nahe liegen. Es kommt aber die Gruppirung in den peripheren Lagen wohl von dem auf dem Querschliff erkennbaren, in Fig. 3a dargestellten Zusammenfliessen der Röhrchen her.

---

1) Ich spreche von „Chitin", weil für *Lingula* nachgewiesen ist, dass die organische Grundsubstanz der Schale Chitin ist. Die grösste Wahrscheinlichkeit spricht dafür, dass es bei *Discinisca* sich ebenso verhält.

2) Gratiolet 1860, p. 15, Anm. sagt: „La composition du têt des Orbicules est pareille d. h. wie bei *Lingula*" und verweist auf Cloëz, l'Institut 1859, p. 240. In der Mittheilung von Cloëz findet sich aber nur eine Analyse der Lingulaschale. *Discinisca* wird mit keinem Worte erwähnt.

Bei den meisten älteren Exemplaren fanden sich auf der Innenfläche der Dorsalschale, in dem centralen, die Leibeshöhle bedeckenden Bezirke zahlreiche, unregelmassige, helle, über die Oberfläche vorspringende Granulationen. Auf Schliffen ergibt sich, dass dies Massen von krystallinisch aussehendem Kalk sind, die nicht nur über die Oberfläche vorspringen, sondern auch ziemlich tief in die Substanz der Schale eindringen, wobei die Schalenlamellen durchbrochen werden. Die Röhrchen scheinen in diesen Massen ganz zu fehlen. Was sie bedeuten, lässt sich nicht sagen.

Die Microstructur der Disciniscaschale hat Carpenter [(1814) 1815] schon richtig erkannt.

Von besonderer Wichtigkeit scheint mir zu sein, dass die Ventralschale eine von dem Hinterrand ausgehende, offene Einbuchtung, nicht aber eine schlitzförmige, rings von der Schale umgebene Durchbrechung hat. Dadurch wird die von Dall (1871)¹) vorgeschlagene Unterscheidung von zwei Untergattungen: *Discina*, mit einem runden Loch in der Ventralschale (Typus *D. striata* Schum.) und *Discinisca* mit einer schlitzförmigen Durchbrechung fester begründet. Da es sich nun nicht, wie Dall glaubte, um ein schlitzförmiges Loch sondern um einen am Hinterrande offenen Schlitz handelt, so halte ich diese Unterschiede für genügend, um aus den beiden Untergattungen zwei Gattungen zu machen. Die zu *Discinisca* gehörigen Formen stimmen durch das Verhalten der Stielöffnung mit der fossilen Gattung *Trematis* überein.

2. Allgemeine Beschreibung der äusseren Morphologie.

Auch bei *Discinisca* ist der eigentliche Körper ziemlich massig. Die vordere Körperwand liegt etwa in der Mitte des Längendurchmessers der Schalen. Der ganze Umfang des Körpers fällt ungefähr mit der in der hinteren Hälfte der Ventralschale liegenden Erhebung zusammen, welche auf der Aussenseite von dem Stiele eingenommen wird. Entsprechend dem zwischen beiden Schalenklappen verbleibenden Hohlraum ist die vordere Körperwand bedeutend höher als die hintere.

Die Mantelhöhle ist nach der Lage des Körpers zwischen den Schalen nach dem Vorderrande zu am geräumigsten und wird hier zum grössten Theil von dem Armapparat ausgefüllt. Dieser zeigt für die Gattung *Discinisca* eigenthümliche Einrichtungen (Fig. 4, 10).

Der ganze Armapparat ist durch eine tiefe, von der Ventralseite her eindringende Furche von der vorderen Körperwand geschieden (Fig. 10 und 41 bis 45). Die weiteren Verhältnisse übersieht man am besten wenn man das Thier schief von vorne und von der Ventralseite aus betrachtet (Fig. 10). Man erkennt dann nach hinten zu die quer von rechts nach links ziehende Cirrenreihe und die sie an ihrer Vorderseite begleitende Armfalte. Zwischen beiden, in der Mittelebene, liegt der Mund.

Das Eigenthümliche im Vergleich mit *Crania* ist nun, dass die Arme nachdem sie nach rechts und links über den Körper hinausgetreten sind, nicht frei werden, sondern dass sie, wenn wir von den Verhältnissen, wie wir sie bei der erwachsenen *Crania* finden, ausgehen, sich wieder nach der Mittelebene zu auf sich selbst zurückkrümmen und eine Strecke weit miteinander verwachsen, wobei die Befestigung an der Körperwand auch auf den dorsalen, zurückgekrümmten Theil ausgedehnt wird (Fig. 45). Diese Befestigung an der Körperwand liegt vor dem Occlusor anterior. Dann erst werden die Arme frei und rollen sich unter bedeutender Verschmächtigung jederseits in etwa 3¹⁄₂ Spiralturen zu einem kleinen Kegel auf. Die Basen der Armkegel stossen vor dem die Körperwand vordrängenden Oesophagus in der Mittelebene fast zusammen. Da im erwachsenen Theile der Arme die dorsale Cirrenreihe weiter vorspringt als die ventrale, und die Spiraltheile sich mit ihrer Spitze nach der Ventralseite und etwas nach aussen wenden, so ergibt die Rückansicht (Fig. 4) ein eigenthümliches Bild und keine genügende Vorstellung von dem Bau des Apparates.

1) Bull. Mus. comp. Zoöl. Harvard Coll. vol. III, p. 37.

Der Theil der Armoberfläche der auf dem verwachsenen Theil zwischen der hin- und zurücklaufenden Armfalte liegt, soll Armfeld genannt werden. Die Stelle, wo der Spiraltheil sich loslöst, ist der innere Armwinkel, wo sich die Seitentheile des Armapparates von der Körperwand abheben, ist der äussere Armwinkel. Im Uebrigen gelten die schon bei *Crania* gebrauchten Bezeichnungen. Wenn von einer Verwachsung der Arme auf eine bestimmte Strecke gesprochen wurde, so geschah dies nur im Vergleich mit den Einrichtungen, die man bei der entwickelten *Crania* oder *Lingula* beobachtet. Thatsächlich handelt es sich sicher nicht um eine nachträgliche Verwachsung, sondern um eine weniger vollständige Sonderung der ursprünglich etwa kreisförmigen Armanlage.

Die Afteröffnung findet sich an der rechten Seite, etwa in der Mitte der ganzen Fläche, genauer gesagt, am Hinterrande des Occlusor anterior, gleichweit von der Rücken- und Bauchseite entfernt.

Die Mündungen der Nephridien liegen an der Vorderwand in der tiefen Furche, die zwischen Vorderwand und Armapparat eindringt, ziemlich weit nach der Dorsalseite und nach der Medianebene (Fig. 29, 41).

3. Die Köperwand und der Mantel.

a) Die Körperwand.

Die Körperwand bietet nichts besonderes. Auf der Innenseite trägt sie Muskelfaserlagen (Fig. 12a, 11 bis 45). Nach aussen zu liegt eine Lage von Längsmuskeln, die also von hinten nach vorne ziehen, nach innen eine Lage von schiefen Muskeln, die von hinten ventral nach vorne dorsal aufsteigen. Zwischen den beiden hinteren Occlusoren fehlen die Längsmuskeln und die schiefen Muskeln haben hier zu beiden Seiten der Ansatzstelle des Mesenteriums ihren Verlauf so geändert, dass sie gerade von der Rückenseite zur Bauchseite ziehen. Ebenso ist es in der Mitte der Vorderwand.

Die beiden Muskellagen grenzen sich auch auf Durchschnitten scharf von einander ab. Dies kommt dadurch zu Stande, dass eine Lage von Stützsubstanz zwischen ihnen liegt (Fig. 12, 13). Diese Stützsubstanzlage steht mit der unter dem Epithel gelegenen mächtigen Lage durch zahlreiche feine Lamellen in Verbindung. Ebensolche Lamellen entspringen noch von ihr nach innen, nach dem Cölomepithel zu. So entsteht ein Fachwerk in dem die Muskelfasern in einzelnen Bündeln verlaufen. Durch diese Einrichtung erhält die Körperwand eine grössere Festigkeit. Auch wird die Ansatzfläche für die Muskulatur bedeutend vergrössert.

Ueber das äussere Epithel der Körperwand ist nichts weiter zu bemerken. Es zeigt dieselben Verhältnisse, die bei *Crania* ausführlich geschildert wurden. Nach der Leibeshöhle zu wird die innere (schiefe) Muskellage überall von dem zarten Cölomepithel bedeckt.

Die Körperwand, soweit sie der Rücken- und Bauchseite angehört, findet ihre Besprechung im folgenden Abschnitte.

b) Der Mantel.

Wie bei *Crania* umgeben auch bei *Discinisca* die beiden Mantelblätter den Körper vollständig, sind also auch am Hinterrande in der gewöhnlichen Weise entwickelt und ganz von einander getrennt. Im Mantel finden sich zweierlei Hohlräume. Die Mantelsinus und die Randlacune. Die letztere ist eine Einrichtung, die nur bei den Gattungen *Discinisca* und *Lingula*, bei letzterer allerdings in noch viel höherer Ausbildung vorkommt.

Im dorsalen Mantel verlaufen zwei Sinusstämme jederseits (Fig. 1). Der vordere tritt an der Medianseite des Occlusor anterior, den Vorderrand dieses und des lateralis nach der Seite zu etwas umgreifend, aus der Leibeshöhle heraus, der seitliche am Hinterrande des letzteren Muskels. Der vordere gabelt sich alsbald in zwei Hauptäste, von denen der eine gerade nach dem Vorderrande zu zieht, der andere scharf (fast unter einem rechten Winkel) nach der Seite umbiegt. Der seitliche Hauptstamm gabelt sich ebenfalls gleich nach dem Austritt in zwei Aeste, der kleinere zieht ein Stück weit gerade nach vorn und wendet sich dann gegen den Rand, der hintere, mächtigere, umzieht den ganzen Körper bis nach hinten zur Medianlinie. Von allen diesen Hauptästen gehen nach dem Mantelrande zu zahlreiche, sich selbst wieder ausserordentlich reich verzweigende Aestchen ab, ebenso nach den centralwärts von den Hauptästen gelegenen Theilen des Mantels. Jedoch sind die letzteren weniger ansehnlich. Im allgemeinen enden alle Seitenzweige blind. Gelegentlich jedoch scheinen auch Anastomosen vorzukommen. Owen bildet schon eine solche ab und auch eine Abbildung von Joubin zeigt dasselbe. Ich habe es nicht gesehen. Im ventralen Mantel findet sich jederseits nur ein Hauptstamm, der vor dem Occl. ant. austritt und dann die eine Mantelhälfte ganz versorgt.

Am Ursprung jedes Sinusstammes aus der Leibeshöhle liegt eine muskulöse Klappe (Fig. 23, 43). Diese Klappen sind die Ursache, dass es nur ausnahmsweise gelingt, die Mantelsinus von der Leibeshöhle aus zu injiciren. Mir ist es an meinen gut conservirten Thieren nie gelungen.

Das die Sinus auskleidende Epithel zeigt dieselben Verhältnisse, wie sie von *Lingula* schon bekannt sind (Fig. 22, 27). An der der Mantelhöhle zugewandten Seite ist das Epithel aus stark abgeplatteten Zellen zusammengesetzt, unter denen reichlich quer zur Längsaxe des Sinus verlaufende Muskelfasern liegen. An der der Schale zugekehrten Sinuswand sind in der Mitte die Zellen hoch und fadenförmig. Sie bilden in ihrer Gesammtheit die sog. Epithelleiste (Eplst. in den Figuren). In der Mittellinie enthalten diese Zellen Mengen von kleinen gelblichen Körnchen, die in ihrer Gesammtheit eine oft schon mit der Lupe bemerkbare im auffallenden Lichte weisslich, im durchfallenden schwarz erscheinende Linie zusammensetzen (Fig. 10). Gewöhnlich ist die Körnerreihe eines Nebenastes nicht im Zusammenhange mit der des grösseren Astes, von dem der erstere entspringt. Ueber die Bedeutung dieser ganzen Einrichtung lassen sich vorderhand nur Vermuthungen aufstellen. Ich werde darauf bei *Lingula* zurückkommen, wo Beobachtungen des lebenden Thieres einige Anhaltspunkte ergeben. In den seitlichen Winkeln der Sinus verläuft ebenfalls eine Leiste etwas höherer und gedrängt stehender Zellen. Ihre dicht liegenden Kerne sind der Grund, dass in gefärbten Präparaten die Ränder der Sinus scharf hervortreten. In den letzten Enden der Sinusverzweigungen (Fig. 25, 27) bestehen dieselben Verhältnisse noch, doch sind die Zellen alle etwas grösser und die der Epithelleiste nicht mehr fadenförmig. Die Mantelsinus enthalten natürlich dieselben zelligen Elemente wie die Leibeshöhlenflüssigkeit (Fig. 22 bis 24).

Die Randlacune (Fig. 14, 19, 25, 27, Rdlac.) ist ein in der Stützsubstanz des Mantels gelegener Hohlraum. Ihr äusserer Rand liegt etwas hinter der Mitte der Borstentaschen (Fig. 14) und läuft dem Mantelrande parallel, nach dem Körper zu erstreckt sie sich bis zu dem äusseren Rande der Hauptäste der Mantelsinus. Daraus ergibt sich, dass sie ihre grösste Ausdehnung vor dem Körper hat und nach den Seiten zu und am Hinterrande sich bedeutend verschmälert (Fig. 33). Die Randlacune steht mit keinem anderen Hohlraum des Körpers in Verbindung. Sie zerfällt in ihrem peripheren Theil dadurch, dass zwischen dem äusseren und inneren Blatte der Stützlamelle Verbindungen bestehen, in zahlreiche Kammern (Fig. 25).

In der Randlacune liegen die Randmuskeln. Sie sind in radiär verlaufende Bündel gruppirt, die an der Schalenseite entspringen und an der Innenseite, am Grunde der Borstentaschen sich inseriren (Fig. 14, 15, 16). Die meisten Fasern enthalten diese Bündel in ihrem peripheren Theile. Einzelne Fasern ziehen centralwärts bis an die innere Grenze der Lacune, also bis zu den Hauptästen der Sinus (Fig. 15). Die Randmuskeln ziehen den Mantelrand und die Borsten zurück. Ihre Wirkung äussert sich an den conservirten Thieren in den Fältelungen des Mantels hinter dem Rande (Fig. 14, 15, 16) und in der oft bedeutenden Entfernung des Epithelrandes von der Umschlagefalte des Periostracums (Fig. 14).

Die Randlacune wird von epithelartig angeordneten Zellen ausgekleidet. Durch ihren Hohlraum hin durch spannen sich, besonders in den peripheren Theilen, zahlreiche verästelte Zellen hauptsächlich von aussen nach innen aus (Fig. 25).

Die Schalenseite des Mantels wird von einem hohen Cylinderepithel bedeckt (Fig. 17 bis 19). Diesem sind zahlreiche Secretzellen eingelagert, die ungefähr in der Mitte der Borstentaschen beginnend, (der äusserste Rand ist frei davon) centralwärts reichlicher werden. An manchen Stellen, z. B. in der Umgebung des Schlitzes der Ventralschale häufen sie sich so an, dass die gewöhnlichen Zellen kaum mehr zu bemerken sind. Wenn man den Mantel von der Schale abzieht, so erhalten sich vielfach noch Reste der feinen, in die Schalenröhrchen eindringenden Protoplasmafortsätze der Epithelzellen (Fig. 18). Ueber den Muskelansätzen sind die Epithelzellen ganz allgemein zu Haftzellen umgewandelt, wie dies für *Crania* geschildert wurde.

Das Epithel der Innenseite des Mantels zeigt etwas complicirtere Verhältnisse. Auf der ganzen Oberfläche verbreitet finden sich Drüsenzellen zwischen den gewöhnlichen Zellen, bei denen man oft recht deutlich die Ausmündung beobachten kann. Ueber den Mantelsinus fehlen Drüsen vollständig, oder sie finden sich selten und ganz vereinzelt (Fig. 22, 27). Ansehnliche Drüsenzellen kommen in grosser Masse in einer breiten, dem Rande parallel laufenden Zone, dem Drüsenwall vor (Fig. 19). Dieser ist schon mit blossem Auge als breite, weissliche Zone bemerkbar (Fig. 4). Einwärts erstreckt sich der Drüsenwall noch etwas über das innere Ende der Borsten hinaus. Die Enden der Mantelsinus dringen noch ein Stück weit in denselben ein. Das Secret der Drüsenzellen nimmt Hämatoxylin gar nicht, dagegen Orange G. auf. Es dürfte also wohl kein Mucin sein. Bei Lupenbetrachtung fällt nahe dem äusseren Rande des Drüsenwalles eine gelblich braune Doppellinie auf (Fig. 4). Diese wird dadurch bedingt, dass der hier verlaufende Randnerv auf beiden Seiten von Zellen begleitet wird, die zahlreiche, feine, gelbliche Körnchen enthalten (Fig. 18).

Auswärts von den Randnerven münden die Borstentaschen aus. Zwischen den Mündungen dieser bildet das Epithel zottenartige Vorsprünge (Fig. 15, 16). Von den Mündungen der Borstentaschen, nach der Schalenseite zu, ist das Epithel stark erhöht (Fig. 17). Diese Erhöhung fällt nach aussen zu plötzlich ab, so dass hier eine tiefe Rinne, die Periostracalrinne entsteht. Der Pfeil in Fig. 17 zeigt in sie hinein. Diese Rinne markirt sich auf Flächenpräparaten als dunkle Linie (Fig. 15, 16), weil das randwärts von ihr liegende erhöhte Epithel zahlreiche Körnchen und Secretzellen enthält (Fig. 17). Im Grunde der Rinne sieht man auf Radialschnitten drei bis vier grössere Zellen, deren ganzes Plasma sich mit Hämatoxylin intensiv färbt. Sie werden wohl in erster Linie das Periostracum erzeugen, das über ihnen, im Grunde der Rinne beginnt.

Das Periostracum lässt trotz seiner Dünne sehr klar zwei Schichten erkennen (Fig. 17a). Die dem Epithel aufliegende, etwas dickere nimmt schwach Hämatoxylin auf, die äussere, sehr feine dagegen intensiv Orange G. Sie zeigt auf dem Querschnitt sehr regelmässig angeordnete, etwas nach dem Rande zu gekrümmte Zähnchen, was der Ausdruck für dem Rande ungefähr parallel laufende Leisten ist, wie man sich an Flächenpräparaten leicht überzeugt. In Folge dieser eigenthümlichen Structur ist das Periostracum auf Schnitten überall leicht zu erkennen und man überzeugt sich bei Exemplaren von etwa 1 cm Durchmesser (grössere habe ich nicht mit der Schale geschnitten), dass es sich auch auf den älteren Theilen der Schale erhalten hat. Sein Bau wird wohl die Ursache sein, dass die Schalen von *Discinisca* stets mit einer feinen Schmutzschicht überzogen sind, während *Lingula* mit ihrem glatten Periostracum fast ohne Ausnahme stets rein und blank ist.

Die Borsten sind bei *Discinisca* sehr ansehnliche Organe. Am Vorderrande, wo sie am längsten sind, erreichen sie bis 1 cm. Am Hinterrande sind sie bedeutend kürzer (Fig. 1a, b). Eine Eigenthümlichkeit derselben besteht darin, dass sie mit zahlreichen Dornen besetzt sind. Diese sind nicht an allen Borsten gleich entwickelt. Man trifft nebeneinander solche, bei denen die Dornen eigentlich nur Stachelschüppchen sind (Fig. 20b) und solche, bei denen sie eine recht beträchtliche Länge erreichen (Fig. 20c). Die Dornen sind der Grund, dass zwischen den Borsten stets Massen von Schmutz hängen. Die Borsten sind fein längsgestreift und zeigen, wenn auch nicht ganz regelmässig, von Strecke zu Strecke quere Ringe. Wegen der feineren Structurverhältnisse verweise ich auf *Lingula*, wo ich diese genauer untersucht habe.

Jede Borste wird in einem Follikel gebildet. Diese Follikel entstehen aber nicht als getrennte Einsenkungen des Epithels, sondern gehen aus einer Epithelplatte hervor, die sich längs des ganzen Mantelrandes in die Stützsubstanz einsenkt. Durch diese Epithelplatte bleiben auch die vollständig ausgebildeten Follikel stets verbunden.

Man erhält einen sehr guten Einblick in diese Verhältnisse durch Untersuchung von Schnitten, die tangential zum Rande liegen, also die Borsten quer treffen (Fig. 25). Die Epithelplatte besteht aus einer einfachen Lage von cylindrischen Zellen. In sie eingeschaltet, oder einseitig über sie hervorstehend sieht man die Borstenfollikel. Genaueres über die Art, wie sie sich bilden, habe ich nicht festgestellt. Die Borstenfollikel erreichen meist nicht den centralen Rand der Epithelplatte. Diese ragt, wie Radiärschnitte (Fig. 10) zeigen, oft noch weit über das untere Ende der Follikel hinaus, immer als einschichtige Zelllage. Im Grunde des Follikels sitzt eine auffallend grosse Zelle (Fig. 19 und 19b), welche kappenförmig das untere Ende der Borste umgreift. Sie wird wohl in erster Linie die Erzeugung der Borste besorgen. Es handelt sich also um ähnliche Verhältnisse wie bei Anneliden. In den Zellen im unteren Theile der Follikel konnte ich noch einiges bemerken, was der Erwähnung werth ist. Man sieht hier, wie sich das der Borste zugekehrte Ende des Zellkörpers deutlich von dem Haupttheile der Zelle absetzt. Das Plasma dieses Endabschnittes ist deutlichst radiär faserig. Weiteres zu ermitteln liess die Conservirung nicht zu. Zwischen den Epithelzellen liegen die Dornen der Borsten (Fig. 18, 19, 25, 26). Nahe dem unteren Ende der Borste (Fig. 19) ist die Spitze der Dornen nach vorne gerichtet, weiter nach der Follikelmündung zu zeigen sie die umgekehrte Lage (Fig. 18). Es mag dies durch das Vorwärtsrücken der Borste im Follikel bedingt werden.

Besonders soll noch hervorgehoben werden, dass auch am Hinterrande des ventralen Mantels normale, wenn auch recht kleine Borsten vorhanden sind.

Von den früheren Beobachtern hat Owen die Sinusverhältnisse recht gut dargestellt. Es ist ihm sogar gelungen sie zu injiciren. Er muss dabei besonderes Glück gehabt haben. Mir misslang, wie bemerkt, der Versuch mehrmals, jedenfalls wegen der am Eingang vorhandenen Klappen.

Joubin will ein Ringgefäss am Mantelrande gesehen haben, in das die Endzweige der Sinus einmünden sollen. Obgleich er diese Verhältnisse in einer tadellosen Abbildung zur Darstellung bringt, so ist trotzdem keine Spur davon zu finden. Er hat jedenfalls den Randnerven für ein Ringgefäss angesehen. Ebensowenig besteht die von ihm angegebene Verbindung von Sinusästen mit der Randlacune. Die Epithelleisten vergleicht er ohne weiteres den Genitalbändern von *Crania*, obwohl Hancock schon für *Lingula* klar auseinandergesetzt hat, dass sie etwas ganz anderes sind und vor allem auch ganz anders liegen, wie diese, nämlich an der Schalenseite der Sinus. Dagegen hat Joubin jedenfalls recht, wenn er für *Discinisca* besonders die respiratorische Function des Mantels betont.

Ich werde darauf bei *Lingula* genauer eingehen, weil für diese Formen mehrfache Beobachtungen am lebenden Thiere vorliegen.

4. Der Stiel.

Der Stiel von *Discinisca* ist in morphologischer Hinsicht ein sehr interessantes Organ.

Die meisten meiner Exemplare sind von der Unterlage gewaltsam abgerissen (Fig. 1b), wodurch der Stiel stets mehr oder weniger zerfetzt wird. Unverletzt konnte ich ihn an kleineren Thieren, die auf den Schalen von grossen aufsassen, beobachten. An solchen ist der Stiel ein kurzer Cylinder, der auf der Ventralschale in der hinteren Hälfte befestigt ist. Im Querschnitt ist er nicht genau kreisförmig; sein etwas längerer Durchmesser fällt in die Sagittalebene. Nach vorne reicht er nicht ganz bis zum Mittelpunkt der Schale, nach hinten bis in die Nähe des Randes. Er bedeckt vollständig den Schlitz der ventralen Schale und reicht nach vorne und nach den Seiten noch beträchtlich über diesen hinaus. Bei aufmerksamer Betrachtung fällt auf, dass vom Hinterrande des Stieles bis zum Schalenrande eine scharfbegrenzte ziemlich breite Zone sich erstreckt, wo die Anwachsstreifen fehlen und das Periostracum ganz glatt aussieht (Fig. 6*). Diese Parthie verdeckt den Eingang in den Schalenschlitz.

Der Stiel ist meist bräunlich bis braun gefärbt. Seine basale Fläche ist der Unterlage fest aufgewachsen und dementsprechend unregelmässig gestaltet. Die Seitenflächen sind an den conservirten Exemplaren meist stark und unregelmässig gefaltet — eine Folge der energischen Contraction der Muskulatur. So hat er bei den grössten Exemplaren gewöhnlich nur eine Höhe von wenig Millimetern. Er wird auch kaum einer bedeutenden Verlängerung fähig sein. Nebenbei sei bemerkt, dass der Stiel von *Discinisca laevis* im Verhältniss zum Gesammtkörper wesentlich länger und schlanker ist.

Der Stiel ist morphologisch eine Ausstülpung der Ventralseite des Thieres, darum setzt sich seine Wand aus den gewöhnlichen Schichten zusammen. Von aussen nach innen folgen: Cuticula, äusseres Epithel, Stützsubstanz, Muskelschicht, Coelomepithel. Der Hohlraum des Stieles enthält die Stielmuskulatur. Er ist ein Theil des Coeloms und steht mit dem die Eingeweide umschliessenden Hauptabschnitte desselben, der eigentlichen Leibeshöhle, zeitlebens durch den Stielcanal in offener Verbindung.

Zur allgemeinen Orientirung über diese Beziehungen möge die nebenstehende Text-Figur 1 dienen, die einen Sagittalschnitt durch den Stiel und die anliegenden Theile der Körperwand und Schale dargestellt.

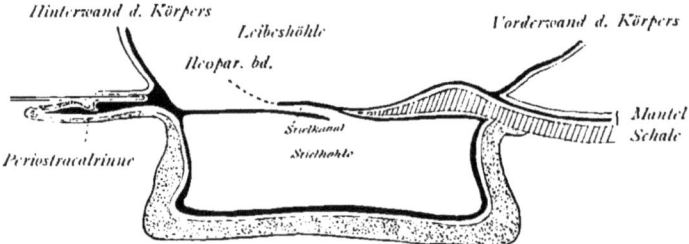

Fig. 1. Schematischer Längsschnitt durch den Stiel und die angrenzenden Theile der Schale und Körperwand von *Discinisca*. Epithel: weiss; Stützsubstanz: schwarz; Schale: schraffirt; Cuticula: punktirt.

Die Schale (schraffirt) hört am vorderen Rande des Schalenschlitzes auf. Dieser wird überdeckt durch eine beiderseitig von Coelomepithel bekleidete Lamelle der Stützsubstanz (schwarz), welche von dem schräg von oben und hinten nach vorne und unten, aus der Leibeshöhle in die Stielhöhle führenden Stielcanal durchbrochen wird.

Der durch diese Ausstülpungsöffnung gebildete Bruchsack der ventralen Körperwand, der Stiel, schiebt sich auf der äusseren Oberfläche der Ventralschale noch ein Stück nach vorne, bis dahin wo die Vorderwand der Leibeshöhle von oben her auf die Schale stösst. Dieser Bildung gemäss wird die Stützlamelle des Stieles äusserlich überzogen von dem äusseren Epithel. Dieses geht von der hinteren Körperwand um den hinteren Mantelrand herum auf die äussere Seite der Stützlamelle des Mantels über, von da aus auf den Stiel, umzieht diesen ganz, um schliesslich durch den Schalenschlitz auf die äussere Seite des vorderen Mantelabschnittes zurückzukommen. In der Periostracalrinne des hinteren Mantelrandes wird so, wie überall das Periostracum erzeugt.

Dieses schlägt sich, wie das Epithel um den Mantelrand herum und geht mit diesem auf den Stiel über, um dessen cuticulare Hülle zu bilden.

Gehen wir nach dieser allgemeinen Uebersicht zum Einzelnen über.

Der hintere Mantelrand hat, wie Fig. 33 zeigt, durchaus normale Beschaffenheit. Er trägt — allerdings kleine — Borsten. Wir treffen den Ringnerven, die Randlacune, die Periostracalrinne. Das von dieser erzeugte Periostracum hat über die ganze, in Fig. 4 mit * bezeichnete Zone eine besondere Beschaffenheit. Es ist glatt, indem die sonst auf ihm vorhandenen, regelmässig angeordneten, dem Rande parallelen Leisten fehlen, und seine Dicke bedeutender ist. Auf dem Stiel nimmt es (als Cuticula) an Dicke zu.

Die beiden Oeffnungen des Stielkanales sind schon bei der Präparation unter der Lupe leicht zu sehen (Fig. 5 u. 6). Die äussere liegt etwa in der Mitte der vom Stiele eingenommenen Fläche, die innere um ein beträchtliches nach dem Hinterrande zu. Sie sind verbunden durch den im Querschnitt plattgedrückten Stielkanal (Fig. 32 u. 34), der seiner ganzen Länge nach von einem kräftigen, aus mehreren Faserlagen bestehenden Sphincter umzogen wird. Die Faserringe verlaufen, der Lage der Oeffnungen entsprechend, schief von vorne oben nach hinten unten, wie es die rothen Linien in Fig. 32 angeben. Durch diese Einrichtung kann die Stielhöhle von der Leibeshöhle abgeschlossen werden.

An der Muskulatur des Stieles (vergl. Fig. 6), lassen sich zwei Systeme unterscheiden: die Faserlage der Stielwand und die inneren Stielmuskeln. Unter dem Coelomepithel liegt eine einfache Lage von Muskelfasern, die an beiden Seiten von hinten unten nach vorne oben verlaufen. Nach vorne zu wird der Verlauf steiler, so dass sie in der Mitte der Vorderfläche gerade von oben nach unten ziehen.

Die innere Muskulatur besteht aus drei Muskelpaaren, die zur Medianebene symmetrisch angeordnet sind (Fig. 6).

Diese sind: Die geraden Stielmuskeln (rect.), die inneren schiefen (obl. med.) und die äusseren schiefen Muskeln (obl. ext.). Jeder der geraden Muskeln nimmt fast die Hälfte des Stielquerschnittes ein. Sie entspringen zum grössten Theil auf den den Schlitz umgebenden Theilen der Schale, z. Th. auch auf der den Schalenschlitz überziehenden Stützlamelle und steigen, etwas nach der Medianebene convergirend, abwärts, um sich auf der basalen Fläche des Stieles zu inseriren.

Die äusseren schiefen Muskeln sind den Wänden des Stieles angeschmiegt. Ihr Ursprung liegt dicht an der Linie, in welcher die Wand des Stieles der Schale aufgewachsen ist und erstreckt sich längs dieser von hinten, eine Strecke weit seitlich der Medianlinie beginnend, nach vorne bis über die Mitte des Stielumfanges hinaus. Die Fasern steigen schräg von hinten oben nach vorne unten hinab und inseriren sich längs des Seitenrandes der Basalfläche hinter der Mitte beginnend, nach vorne zu fast bis zur Medianlinie. Auf diese Weise kreuzt sich die Faserrichtung mit der der Wandmusculatur.

Die inneren schiefen Muskeln (obl. med.) entspringen rechts und links von der unteren Oeffnung des Stielkanales und weiter nach hinten und seitwärts. Die der Mittellinie nächsten Fasern reichen am weitesten nach vorne. Die beiden Muskelbündel steigen dann, convergirend, zur Basalfläche hinab und inseriren sich hier auf einem beschränkten Bezirke, dicht am Hinterrande rechts und links von der Medianlinie.

Durch das Spiel dieser Muskeln kann der Stiel sich ausstrecken und zusammenziehen, wodurch das Thier von der Unterlage entfernt oder dieser genähert wird. Es können beschränkte Drehungen und Neigungen ausgeführt werden. Von einer Wirkung des Stieles als Saugnapf kann nicht gut die Rede sein, weil die Basalfläche auf der Unterlage festgewachsen ist.

Die Muskelverhältnisse des Stieles hat Joubin annähernd richtig erkannt, dagegen hat er die Beziehungen des Stieles zum Körper gänzlich missverstanden. Er hat den Stielkanal nicht gefunden, obwohl bereits Morse (5 p. 323) auf denselben aufmerksam gemacht hat. Joubin hält den Stiel für einen von der Leibeshöhle vollständig abgeschlossenen Sack und findet dementsprechend tief greifende Unterschiede zwischen dem Stiel von *Discinisca* und *Lingula*, während es sich bei *Discinisca* thatsächlich nur um eine unbedeutende Modifikation des Lingulastieles handelt (vgl. Lingula, Abschn. 4).

5. Das Muskelsystem.

Die Eindrücke welche die Muskeln theilweise auf den Schalen, besonders der Dorsalschale, zurücklassen, wurden oben besprochen.

Von den zur Bewegung der Schalen dienenden Muskeln sind die Occlusoren die massigsten. Es findet sich ein vorderes Paar — Occl. anteriores — und ein hinteres Paar — Occl. posteriores.

Von den vorderen Occlusoren, deren allgemeine Gestalt die Abbildung Fig. 5 (vgl. auch Fig. 4 u. 6) zeigt, zerfällt jeder in zwei deutlich getrennte Bündel, von denen das mediale bedeutend kleiner ist. Es legt sich der inneren Seite der lateralen Hauptportion als ein plattes Muskelbündel an, das sich, von vorne beginnend, fast über drei Viertel der inneren Oberfläche des lateralen Bündels erstreckt. Nicht selten divergiren die Fasern beider Bündel in ihrem Verlaufe etwas, wie es in Fig. 5 dargestellt ist.

Wo die beiden Portionen mit ihrer schmalen Vorderfläche an die vordere Körperwand anstossen, sind sie auf eine kurze Strecke fest mit der letzteren verwachsen, und zwar in einer Linie die etwas dorsal von der Frontalebene liegt. An dieser Stelle tritt von dem grossen, aus dem unteren Ganglion entspringenden Nervenstamme (vgl. Fig. 28 u. 43) ein kräftiger Nerv in die Stützsubstanz der Körperwand ein, um sich in dieser in zwei Aeste zu theilen. Der laterale versorgt das äussere, der mediale das innere Bündel. Beide Muskelabschnitte werden etwas dorsal von der Mitte ihrer ganzen Dicke nach von der Nervenplatte durchsetzt (vgl. auch Fig. 37). Man überzeugt sich leicht, dass die grosse Mehrzahl der Muskelfasern nicht durch die aus Stützsubstanz bestehende Nervenplatte hindurchgeht. Die mediane Portion hat, wie schon unter der Lupe bemerkbar ist, ein lockereres Gefüge als die laterale. Im Querschnitt ist dies Verhalten recht auffallend. In dem lateralen Theile stehen die Fasern dicht gedrängt, in dem medialen in durch weite Zwischenräume getrennte Bündel gruppirt. Die Fasern des medialen Bündels sind etwas feiner. Vergl. auch Fig. 38.

Die beiden vorderen Occlusoren convergieren nach der Ventralseite etwas. Die vorderen Ränder stossen auf der Ventralschale unmittelbar aneinander, während sie auf der Dorsalseite den Vorderdarm zwischen sich fassen. Die hinteren Occlusoren sind bedeutend schwächer als die vorderen. Die dorsale Insertionsfläche fällt der Wölbung der Dorsalschale entsprechend nach aussen und hinten ab.

Ich habe mich mit Sicherheit davon überzeugt, dass jeder der Occlusoren eine Hülle von Coelomepithel hat, an der, so viel ich sehen kann, die Stützsubstanz nicht betheiligt ist. Von den vorderen Occlusoren hat jede Portion ihre besondere Hülle. Dasselbe gilt, wie gleich bemerkt werden mag, auch für die lateralen Muskeln. Für die übrigen Muskeln ist es wahrscheinlich, jedoch konnte ich es nicht sicher entscheiden.

Von schiefen Muskeln sind drei Paare vorhanden: Die Obl. laterales, Obl. interni, Obl. posteriores.

Die Laterales (lat.) sind ansehnliche platte Muskeln, die auf der Ventralschale, längs der Seitenwand des Körpers, hinter der Mitte entspringen und dann der äusseren Fläche des Occl. ant. sich anschmiegend nach der Dorsalschale aufsteigen, um sich in derselben längs des vorderen Drittels der Insertionsfläche der Occl. ant. festzuheften. Nicht weit unter ihrem dorsalen Ende sind sie mit der Vorderwand des Körpers fest verwachsen. Diese Verwachsungslinie bildet die Fortsetzung derjenigen der Occl. ant. nach aussen und hinten und hat die gleiche Bedeutung. Es treten hier die von dem grossen Seitennerven stammenden Nerven ein, die sich in einer deutlichen Nervenplatte ausbreiten (vgl. Fig. 28, 45).

Die Obliqui interni (obl. int.) entspringen auf den Seitenflächen der Crista der Ventralschale und steigen stark divergirend und der Innenfläche der Occl. ant. sich anschmiegend, nach der Dorsalseite auf, um sich dicht am Aussenrande der Occl. posteriores in einer kleinen, etwa dreieckigen Fläche zu inseriren. Im Querschnitt sind diese Muskeln fast kreisförmig.

Die Obliqui posteriores (obl. post.) erweisen sich durch die Art der Innervirung als eng mit dem Obl. int. zusammen gehörig. Sie entspringen in der Ventralschale, etwas vorwärts und einwärts vom vorderen Ende des Ursprungs des Obl. ant., ziehen dann unter (ventral von) den Obl. int. durch und an der Vorderfläche des Occl. post. in die Höhe, um sich an der Dorsalschale zwischen den Occl. post. zu inseriren. Ihre Insertion ist durch einen ziemlich beträchtlichen Zwischenraum von der der Occl. post. getrennt.

Ungefähr da, wo die Verwachsung des Lateralis mit der Körperwand nach hinten zu aufhört, tritt aus der Körperwand ein ansehnlicher Nerv, Nervus obliquorum (N. obl.), aus, der zwischen Körperwand und Occl. ant. nach hinten zieht, dann dorsal von dem Lateralis und um die hintere Fläche des Occl. ant. herum die laterale Seite des Obl. int. erreicht, diesen durchsetzt und dann in den Obl. post. eindringt (Fig. 5, 9, 28).

Für den letzten Theil des Verlaufs des N. obl. habe ich bei mehreren Präparaten in übereinstimmender Weise auf der einen Seite etwas andere Verhältnisse gefunden als auf der anderen.

Auf der linken Seite liegt die Austrittsstelle des Nerven aus dem Obl. int. weiter nach vorne als die Eintrittsstelle und zwar an der medialen Seite des Muskels. Rechts ist die Sache umgekehrt, der Austritt erfolgt weiter hinten als der Eintritt und liegt auf der Ventralseite. So wird links die zwischen beiden Muskeln gelegene Strecke des Nerven länger und hat einen etwas anderen Verlauf als rechts.

Von der Nervenplatte sieht man an dem Obl. int. meist nichts, oder nur eine Andeutung einer solchen, an dem Obl. post. ist sie stets recht deutlich. Durch die Art der Innervirung ergeben sich für diese beiden Muskelpaare ganz klare Beziehungen zu den drei hinteren Paaren von schiefen Muskeln bei *Lingula*. Das Genauere wird dort besprochen werden.

Schliesslich besitzt *Discinisca* noch ein Paar kleinere Muskeln, Retractores brachiorum (Retr. brach.), die durch ihren Verlauf sich den entsprechenden Muskeln von *Crania* vergleichen lassen. Sie entspringen in der Dorsalschale etwa in der Mitte des Aussenrandes der Occl. ant., etwas hinter dem hinteren Ende der Insertion der Laterales, auf einer abgerundet dreieckigen Fläche und ziehen zwischen Körperwand und Aussenfläche des Obl. ant. schräg nach vorne und abwärts, um sich an der Körperwand, kurz vor dem hinteren Ende der Verwachsungsstelle des Lateralis, dicht vor dem Austritt des Nervus obliquorum zu inseriren.

Die Wirkungsweise der verschiedenen Muskelpaare ergibt sich aus der Betrachtung ihres Verlaufes. Es mag nur noch auf den im Verhältniss zur Körpergrösse auffallend grossen Gesammtquerschnitt der Occlusoren hingewiesen werden.

Die hauptsächlichsten Verhältnisse der Musculatur hat schon Owen richtig erkannt. Joubin hat eine etwas vollständigere Beschreibung gegeben, die aber in mancher Hinsicht ungenau ist. Er hat die Retractoren der Arme nicht gefunden und hat die so auffallenden Nervenplatten der grossen Muskeln übersehen. Er beschreibt zwar für die Obliqui interni etwas, was nach der Abbildung wie eine Nervenplatte aussieht. Die Structur liegt aber nach der Zeichnung ganz nahe dem Ursprung dieser Muskeln von der Crista und ausserdem ist gerade bei diesen Muskeln die Nervenplatte sehr undeutlich, oft überhaupt äusserlich nicht zu bemerken. Ich möchte um so mehr glauben, dass seine Figur irgend eine zufällige Bildung ohne Bedeutung darstellt, als er die in die Muskeln eintretenden Nervenstämme nicht beobachtet hat.

Anfügen möchte ich hier noch die Beobachtungen über Abnormitäten an dem Muskelapparat bei zwei Exemplaren, denen vielleicht in vergleichender Hinsicht ein gewisses Interesse zukommt.

Bei dem in Fig. 8 dargestellten Falle fehlte der linke Obliquus internus vollständig; keine Spur desselben war aufzufinden. Dagegen sind an Stelle des Obliquus posterior zwei vollkommen von einander getrennte Muskeln vorhanden. Von diesen entspricht der eine nach Ursprung und Insertion ganz dem normalen Muskel. Der andere (x in der Abbildung) dagegen hat seine Insertion vor dem Occ. post. und sein Ursprung liegt etwas vor dem des normalen Muskels. Er kreuzt diesen also in seinem Verlauf und verhält sich damit ähnlich, wie der normale Obl. int., nach dessen normalen Endpunkten hin die Endpunkte des abnormen Muskels verlagert sind. Der Nervus obliqu. tritt in den abnormen Muskel ein, durchsetzt ihn und tritt aus seiner Unterseite direct in die Oberseite des normalen Muskels ein. Auch das Ileoparietalband zeigt Besonderheiten. Es bildet um den normal verlaufenden, unteren Muskel eine vollständige Scheide.

Man kann sich diesen Befund wohl so erklären, dass die beiden Muskeln, Obl. int. und post. gemeinsamen Ursprungs sind. Dafür spricht auch ihre Innervirung. Es würde also bei der Entwickelung zwar eine Sonderung beider Muskeln aus der gemeinschaftlichen Anlage stattgefunden haben, der Obl. int. hätte aber den richtigen Platz nicht erreicht.

Viel merkwürdiger ist die in Fig. 7 dargestellte Abnormität, die ich leider nur unvollständig beobachten konnte, da ich sie an einem Thiere fand, das durch das Abreissen stark beschädigt war. Die ventrale Schale und mit derselben der grösste Theil des Körpers einschliesslich der grossen Muskeln ist verloren.

Es spannt sich nun von rechts nach links in der Mitte der Dorsalschale ein sehr kräftiger Muskel — stärker als der normale Obl. int. — aus und zwar wie sich durch einen noch erhaltenen Rest des Darmes feststellen lässt, ventral von diesem. Es handelt sich hier um einen wohl entwickelten Muskel, der durchaus nicht functioniren kann.

Es wäre sehr interessant gewesen, durch genauere Untersuchung festzustellen, welchen Muskeln dieser eigenthümliche abnorme Muskel etwa entspricht. Bei dem mangelhaften Zustande des Objectes lassen sich jedoch kaum Vermuthungen äussern.

Bei der *Discinisca*larve, die ich vor Kurzem genauer geschildert habe (Zool. Jahrb. 1898), kommt hinter dem Darme ein Paar sich kreuzender Muskeln vor. Vielleicht ist die hier besprochene eigenthümliche Bildung aus ihnen entstanden.

Bemerken möchte ich noch, dass es mir recht auffallend war, unter den wenigen Exemplaren von *Discinisca*, die ich untersuchen konnte (etwa 20), zwei derartig auffallende Abnormitäten zu finden. Bei den vielen Dutzenden von anderen Brachiopoden, die ich untersucht habe, ist mir bis jetzt keine einzige derartige Missbildung vorgekommen.

Was die histologische Beschaffenheit der Muskeln von *Discinisca* betrifft, so habe ich von Querstreifung nichts bemerkt. Damit ist jedoch nicht ausgeschlossen, dass einzelne Muskeln doch quergestreifte Fasern besitzen. Denn während z. B. bei *Crania* die Querstreifung der Cirrenmuskeln (vergl. *Crania*, Fig. 76 f u. g) nach Osmiumbehandlung ausserordentlich deutlich ist, bemerkt man davon an gefärbten und in Lack eingeschlossenen Sublimat- oder Alkoholpräparaten gar nichts.

6. Der Armapparat.

Wie die schon geschilderte äussere Gestaltung des Armapparates erwarten lässt, so zeigt auch der innere Bau desselben, und zwar besonders die Ausbildung des kleinen Armsinus einige Besonderheiten. In allen Hauptpunkten aber herrscht eine grosse Uebereinstimmung mit *Crania*. Die Besonderheiten in der Einrichtung des kleinen Armsinus werden leicht verständlich unter der in Abschnitt 2 schon angedeuteten Annahme, dass der ganze Apparat gegenüber dem, was sich bei *Crania* und sonst fast stets findet, auf einer niedrigeren Entwickelungsstufe stehen geblieben ist, indem er sich von der Körperwand weniger vollständig losgelöst hat, als bei jenen Formen.

Es wird das Verständniss erleichtern, wenn wir zuerst einen Durchschnitt durch den seitlichen Theil des Armapparates betrachten. Derselbe (Fig. 40) ist in der Richtung des Pfeiles in Fig. 4 geführt, geht also durch die Stelle, wo, von der Dorsalseite gesehen, die Verbindung mit der Vorderwand des Körpers aufgehört hat (seitlich von dem äusseren Armwinkel). Wir finden auf einem solchen Schnitte die von *Crania* bekannten Theile doppelt, mit Ausnahme des kleinen Armsinus, der ununterbrochen von der dorsalen Cirrenreihe zur ventralen übergeht.

Beim Vergleich dieser Abbildung mit Fig. 51 von *Crania* ergibt sich diese grosse Uebereinstimmung am besten. Es genügt weniges, für *Discinisca* eigenthümliche hervorzuheben und einiges anzudeuten, was aus der Abbildung nicht ohne weiteres ersichtlich ist. Die Cirren stehen wieder in doppelter Reihe und zeigen in beiden Reihen dieselben Unterschiede wie bei *Crania* (vergl. die Querschnitte, Fig. 52). Die äusseren Cirrenmuskeln beginnen erst ziemlich hoch (im freien Theil des Cirrus). Im kleinen Armsinus bemerkt man zweierlei Muskelfasern, zunächst solche, die mehr oder weniger schief durchschnitten, längs der Hinterwand des Armes (in der Abbildung rechts) in einzelne Bündel gruppirt sind. Dies sind die Armmuskeln. Sie werden unten genauer besprochen. Ihre Insertion tritt in der Abbildung deutlich hervor. In jeden Cirrenkanal tritt ein Bündel dieser Fasern ein, um sich an dessen Aussenwand (Cirrenseite) zu inseriren. Ausserdem wird der kleine Armsinus von zahlreichen zerstreut stehenden Fasern der Quere nach durchsetzt. Wo der kleine Armsinus sich nach den Cirrenkanälen zu verengert, liegt das sehr ansehnliche Armgefäss, und zwar wie bei *Crania* an der Wand, die den kleinen Armsinus von dem grossen trennt. Die Stützsubstanzlamelle, welche die Wand bildet, ist ausserordentlich dünn. Von dem Armgefäss geht in jeden Cirrus ein Cirrengefäss, dessen Anfang den Hohlraum des kleinen Armsinus bis zu dem Eintritt in den Cirrenkanal frei durchsetzt (vgl. Fig. 21).

Der grosse Armsinus ist auf dem Querschnitt zweimal getroffen (vergl. Fig. 39). Das ihn auskleidende Epithel zeigt eine Besonderheit, die ich bis jetzt nur bei *Discinisca* gefunden habe. An den einander zugekehrten Seiten der beiden Sinusquerschnitte ist es zu einer Epithelleiste (Eplst) erhoben, wie wir sie aus dem Mantelsinus kennen gelernt haben (vgl. Fig. 21 und 22). Sie beginnt in dem medialen Theile des grossen Armsinus bei * in Fig. 39 und lässt sich dann durch die ganze Ausdehnung desselben verfolgen. Wie in dem Mantelsinus, so führt auch hier die Epithelleiste gelbe Körnchen, jedoch sehr viel spärlicher als dort[1]. Unter dem Epithel liegen Muskelfasern, deren Verlauf nicht genauer studirt wurde. Sie fehlen an der Wand nach dem kleinen Armsinus zu. Dagegen habe ich festgestellt, dass diese Muskelfasern von den Nerven des Armfeldes versorgt werden.

In der Stützsubstanz der Armfalte findet sich eine Reihe von mit einander zusammenhängenden Hohlräumen. In diesen liegen bis an den äussersten Rand der Falte zahlreiche der Länge nach verlaufende Muskelfasern. In der Basis der Armfalte nehmen diese einen mehr schiefen Verlauf; die untersten dringen recht tief in die Stützsubstanz — gegen den Verbindungsnerven zu — ein. Die die Muskeln führenden Hohlräume hängen mit den perioesophagealen Lacunen zusammen und lassen sich, wie diese, vom kleinen Armsinus aus injiciren. Es mag hier gleich darauf hingewiesen werden, dass diese ganze Einrichtung bei *Lingula* sehr viel besser — am mächtigsten unter allen mir bekannten Brachiopoden — entwickelt ist.

Das äussere Epithel der Arme zeigt dieselben Verhältnisse wie bei *Crania*. Drüsenzellen finden sich reichlich; in besonderer Menge an der Cirrenseite des Armapparates. Hier bilden sie jedesmal zwischen dem Ursprung zweier Cirren einen ansehnlichen Wulst (Fig. 35).

Den Hauptarmnerven finden wir, der ganzen Anordnung des Armapparates entsprechend, auf dem Querschnitte zweimal. Er sendet Verbindungsnerven zu dem Boden der Armrinne, wo zahlreiche, der Länge nach verlaufende Faserzüge sich finden. In dem Epithel des Armfeldes bemerkt man ebenfalls Querschnitte durch Nerven. Das genauere ist in Abschnitt 11 mitgetheilt.

[1] Bei einem Exemplar beobachtete ich in den Zellen der Epithelleiste zahlreiche Monocystideen als Schmarotzer (vergl. *Crania*, p. 50 Anm.).

Die Stützsubstanz ist in den Armen massiger entwickelt als sonst irgendwo im Körper und zeigt hier auch in histologischer Beziehung einige Besonderheiten. Wie aus den Abbildungen (Fig. 24) hervorgeht, erinnert die Structur derselben an hyalinen Knorpel. Die Grundsubstanz enthält zahlreiche kugelige bis ellipsoidale Hohlräume, in denen die Zellen liegen. Die Hohlräume werden bei dem conservirten Material von den Zellkörpern nur zum kleinsten Theile ausgefüllt. Nach der Cirrenbasis und der Armfalte zu treten in der Grundsubstanz Züge dichteren Gewebes auf. Weiteres liess sich nicht ermitteln, da das Material nicht für histologische Zwecke conservirt war.

Wir gehen nun dazu über, das Verhalten der Sinus in der Umgebung des Oesophagus zu untersuchen. Es ist nicht schwierig, diese Dinge an der Hand von gelungenen Serien zu studiren, dagegen ist es recht schwer, eine gute bildliche Darstellung dieser complicirt gestalteten Hohlräume, die bald neben- bald über einander verlaufen, zu geben.

Ich habe in Fig. 41–50 einige Sagittal- und Frontalschnitte durch den centralen Theil des Armapparates dargestellt und habe die Lage derselben in das nach der Untersuchung von mehreren Serien construirte Gesammtbild Fig. 30 eingetragen. In diesem Uebersichtsbild ist der Armapparat, gerade von vorne gesehen, wie in Fig. 20, und durchsichtig gedacht. Der Oesophagus ist herausgeschnitten, so dass man in den hinter ihm gelegenen Centralsinus hineinsehen kann.

Ich schildere zuerst den Centralsinus und seine beiden Fortsetzungen auf die Arme, die kleinen Armsinus, dann die grossen Armsinus und die sog. Coelomtaschen. Der *Centralsinus* ist ein ansehnlicher hinter dem aufsteigenden Theil des Oesophagus gelegener Hohlraum, der sich zwischen die medialen Enden der beiden grossen Armsinus einkeilt. In seinem dorsalen Theile ist er im Querschnitt dreieckig (Fig. 49), weiter ventralwärts wird der Querschnitt viereckig, mit nach hinten etwas convergirenden Seiten (Fig. 48). Noch etwas weiter ventral (Fig. 47) springen die Seitenwände in sein Lumen vor. Diese Vorsprünge streben nach der Mitte zu gegen einander und verbinden sich schliesslich zu einem Wall aus Stützsubstanz, der den untersten Abschnitt in zwei getrennte Hohlräume scheidet (Fig. 44 u. 46, Fig. 39). Der vordere der so entstehenden Hohlräume umfasst von hinten den Oesophagus (T in den Figuren). Er ist ein Blindsack, insofern er mit keinem anderen Hohlraum in Zusammenhang steht.

Der hintere Hohlraum dagegen setzt sich nach rechts und links in die beiden kleinen Armsinus fort. Dorsal ist der Centralsinus unter der Umbiegungsstelle des Oesophagus nach hinten stark verengt. Durch diesen Canal gelangt man in ein ventral von dem Darme gelegenes Divertikel (T_1 Fig. 41, 49, 51), dessen Wandungen zahlreiche Muskelfasern tragen. Dieses Divertikel entspricht dem zwischen die beiden Blätter des Mesenteriums eindringenden Divertikel bei *Crania* (siehe dort Fig. 51 u. 58). Seine Wände sind also als letzte Reste eines ventralen Mesenteriums aufzufassen. Der ganze Centralsinus wird durchsetzt von ungefähr von vorn nach hinten verlaufenden Muskelfasern.

In der Stützsubstanz, welche die Grundlage der Oesophaguswand bildet, sind muskelführende Perioesophagealkammern entwickelt, ganz wie bei *Crania*, so dass ich wegen der Einzelheiten auf das dort gesagte verweisen kann. Sie lassen sich vom Centralsinus aus injiciren und stehen weiter, wie Injectionen leicht beweisen, mit den muskelführenden Hohlräumen der Armfalte und der Darmwand in Zusammenhang.

Aus dem unteren hinteren Abschnitte des Centralsinus entspringen, wie bemerkt, nach rechts und links, die beiden kleinen Armsinus. Es sind anfangs sehr enge Canäle, die zwischen der hinteren Wand des Armapparates und dem grossen Armsinus verlaufen. Sie nehmen seitwärts rasch an Höhe zu (Fig. 42–45. Fig. 39) und erreichen ihre grösste Höhenausdehnung gleich lateral von dem inneren Armwinkel (Fig. 45, 49). Lateral von dieser Stelle (d. h. also lateral von den Spiraltheilen der Arme) ist der kleine Armsinus ein grosser, die ganze Hinterseite des Armapparates umfassender Hohlraum, von dem nach oben und nach unten Cirrenkanäle abgehen (Fig. 45. Fig. 40, 39). Es bestehen also in den Seitentheilen des Armapparates nirgends zwei getrennte, der dorsalen und ventralen Cirrenseite entsprechende Abschnitte des kleinen Armsinus wie wir sie bei den Testicardines kennen lernen werden.

Zwischen den beiden Armwinkeln, und zwar von der Wand, die den kleinen Armsinus von der Leibeshöhle trennt, entspringen die schon oben erwähnten Armmuskeln (Fig. 45, 49), die von hier aus, in Bündel gruppirt, radiär in die Seitentheile ausstrahlen, um sich am Eingang in die Cirrenkanäle zu inseriren. Sie erhalten ihre Nerven von dem seitlich aus dem unteren Ganglion hervorgehenden Nervenstamme.

Die für die Seitentheile des Armapparates besprochenen Armgefässe verhalten sich im Centralsinus wie bei *Crania*. Sie vereinigen sich durch ein quer hinter dem Oesophagus vorbeiführendes Verbindungsgefäss (Fig. 41, 46). Von diesem steigen an den Seitenwänden des Centralsinus zwei Gefässe nach der Dorsalseite auf, um sich in den Perioesophagealkammern zu verlieren.

Besonders betonen will ich schliesslich noch, dass der kleine Armsinus in allen seinen Theilen vollständig gegen die Leibeshöhle abgeschlossen ist. Das ergibt sich aus der sorgfältigen Durchsicht von Schnittserien, vor allem aber auch aus Injectionen. Ich habe bei drei Exemplaren durch Einstich in einen Seitentheil des kleinen Armsinus gute Injectionen erhalten. Es waren der kleine Armsinus und die Cirrenkanäle bis an die Enden der Spiralarme, der Centralsinus vollständig, die Perioesophagealkammern, die Lacunen der Armfalte und der Darmwand auf grosse Strecken hin angefüllt. In die Leibeshöhle drang nie eine Spur der Masse ein. Ich habe nur drei Exemplare injicirt, um das seltene Material zu schonen. Da das Resultat aber in allen drei Fällen durchaus das gleiche war, so ist das vollständig genügend, besonders wenn man bedenkt, dass ich bei zahlreichen Cranien und verschiedenen Testicardinen stets dasselbe Ergebnis hatte, dagegen bei *Lingula*, wo eine Verbindung des kleinen Armsinus mit der Leibeshöhle schon von Gratiolet nachgewiesen wurde, bei acht Exemplaren stets mit Leichtigkeit vom kleinen Armsinus der einen Seite aus die Injectionsmasse in die Leibeshöhle treiben und diese manchmal ganz ausfüllen konnte.

Jeder Hälfte des Armapparates gehört ein grosser Armsinus an. Dieser ist ein vollständig geschlossener Hohlraum. Er steht weder mit dem entsprechenden Sinus der anderen Seite, noch mit dem kleinen Armsinus, oder der Leibeshöhle in Verbindung.

Der grosse Armsinus beginnt dicht am Centralsinus und hat hier seine grösste Ausdehnung (Fig. 42, 43. 46 50). Hinter dem oberen Theile des Centralsinus sind die beiden grossen Armsinus nur durch ein ziemlich dünnes Septum geschieden (Fig. 40). Nach der Seite zu nimmt die Höhenausdehnung des grossen Armsinus sehr rasch ab, in demselben Masse, wie der kleine Armsinus zunimmt (Fig. 43—45. Fig. 39). Er zieht dann mit der Cirrenreihe und der Armfalte seitwärts und rückwärts bis zum hinteren Ende des Seitentheiles des Armapparates, biegt dann dorsalwärts um und geht schliesslich in den Spiraltheil über. So zeigen Sagittalschnitte durch den Armapparat zwischen Oesophagus und Abgang des Spiraltheiles (innerer Armwinkel) den grossen Armsinus einmal (Fig. 42—44), weiter lateral liegende Schnitte dagegen zweimal getroffen (Fig. 45. Fig. 40).

Die Epithelleiste wurde schon erwähnt. Es bleiben noch die Nebenräume des grossen Armsinus und die Coelomtaschen zu besprechen. Zunächst bildet der der Medianebene nächste, dorsoventral am meisten ausgedehnte Abschnitt des grossen Armsinus ganz regelmässig ein seitlich bis zum äusseren Armwinkel verlaufendes Divertikel (Fig. 39, Fig. 44 u. 45. *gr. As₂*).

Dann stehen mit demselben Abschnitte Nebenräume im Zusammenhange, die zwar an und für sich auch regelmässig vorkommen, aber in ihrer Ausbildung sich bei verschiedenen Exemplaren etwas verschieden verhalten. Sie treten in Fig. 42, 50, 51 hervor. Da wo Oesophagus, Centralsinus und grosser Armsinus zusammenstossen, liegt der eine Nebenraum (Fig. 42 u. 50 *gr As₁*). Die Verbindung mit dem Haupttheil des grossen Armsinus liegt mehr medial, als Fig. 42. Der Raum dehnt sich zwischen der Vorderwand und dem grossen Armsinus nach der Seite und dorsalwärts aus und stösst über dem grossen Armsinus selbst an die Leibeshöhle (Fig. 42). Die Ausdehnung ventralwärts ist verschieden. (Bei dem der Fig. 42 zu Grunde liegenden Thiere wesentlich grösser, als bei dem, von welchem Fig. 50 stammt). Von diesem Nebenraum geht dann weiter ein dem horizontal verlaufenden Theil des Oesophagus dicht anliegender, enger Fortsatz aus, dessen Ende, *gr. As₄.* in Fig. 51 zu sehen ist. In dem Uebersichtsbilde Fig. 39 sind diese Nebenräume nicht angegeben.

Die Coelomtaschen sind eine Einrichtung, die, soviel ich bis jetzt ermittelt habe, nur bei *Discinisca* und *Lingula* sich finden, bei der letzteren Gattung in viel complicirterer Ausbildung.

Ihr Verhalten bei *Discinisca* ergibt sich am besten aus Fig. 42. Man sieht, wie die Leibeshöhle seitlich von dem Oesophagus und vor dem Occlusor anterior eine weite taschenartige Ausstülpung *C. T.* in den grossen Armsinus hinein sendet. Die weiteren Beziehungen zeigen die Fig. 39 u. 46—49. Eine besondere Muskulatur besitzt die Wand dieser Coelomtaschen nicht. Was sie bedeuten, lässt sich vorderhand noch nicht sagen. Man findet sie oft ganz voll gepfropft mit Zellen der Coelomflüssigkeit. Dasselbe beobachtet man aber auch sonst in Divertikeln der Leibeshöhle.

Ueber die in den Fig. 41—50 hervortretenden Abschnitte des Nervensystems vergl. Abschnitt 11.

Die gröberen Verhältnisse des Armapparates sind von Joubin richtig erkannt worden. Genaueres gibt er nicht.

7. Der Darm mit seinen Anhängen.

Durch den Besitz eines Afters stimmt *Discinisca* mit den übrigen Ecardinen überein. Die Lage des Afters an der rechten Seite bringt sie in engere Beziehung zu *Lingula*. Abgesehen von dem durch die Lage des Afters bedingten eigentümlichen Verlaufe zeigt der Darmkanal keine Besonderheiten.

Auf den im Bogen von hinten nach vorn aufsteigenden und sich dann wieder nach hinten wendenden Oesophagus (Fig. 9, 41) folgt die als Magen bezeichnete Erweiterung, die sich äusserlich von dem nächstfolgenden Abschnitte da, wo die Gastroparietalbänder sich inseriren, scharf absetzt. Dann zieht der Darm, durch die Ileoparietalbänder festgehalten, gerade nach hinten bis in die Nähe der hinteren Körperwand, an der er durch einen Fortsatz der Ileoparietalbänder befestigt wird. Hier wendet er sich rechts, verläuft quer vor dem rechten Occl. post. vorbei, tritt ventral unter der Kreuzung des Obl. int. und post. und dem rechten Nephridium, dessen Aufhängeband durchbohrend, hindurch und zieht dann an der Körperwand schief nach vorne und dorsalwärts zum After (Fig. 5).

In den Magen münden bei *Discinisca* drei getrennte Abschnitte der Leber mit besonderen Ausführgängen ein (Fig. 9, 11). Zwei davon haben die gewöhnliche Lage, dorsal, rechts und links vor den Gastroparietalbändern, der dritte liegt ventral und median, ebenfalls vor den Gastroparietalbändern. Sein Ausführgang ist nicht selten aus der Medianlinie heraus deutlich nach rechts oder links verlagert. Der feinere Bau der Darmwand stimmt mit dem, was für *Crania* mitgetheilt wurde, überein. Die Muskulatur zeigt im Ganzen dasselbe Verhalten, wie dort, ist aber mit Ausnahme der des Oesophagus und des Enddarmes nur wenig entwickelt. Von den im Enddarme von *Crania* vorkommenden Drüsenzellen habe ich bei *Discinisca* nichts gesehen. Der nervöse Plexus zwischen den Basen der Epithelzellen ist besonders im Oesophagus und Enddarm sehr deutlich (vgl. Fig. 41, 46—52).

Besondere Verhältnisse, die einer kurzen Erwähnung bedürfen zeigt der Enddarm da, wo er die Körperwand durchsetzt (Fig. 12 a—c). Wie in Abschnitt 3a mitgetheilt wurde, besitzt diese zwei durch eine Lage von Stützsubstanz von einander getrennte Muskelschichten. Der Enddarm durchsetzt nun zunächst die innere Muskellage und die beide Muskellagen trennende Lamelle der Stützsubstanz und verläuft dann eine Strecke weit zwischen der äusseren (mächtigeren) und inneren Stützsubstanzlamelle, in der äusseren Muskellage. Dabei entsteht ein ziemlich ansehnlicher Hohlraum, der durch Auseinanderrücken der Fasermassen der äusseren Muskellage zu Stande kommt. Dieser Hohlraum setzt sich als Blindsack oft noch eine grössere Strecke weit auf den in der Leibeshöhle gelegenen Abschnitt des Enddarms nach hinten fort (12 c.). Ob wir diese Einrichtung mit der sog. Analkammer von *Crania* vergleichen können, ist mir noch zweifelhaft.

Der Darminhalt besteht vorwiegend aus Diatomaceen.

8. Die Leibeshöhle, die Mesenterien, die Nephridien.

Die an und für sich geräumige Leibeshöhle wird durch die mächtige Entwickelung der Gonaden bei den geschlechtsreifen Thieren so ausgefüllt, dass nur noch enge Spalträume zwischen den verschiedenen Organen übrig bleiben.

Die Leibeshöhle wird, wie bei den anderen Formen von einem platten Epithel ausgekleidet, das jedenfalls im Leben Wimpern trägt, welche die Bewegung der Coelomflüssigkeit besorgen. Dieses Epithel überzieht den Darm und seine Anhänge, die Mesenterien, die Nephridien und bildet besondere Hüllen um die Muskeln. Die Leibeshöhle und die mit ihr zusammenhängenden Mantelsinus und Coelomtaschen werden von einer gerinnenden Flüssigkeit erfüllt, die zweierlei zellige Elemente enthält (vgl. Fig. 22 links in der Ecke, bei x). Zunächst beobachtet man kleine, etwa kugelige, äusserst scharf conturirte Zellen, bei welchen innerhalb der wohl vorhandenen Membran nicht viel von Plasma zu bemerken ist. Dann kommen ebenso zahlreich, etwa doppelt so grosse, etwas unregelmässig gestaltete Zellen, mit sehr deutlichem, dunkelen, etwas granulirten Plasmakörper vor. Die kleinen hellen Zellen finden sich bei *Lingula* genau in derselben Weise wieder.

Bemerkenswerth sind die Aufhängebänder des Darmes. Von einem medianen Mesenterium, das bei *Crania* ganz vollständig, bei *Lingula* grösstentheils vorhanden ist, finden sich bei *Discinisca* nur noch unbedeutende Reste. So ist vorne auf dem Oesophagus, gleich nach seinem Eintritt in die Leibeshöhle ein unbedeutender Rest des dorsalen Mesenteriums erhalten, in dessen Umgebung zahlreiche, von der dorsalen Schale zur vorderen Körperwand ziehende Muskelfasern sich finden (Fig. 41. 52). Die Wände des unter den Vorderdarm sich ausdehnenden Divertikels des Centralsinus sind als Rest des ventralen Mesenteriums zu betrachten (vergl. p. 82).

Die Gastroparietalbänder entspringen am hinteren Rande des die Ausführgänge der Lebern aufnehmenden Darmabschnittes (Fig. 9). Sie setzen sich seitlich auf der Dorsalfläche des Darmes in einer etwas schief von hinten und dorsal nach vorne und ventral ziehenden Linie fest. Von hier aus ziehen sie, die hintere Fläche des dorsalen Leberlappens umfassend, nach hinten und seitlich, um dann, an der hinteren Fläche des Oecl. ant. vorbei, zwischen diesen und die Körperwand einzudringen, wo sie noch vor der Mitte des äusseren Umfanges der Occlusoren endigen. Schon eine kurze Strecke seitlich vom Darme befestigen sie sich an der dorsalen Körperwand und behalten diese Verbindung bis zu ihrem Ende. Eine Verbindung mit der Seitenwand in grösserer Ausdehnung gehen sie nicht ein. Ihr freier, nach der Ventralseite gerichteter Rand trägt mehrere Gruppen von Gonaden, die bei geschlechtlich voll entwickelten Thieren, soweit als das Gastroparietalband reicht, auch zwischen den Occl. ant. und die Körperwand eindringen (Fig. 9). Der die Gonaden tragende Rand ist vielfach ausgefranst. Am Ende der Zipfel sitzen die Ei- oder Spermamassen.

Complicirter ist das Verhalten der Ileoparietalbänder. Diese entspringen als breite Lamellen jederseits des ganzen mittleren Darmabschnittes, in einer Linie die nach vorne bis zu dem unteren Ende des Gastroparietalbandes der betr. Seite sich verfolgen lässt (Fig. 9, 10). Weiter nach hinten zu rückt die Insertionslinie mehr auf die ventrale Fläche des Darmes. In dieser Gegend zeigt die Befestigung der Ileoparietalbänder am Darme etwas wechselnde Verhältnisse. Ein Fall ist in Fig. 9 b, c, der andere in Fig. 9 a dargestellt. In beiden Fällen vereinigen sich Fortsätze der beiderseitigen Ileoparietalbänder dorsal vom Darm. Im ersten Falle (Fig. 9 b, c) ist der von den Ileoparietalbändern gebildete Ring mit dem Darm ringsum fest verbunden und setzt sich nach hinten in eine Membran fort, die von einer Anzahl von Längsspalten durchbrochen wird. Diese Membran erreicht, sich verschmälernd, die hintere Körperwand in der Mitte zwischen beiden Ocel. post. und hat sich dabei so gedreht, dass die Befestigung, die sie an der Hinterwand gewinnt, genau dorsoventral gerichtet ist. Von der Befestigungsstelle läuft die Membran ventral von dem Darme nach vorne, um sich am vorderen Rande der Leibeshöhlen-Oeffnung des Stielcanals zu befestigen, wobei sie noch einmal eine Drehung macht, wie die Figur zeigt. Auf diesem Wege gibt sie einen Fortsatz ab, der sich am Enddarm festheftet.

Im anderen Falle (Fig. 9 a) ist die den Darm dorsal umgreifende Parthie der Ileoparietalbänder zum grössten Theil nicht mit dem Darme verbunden. Eine Befestigung wird nur durch wenige Fädchen vermittelt. Der an den Enddarm gehende Fortsatz ist wesentlich länger und zieht weiter nach rechts. Nach den Seiten zu breiten sich die Ileoparietalbänder als etwa horizontal ausgespannte, im Umriss dreieckige Membranen aus und ziehen, rasch sich verschmälernd, nach der Kreuzungsstelle der Mi. obl. int. und post. zu, um ventral von beiden Muskeln nach der Seite zu verlaufen. In dieser Gegend liegen nun die Verhältnisse rechts etwas anders als links, weil auf der rechten Seite das Ileoparietalband in Beziehung zum Enddarm tritt.

Wir betrachten zuerst das linke Ileoparietalband, das sich etwas einfacher verhält als das rechte. (Vergl. die folgende Textfigur.) Nachdem dieses unter der Muskelkreuzung durchgekommen ist, verbreitert es sich

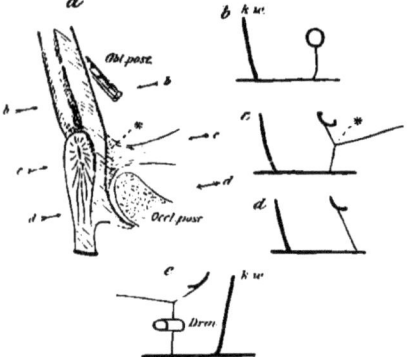

Fig. 2. Schematische Darstellung des Verhaltens der seitlichen Insertionen der Ileoparietalbänder.

a. Die Beziehungen des linken Ileoparietalbandes zum Nephridium und zu der Körperwand, von der Dorsalseite gesehen. Die stark ausgezogenen Linien zeigen die Festheftungsstellen an der Körperwand, die punktirte, mit * bezeichnete Linie die Strecke, wo auf das Ileoparietalband eine den unteren Abschnitt des Nephridialtrichters tragende Membran aufgesetzt ist (vergl. c).

b, c, d. Drei Querschnitte an den in *a* durch Pfeile bezeichneten Stellen.

e. Ein dem Querschnitte *c* entsprechender Querschnitt durch das rechte Ileoparietalband.

wieder etwas und setzt sich an den Trichter des Nephridiums fest und zwar an dessen nach unten und aussen gekehrter Seite. Von hier aus schlägt es sich nach der Ventralseite und heftet sich hier fest. Es begleitet dann das Nephridium in seinem ganzen Verlaufe als Aufhängeband. Die Insertion an der ventralen Schale verläuft dabei zunächst lateral von dem Ursprung des Obl. post., dann weiter an der medialen Seite des Ursprungs des lat., dann zwischen diesem und dem Ocel. ant., um schliesslich auf die vordere Körperwand überzugehen. Auch von dem Trichter nach hinten zu lässt sich das Ileoparietalband noch weiter verfolgen. Sein hinterer Rand tritt um den Ocel. post. herum und heftet sich auf der Ventralseite zwischen diesem und der Körperwand fest etwa bis zur Mitte des Ocel. reichend. Der dorsale Rand ist frei und steigt im Bogen nach der Rückseite auf, um sich links vorwärts der Insertion des Obl. sup. an die hintere Körperwand zu befestigen, und zwar in einer etwa horizontal verlaufenden Linie.

Das rechte Ileoparietalband verhält sich ebenso wie das linke, nur wird es central vom Trichter des Nephridiums von dem Enddarm durchbohrt (Textfigur 3 e), an welchem es sich ringsum festheftet, so dass hier Enddarm und Nephridium fest verbunden sind. Von dieser Stelle an bis zum Durchtritt durch die Körperwand ist der Enddarm frei, es fehlt jede Andeutung eines Mesenteriums.

Die Ileoparietalbänder entwickeln, wie die Abbildung (Fig. 9) zeigt, an ihrem Vorder- und Hinterrande Gonaden.

Was den feineren Bau der Gastro- und Ileoparietalbänder betrifft, so ist zunächst bemerkenswerth, dass die ihre Grundsubstanz bildende Stützsubstanzlamelle zahlreiche Lacunen enthält, die wahrscheinlich mit den Lacunen der Darmwand in Zusammenhang stehen. Ebenso finden sich, besonders nach den freien Rändern zu, subepitheliale Muskelfasern. Das Coelomepithel der Bänder ist im Allgemeinen sehr nieder, an einzelnen Stellen etwas höher. Genaueres konnte ich nicht ermitteln, da alle mir zur Verfügung stehenden Exemplare bis auf das der Figur 9 zu Grunde liegende ganz vollgepfropft mit Geschlechtsprodukten waren, was die Güte der Erhaltung der in Rede stehenden Theile etwas beeinträchtigte.

Ueber die Nephridien ist nicht viel zu bemerken. Die Oeffnung des Trichters wendet sich nach der Dorsalseite und etwas medianwärts. Der Ausführgang ist auffallend lang und verhältnismässig eng. Der Verlauf des Ganges ist bei dem Verlaufe des Aufhängebandes angegeben. Die äussere Oeffnung liegt an der vorderen Körperwand nahe der Medianebene ziemlich weit dorsalwärts in dem tiefen Einschnitt, der den mittleren Theil des Armapparates von der vorderen Körperwand trennt. Vergl. Fig. 29, 44, 45.

Joubin hat die besprochenen Verhältnisse im grossen und ganzen richtig beschrieben. Dagegen hat er die Anordnung der Ileoparietalbänder gründlich missverstanden. Er vergleicht den centralen, zu der Stielöffnung ziehenden Theil, dem Levator ani bei *Crania*, wofür nicht der geringste Grund vorliegt, um so weniger, als es sich bei *Discinisca* überhaupt nicht um einen Muskel handelt.

9. Das Blutgefässsystem.

Der merkwürdigste Punkt in der Anatomie von *Discinisca* ist das Verhalten des Blutgefässsystems.

Bei dem Bau des Armapparates wurde geschildert, dass die Gefässe der Arme sich genau ebenso verhalten, wie bei anderen Brachiopoden. Die Armgefässe sind sogar recht ansehnlich. Um so eigenthümlicher ist es, dass das Herz und alle anderen Gefässe vollständig fehlen. Trotz sorgfältigen Suchens an zahlreichen gut conservirten Thieren habe ich weder unter der Lupe noch auf Schnittserien eine Andeutung dieser Organe finden können. Dieser negative Befund ist aber ein durchaus sicherer, so wunderbar er ist. Denn bei Thieren von der Grösse von *Discinisca lamellosa* ist ein Uebersehen nicht möglich, wenn sich die betr. Apparate mit Leichtigkeit bei viel kleineren Formen wie *Crania* und *Argiope* nachweisen lassen.

Irgend eine plausible Erklärung für diese überraschende Thatsache lässt sich kaum geben. Sie dürfte nur zeigen, dass das Gefässsystem auch bei den anderen Brachiopoden, wo es in allen seinen Theilen entwickelt ist, in physiologischer Hinsicht keine grosse Rolle spielt, was sich ja auch schon aus dem bedeutenden Missverhältniss zwischen dem Volum der Gefässen und dem der von ihnen versorgten Apparate erkennen lässt. Das sonderbarse bleibt bei allem, dass das Gefässsystem in dem Armapparat ganz ebenso, wie sonst auch vorhanden ist.

Die im vorigen Abschnitte besprochenen lacunären Hohlräume in den Gastro- und Ileoparietalbändern mögen ebenfalls als Reste des Gefässsystems zu betrachten sein.

10. Die Geschlechtsorgane.

Wo die Gonaden entstehen, wurde schon bei Betrachtung der Gastro- und Ileoparietalbänder erörtert (vgl. Fig. 9). Darin, dass Geschlechtsprodukte nur an diesen Bändern, also in der eigentlichen Leibeshöhle sich bilden, stimmt *Discinisca* ganz mit *Lingula* überein, wo die Gonaden auch auf die Leibeshöhle beschränkt sind, und unterscheidet sich von *Crania* und den Testicardines. Genaueres über die Bildung der Geschlechtsprodukte konnte ich nicht ermitteln.

Ich hatte fast ausschliesslich der Reife sehr nahe stehende Thiere zur Untersuchung. Es mag für einen späteren Untersucher, der die Absicht hat, die gewiss des Interessanten sehr viel bietende Entwickelungsgeschichte von *Discinisca* zu studiren, von Wichtigkeit sein, anzugeben, dass alle mir zur Verfügung stehenden Thiere von Collegen Plate im Juli (also im Winter) bei Talcahuano, 36° S, gefangen waren. Da alle Exemplare, mit Ausnahme des der Fig. 9 zu Grunde liegenden, vollständige reife Geschlechtsprodukte enthielten, und da bei diesem letzteren (♀) die Ovarien das charakteristische Aussehen der entleerten Gonaden hatten, so kann daraus geschlossen werden, dass die Fortpflanzungsperiode im Juli oder wenig später beginnt.

Der feinere Bau der Gonaden stimmt, soweit sich das an meinem Material ermitteln liess, ganz mit den für *Crania* geschilderten Verhältnissen überein. Die Eier sind dunkel rothlichbraun gefärbt.

Betonen will ich noch, dass ich keine Andeutung von Hermaphroditismus gesehen, sondern stets rein männliche oder rein weibliche Thiere gefunden habe.

11. Das Nervensystem.

Das Nervensystem von *Discinisca* zeigt eine weitgehende Uebereinstimmung mit dem der anderen Ecardines. Auch hier findet sich wieder vollständig epitheliale Lagerung der Centralorgane und aller hauptsächlichen Nervenstämme mit Ausnahme der die Leibeshöhle durchsetzenden Nerven für die schiefen Muskeln und einer kleinen Strecke der Stielnerven. Eine unbedeutende Abweichung wird durch die eigenthümliche Gestaltung des Armapparates bedingt.

Eingehenderes über den feineren Bau bes. der Centralorgane konnte auch hier nicht ermittelt werden, da die Conservirung dazu nicht ausreichte. Ich beschränke mich also im Wesentlichen darauf, eine Darstellung des Gesammtaufbaues des Nervensystems zu geben.

Fig. 28 gibt eine Uebersicht von der Dorsalseite betrachtet, Fig. 29 zeigt das, was sich bei der Betrachtung von vorne darstellen lässt. Einzelheiten zeigen die Fig. 38 u. 40—50.

In der tiefen Rinne, welche, von der Ventralseite her eindringend, den Armapparat von der vorderen Körperwand scheidet (Fig. 41), liegt ganz im Epithel der Vorderwand das Infraoesophagealganglion (Ggl. i. oes.), eine schon mit der Lupe bemerkbare Verdickung des Epithels bildend.

Von ihm entspringt nach rechts und links je ein ansehnlicher Nervenstamm (N.S Fig. 29), der unter (ventral von) dem Armapparat nach der Seite zieht. Von diesem Stamme gehen noch an der Vorderwand des Körpers zwei Nerven ab. Der erste versorgt die beiden Portionen des Ocel. ant. Der die Stützsubstanz durchsetzende Nerv theilt sich noch in dieser in zwei Aeste, von denen der eine direkt in die Nervenplatte der lateralen Portion übergeht, der andere zieht in einer nach der Leibeshöhle vorspringenden Leiste der Stützsubstanz medialwärts um die vordere Fläche der lateralen Portion herum, um so zu dem medialen Bündel zu kommen. Der zweite von dem seitlichen Nervenstamm entspringende Nerv geht zum M. lateralis (Fig. 28).

Der Nervenstamm (N.S Fig. 29) selbst steigt dann in dem äusseren Armwinkel nach der Dorsalseite auf und zerfällt hier in zwei Theile. Der eine, der obere Seitennerv (N. lat. dors.), zieht längs der ganzen Seitenwand nach hinten, und zwar nahe dem Winkel, den diese mit dem dorsalen Mantel bildet, gelangt auf die hintere

Körperwand und fliesst hier mit dem entsprechenden Nerven der anderen Seite zusammen. Er gibt zwei Hauptäste ab. Der erste ist der N. obliquorum obliqu. Fig. 28), der nicht weit vor dem hinteren Rande der lateralen Portion des M. occl. ant. die Körperwand durchsetzt, dann um den obl. herum zu dem M. occl. int. zieht, diesen durchsetzt und in den obl. post. eindringt. Der zweite Ast versorgt den M. occl. post.

Der andere mit dem Seitennerven am äusseren Armwinkel beginnende Nerv zerfällt alsbald in die schon von *Crania* bekannten Aeste (Fig. 28, 29). Der am meisten laterale ist der an der vorderen Körperwand dorsalwärts aufsteigende und im Mantel sich ausbreitende seitliche Nervenstamm des dorsalen Mantels (Dors. Mtl. lat.). Der weiter medianwärts folgende Nerv zieht über die Armbasis abwärts, gelangt an den Anfang des Spiraltheiles der Arme heran und breitet sich dann auf dem Armfeld aus (. l/.). Er entspricht dem unteren Armnerven von *Crania*.

Noch weiter medial folgen mehrere feine Nervenstämmchen, die über die Armbasis nach dem zur Seite des Oesophagus gelegenen Anfang des Hauptarmnerven (Supraoesophagealganglion) ziehen. Sie bilden zusammen das Schlundconnectiv (S. conn.). Der letzte Ast endlich breitet sich auf den zur Seite des Oesophagus gelegenen Theilen der Vorderwand des Körpers und auf die Vorderwand des Oesophagus selbst aus, gibt wahrscheinlich auch noch Aestchen in den dorsalen Mantel ab. Es ist der mediale Mantelnerv von *Crania*. (*Dors. Mtl. med.* Fig. 29).

Von dem ventralen Rande des Suboesophagealganglions steigt nach der Ventralseite eine breite Fasermasse hinab, deren seitliche Parthien dicke Stränge darstellen. Die Hauptmasse der in diesen Seitenwülsten enthaltenen Fasern dringt in dem Winkel, den die Vorderwand des Körpers mit dem ventralen Mantel bildet, in die Stützsubstanz ein. Es sind die Stielnerven (*ped.*). Sie gelangen weiter in die Stützsubstanz der ventralen (der Schale anliegenden) Körperwand und ziehen seitlich von der Crista der Ventralschale gerade nach hinten. Hinter der Crista treten sie aus der Stützsubstanz in das Epithel der Schalenseite aus und verlaufen in diesem bis zu der äusseren Oeffnung des Stielkanals. Hier lösen sie sich in mehrere Aestchen auf, von denen zwei zu beiden Seiten des Stielkanals bis zu dessen innerer Oeffnung zu verfolgen sind (Fig. 34 *ped.*). Diese geben an verschiedenen Stellen Aestchen zu dem Sphincter des Stielkanals ab. Weiteres über die Ausbreitung konnte ich nicht feststellen. Es kann aber keinem Zweifel unterliegen, dass sie die gesammte Muskulatur des Stieles versorgen.

Von der absteigenden Fasermasse entspringen jederseits noch zwei weitere Nerven, von denen der eine in dem ventralen Mantel nach vorne zu sich ausbreitet (*Ventr. Mtl.*), wie die Hauptmasse der mittleren Fasern; der andere läuft als ventraler Seitennerv (*lat. ventr.*) dem dorsalen parallel um den Körper herum in dem Winkel, den die Seitenwand mit dem ventralen Mantel bildet. Er gibt Fasern in die Körperwand und den Mantel ab. Dasselbe thut auch der dorsale Seitennerv. Alle Nerven im Mantel strahlen, sich reich verästelnd, radiär nach der Peripherie aus und fliessen hier zu dem Rand- oder Ringnerven zusammen, der gleich hinter der Ausmündung der Borstentaschen den ganzen Mantelrand umzieht (*Dors. Rd.* u. *Ventr. Rd.*). Von den Randnerven strahlen feine Aeste nach dem Mantelrande aus. Ein kleiner Theil des Randnerven mit den ein- und ausstrahlenden Nerven ist in Fig. 30 dargestellt.

Die Cerebralganglien, Hauptarmnerven (*H. A. N.*), beginnen zu beiden Seiten des Oesophagus auf der äusseren Seite der Armfalte und setzen sich, zuerst etwas gegen den Rand der Armfalte absteigend und diese dann in ihrem ganzen Verlaufe begleitend (Fig. 40, 42 —45), als Hauptarmnerven auf die Arme fort. Die beiden zu den Seiten des Oesophagus liegenden Anfangstheile der Cerebralganglien sind unter sich durch mehrere quer über die Vorderfläche des Oesophagus verlaufende Faserzüge, die Supraoesophagealcommissuren (*Comm. s. oes.*) verbunden. Mit dem unteren Ganglien stehen sie durch die erwähnten, über die Armbasis führenden Schlundconnective in Verbindung.

Von den Hauptarmnerven entspringen in regelmässigen Abständen die durch die Stützsubstanz hindurch zu dem Boden der Armrinne dringenden Verbindungsnerven (Fig. 40,). Ein an der inneren Seite der Cirren-basis gelegener Nebenarmnerv, wie bei *Crania*, ist nicht vorhanden, dagegen finden sich auf dem Boden der Armrinne starke, langsverlaufende Faserzüge, die wohl dem Nebenarmnerven entsprechen (Fig. 40). Diese ver-einigen sich von beiden Seiten her hinter der Mundöffnung und geben Nerven zu den hier gelegenen Cirren ab.

Von dem Anfangstheil der Cerebralganglien dringen jederseits einige Nerven in den Centralsinus ein, jedenfalls, um dessen Muskulatur zu versorgen. Einige Nervenbündel durchsetzen auch die Wand des Oesophagus und verbinden sich mit dem Plexus sympathicus *(Plex. symp.)*. [Vergl. auch Fig. 41 52]. Dieser steht auch mit den Nerven, auf dem Boden der Armrinne, im Zusammenhang. Er lässt sich durch den ganzen Darm ver-folgen. Am kräftigsten ist er im Oesophagus und Enddarm, schwächer, aber doch noch deutlich wahrnehmbar, im Mitteldarm.

In histologischer Hinsicht mag noch folgendes bemerkt werden. Im unteren Ganglion sind Ganglien-zellen in mehrfacher Schicht vorhanden (Fig. 37, *Ggz.*). In den Cerebralganglien (Hauptarmnerven) (Fig. 36) sind sie schwer deutlich abzugrenzen, weil sie sehr klein sind. Eine grössere Anhäufung von Ganglienzellen am Beginn der Hauptarmnerven habe ich auch hier nicht beobachtet.

Die Ganglienzellen sind überall sehr klein. Im oberen Theil des unteren Ganglions liegt eine mächtige Quercommissur (Fig. 38, 41 43, 48).

Die Nervi obliquorum haben eine sehr deutliche Hülle von Coelomepithel.

Die Abbildung, die Joubin von dem Nervensystem von *Discinisca* gibt, ist vollständig aus der Luft gegriffen. Er verlegt die Cerebralganglien in die Leibeshöhle auf den Oesophagus! In Wirklichkeit hat er von dem Nervensystem gar nichts gesehen.

III. Die Anatomie von *Lingula anatina Brug.*

mit Tafel XIII XIX.

Ich habe früher schon angegeben (p. 2), woher das der folgenden Untersuchung zu Grunde liegende Material stammte. Herr Collega Boveri überliess mir später noch einige weitere Exemplare aus Sempers Sammlungen, wofür ich auch hier den verbindlichsten Dank sage.

Lingula anatina und verwandte Formen eignen sich durch ihre Grösse und die derbe Beschaffenheit der Gewebe, ferner durch den Mangel von Kalkeinlagerungen in Arme und Körperwand ganz besonders zu anatomischen Untersuchungen und haben ja auch schon wiederholt dazu gedient.

An zwei Exemplaren von *Lingula* hat Cuvier zum ersten Male den anatomischen Bau dieser Thiere untersucht und sofort auch die grosse Kluft erkannt, welche die Brachiopoden von den Mollusken scheidet. Carl Vogt hat an besserem Materiale schon wesentlich mehr gesehen als Cuvier, und durch die Untersuchungen von Owen, Hancock und Gratiolet hat die Kenntniss des Baues von *Lingula* in den meisten Punkten, die der Präparation unter der Lupe zugänglich sind, einen guten Abschluss erreicht.

Hinsichtlich des Blutgefässsystems, der Armsinus, des Mantels, der Geschlechtsorgane blieb vieles unklar. Was nach den Untersuchungen von Hancock über *Lingula* veröffentlicht wurde, sind ganz aphoristische Mitteilungen bis auf die Abhandlung Beyer's, der die Histologie und mikroskopische Anatomie der nächstverwandten *Glottidia pyramidata* untersuchte, aber ohne nennenswerthe Resultate zu erzielen. Gelegentliche Beobachtungen von Semper, Morse und François[1] haben die biologischen Verhältnisse von *Lingula* in vieler Beziehung klar gelegt.

Die folgenden Untersuchungen sind also im Wesentlichen ein Ausbau der schon von Hancock und Gratiolet erlangten Resultate. Ich hätte für die gröbere Anatomie oft einfach auf die musterhaften Abbildungen Hancock's verweisen können, habe es aber doch vorgezogen, auch diese Dinge neu abzubilden, weil dadurch die Darstellung eine abgerundetere wird und weil schliesslich manche Einzelheiten auch in Hancock's Abbildungen fehlen, oder nicht ganz richtig dargestellt sind. Eine besondere Schwierigkeit wäre die ganz andere Bezeichnung der Muskeln gewesen, die von Hancock ohne genauere Kenntnis der anderen Ecardines gegeben wurde. Dadurch kam Hancock dazu, Muskeln für einander homolog zu erklären und dementsprechend zu bezeichnen, die es nicht sind, wie die genauere Kenntnis von *Discinisca* und *Crania* leicht erweist.

Mein Material war in Alkohol conservirt und z. Th. ja schon ziemlich alt. Trotzdem war es grösstentheils, soweit es sich nicht um ganz central gelegene Theile handelt, so gut erhalten, dass auch in histologischer Hinsicht noch die Hauptsachen ermittelt werden konnten. Ich bin jedoch auf histologische Dinge nur eingegangen, wo es sich nicht vermeiden liess, z. B. beim Nervensystem, dem Mantel, dem Stiel.

Jemand, der *Lingula* lebend in grösserer Menge zu Verfügung hat, wird in dieser Beziehung noch ein ergiebiges Arbeitsfeld finden.

---

1) François, P., Choses de Nouméa. Arch. zool. exp. gén. (2) 9, 1891, p. 234).

Eine recht schwierige Sache ist es, eine *Lingula* zu bestimmen. Die Namen sind fast ausschliesslich nach trockenen Schalen gegeben. Die Merkmale zur Artunterscheidung sind meist ein Mehr oder Weniger, darum recht unbestimmt und mit Erfolg nur zu verwenden, wenn man ein grosses Material zur Verfügung hat.

Eine Klärung der Artfrage wird nur möglich sein, durch Untersuchung eines grossen Materials unter Berücksichtigung der Weichtheile.

Es ist nicht unmöglich, dass besonders die Verästelung der Mantelsinus in manchen Fällen brauchbare Merkmale zu Unterscheidung der Arten liefern wird. Dass in dieser Beziehung sogar bedeutende Verschiedenheiten vorkommen, zeigt ein Vergleich der Verästelung der Sinus von *Lingula anatina*, *L. affinis* (Hancock), *Glottidia Andelardi* (Owen 1835). Bei den beiden erstgenannten Formen sind auffallendere Unterschiede im Bau der Schale nicht bekannt, dagegen ist die Anordnung der Sinus so verschieden, dass ein Blick genügt, um die Formen auseinanderzuhalten. Auch die Arme scheinen bei *L. affinis* ganz anders aufgerollt zu sein, als bei *anatina*, wobei allerdings zu bemerken ist, dass die beiden Ansichten, die Hancock gibt (Seitenansicht, Ventralansicht; Tfl. LXVI, Fig. 2 u. 3), nicht gut auf einander bezogen werden können, auch wenn den Armen, wie Morse (6) angibt, eine ziemlich grosse Beweglichkeit zukommt. Was die von Hancock abgebildeten Unterschiede im Armquerschnitt anlangt, so ist darauf kein Werth zu legen, da nicht angegeben ist, ob die Schnitte von *anatina* und *affinis* von genau entsprechenden Stellen der Arme genommen sind. Wie in Abschn. 6 gezeigt wird, bestehen die von Hancock dargestellten Unterschiede bei *L. anatina* an demselben Arm, je nachdem man den Querschnitt in der Nähe des Körpers, oder weiter nach dem freien Ende zu führt.

Ich habe nun die von mir in erster Linie untersuchte Form *L. anatina* genannt, obwohl Davidson (2) glaubt, dass die von Hancock *L. affinis* genannte und als neu betrachtete Art eigentlich *L. anatina* wäre, und dass die Form, welche Hancock *L. anatina* nennt = *L. murphiana* King. wäre. Dabei befindet sich Davidson sicher — wenigstens theilweise — im Irrthum. Denn es kann keinem Zweifel unterliegen, dass Hancock's *L. affinis* eine seltene Form ist. Keiner von den älteren oder jüngeren Beobachtern, die sich mit anatomischen Untersuchungen von *Lingula* beschäftigen, hat sie in Händen gehabt, wie aus den vorhandenen Abbildungen mit Sicherheit hervorgeht. Denn die eigenthümliche Anordnung der Mantelsinus hätte von Niemand übersehen werden können. *L. affinis* Hck. ist also jedenfalls eine gute Art und hat mit der alten *L. anatina* nichts zu thun. Dagegen wird Davidson wohl recht haben, wenn er die Form, die Hancock *L. anatina* genannt hat, für *L. murphiana* King. hält.

Der Name *L. anatina* ist auf die Schale gegründet. Da nun die Schale aber nach meiner Ansicht zur genauen Charakterisirung der Art nicht ausreicht, so müssen wir auf die erste Darstellung der Weichtheile zurückgehen. Diese rührt von Cuvier her. Er hat die Form, die er untersuchte, *L. anatina* genannt. Diese ist aber sicher verschieden von der *L. affinis* Hancock und hat viel nähere Beziehungen zu den Formen, die von Vogt, Owen, Hancock, Gratiolet *L. anatina* genannt wurden. Ob nun alle diese Beobachter genau dieselbe Art, oder einander sehr nahestehende Arten zur Untersuchung hatten, ist kaum zu entscheiden.

Ich glaube mit Davidson (2), dass die von Hancock *L. anatina* genannte Art, die sein Hauptobject bildet, *L. murphiana* King. ist.

Der Name *L. murphiana* ist auf Thiere aus der Moretonbay an der Ostküste Australiens gegründet. Mein Material von Samoa besteht aus Thieren, die mit der Beschreibung von *L. murphiana* wohl übereinstimmen, wenn auch die grössten Exemplare noch etwas (allerdings unbedeutend) hinter den von Davidson angegebenen Massen zurückbleiben.

Diese samoanischen Exemplare lassen sich nun von den von den Philippinen stammenden unterscheiden. Ob es sich aber um besondere Arten, oder um Varitäten derselben Art handelt, kann ich nicht entscheiden. Der Unterschiede sind, wie das folgende zeigt, nicht viele.

Die Verhältnisse der Dimensionen sind etwas verschieden, wie dies am besten ein Blick auf Tfl. XIII, Fig. 1, 2, 3 zeigt.

L. anatina ist schlanker, also im Verhältnis zur Länge etwas schmaler. Die grössten Exemplare, die ich hatte, waren 48 mm lang und 19 mm breit. Bei sechs gemessenen Exemplaren schwankte das Verhältniss von Länge zur Breite zwischen 2,26 und 2,55.

Von *L. murphiana* waren die grössten Exemplare 55 mm lang, 26 mm breit. Bei sechs Exemplaren schwankte das Verhältniss von Länge zur Breite zwischen 1,88 und 2,30, so dass also hier die höchste Zahl mit der niedersten von *L. anatina* fast zusammenfällt.

Prägnanter ist der Unterschied der Seitenansicht (Fig. 3 a. b). Bei *L. anatina* fallen die Schalen nach dem Vorderrande zu verhältnissmässig steil ab und klaffen stets etwas am Hinterrande, während bei *L. murphiana* die Zuschärfung eine sehr allmähliche ist und die Schalen bis nach hinten dicht auf einander liegen. Dazu bemerke ich, dass die Gonaden in beiden Fällen gleich entwickelt sind, und dass diese Erscheinung auch bei den losen (in Alkohol aufbewahrten, also nicht durch Trocknen verschrumpften) Schalen zu bemerken sind. Ferner sind bei *L. anatina* Rücken- und Bauchschale von vorne nach hinten in gleicher Weise gewölbt, während bei *L. murphiana* die Bauchschale etwas stärker gewölbt, die Rückenschale flacher ist.

Das Verhältniss von Breite zu Dicke schwankt bei *L. anatina* zwischen 1,83 und 2,12, bei *L. murphiana* zwischen 2,42 und 2,8 bei je sechs Exemplaren. Das Hinterende des Stieles lässt auch, wenigstens an den conservirten Thieren, einige Unterschiede erkennen. Bei *L. anatina* (Fig. 6 e, f) ist dasselbe fast ausnahmslos zwiebelartig verdickt (Ampulle). Die Cuticula ist hier sehr dünn. Bei *L. murphiana* (Fig. 6 b, c) ist nur eine unbedeutende Erweiterung des Stielcanales vorhanden, die von einer sehr dicken Cuticularschicht umgeben wird.

Weiter sind Unterschiede im Bau der Mantelsinus zu bemerken (Fig. 8, 9. 24, 25). Bei *L. anatina* waren bei allen Exemplaren, die ich untersuchte, ohne Ausnahme die äusseren Enden der Sinusäste stark beutelartig angeschwollen, während das bei *L. murphiana* nur wenig oder gar nicht der Fall ist. Bei der letzteren hat stets eine grössere Anzahl der Sinusäste mehrere kleine Seitenzweige, was bei meinen Präparaten von *L. anatina* nur ausnahmsweise vorkommt. Auf die Unterschiede in der Färbung der Schalen lege ich keinen Werth, da die lange Aufbewahrung in Alkohol hier verändernd einwirken kann. Ich bemerke nur, dass die Exemplare des Semper'schen Materials gelblichgrün aussehen, die Samoanischen (*L. murphiana*) dunkelgrasgrün, wobei die grösseren Thiere in der hinteren Region der Schale, etwa bis zur Mitte, einen kupferrothen Anflug hatten.

Ich bin auf diese Dinge nur eingegangen, um das Material, an dem ich arbeitete, möglichst scharf zu definiren, so dass, wenn einmal später die Arten genauer fixirt sein werden, keine Zweifel über die Zugehörigkeit der von mir untersuchten Formen bestehen können.

Ein irgendwie greifbarer Unterschied in anatomischer Beziehung besteht zwischen beiden Formen nicht. Ich habe beide aufs genaueste untersucht und ausser den angeführten Punkten nichts Bemerkenswerthes in in dieser Beziehung gefunden.

1. Die Schale.

Ich werde die Schalen nicht ausführlich beschreiben, sondern nur wenige Punkte hervorheben, die mir der Erwähnung werth scheinen. Die allgemeine Gestalt ergibt sich aus den Abbildungen (Tafel XIII). Dazu ist aber hervorzuheben, dass in den allermeisten Fällen die Schalen am Vorderrande deutlich asymmetrisch sind, was besonders bei Nebeneinanderstellung der Dorsal- und Ventralschale hervortritt (Fig. 4, 5). Fast ohne Ausnahme habe ich gefunden, dass die rechte Hälfte des Vorderrandes etwas höher ist. Ich betone diesen Punkt, weil fast alle Darstellungen, die Lingulaschalen, genau symmetrisch zeigen. Die Ventralschale läuft hinten in einen kleinen schnabelartigen Fortsatz aus. Die Dorsalschale ist hinten gerundet, in der Mitte in eine schwache Spitze ausgezogen. Der Hinterrand ist von innen nach aussen schräg abgestutzt.

Der von dem Körper eingenommene Bezirk grenzt sich auf der Innenseite der Schalen deutlich ab. In dieser Gegend sind die Schalen am dicksten und am stärksten verkalkt, während die Randparthien mehr chitinig bleiben und durchscheinend sind.

In der Mittellinie der Dorsalschale, etwa in der Mitte beginnend und nach vorne bis zu dem Punkte ziehend, wo die Spitze der erkerartigen Ausbuchtung der Körperwand endet, erhebt sich eine schwache Crista, die nach ihrem vorderen Ende zu etwas höher wird und hier zum Theil die Insertionsflächen für die M. laterales trägt.

Die Muskeleindrücke sind mässig deutlich. Bemerkenswerth ist der deutlich asymmetrische Eindruck des Occlusor posterior, was besonders in der dorsalen Schale bemerklich wird.

Auch in der Ventralschale findet sich zwischen den Eindrücken der beiden Occlusores anteriores eine kurze breite Erhebung, von deren Seiten nach hinten zwei flache Wülste ziehen, die sich nicht weit vor dem Occlusor posterior vereinigen und zwar so, dass der linke über die Mittellinie herübertritt und in den rechten einmündet. Der so entstehende einfache Wulst lässt sich bis an die rechte Seite des Eindruckes des Occlusor posterior verfolgen. Auf diesen Wülsten verlaufen die Stielnerven (Vergl. Fig. 4 b, 5 b). In stark verkalkten Schalen findet man an Stelle der Wülste ganz seichte Rinnen.

Was den feineren Bau der Schale betrifft, so weiss man seit Carpenter, dass sie aus abwechselnden Lagen von Chitin- und Kalklamellen besteht. Und zwar sind die Chitinlagen im Allgemeinen viel dicker als die Kalkschichten. Die ganze äussere Oberfläche wird von dem glatten Periostracum überzogen. Die Schalenlagen alle werden von im allgemeinen etwa senkrecht zur Oberfläche aufsteigenden feinen Porencanälen durchsetzt, welche Fortsätze der Epithelzellen des Mantels aufnehmen An trockenen Schliffen habe ich regelmässig gefunden, dass die Kanälchen in den Kalklagen wesentlich weiter sind, als in den Chitinlagen (Fig. 7 a, b).

Auf Schnitten durch die Randgegend entkalkter Schalen erkennt man in den Chitinlamellen eine deutlich faserige Struktur und zwar verlaufen die Faserzüge im Allgemeinen so, dass sie von der Innenfläche jeder Lamelle schief randwärts nach der Aussenfläche aufsteigen.

Die chemische Zusammensetzung der Lingulaschale ist öfter untersucht. Schmiedeberg[1]) hat das Verdienst, nachgewiesen zu haben, dass die organische Grundsubstanz Chitin ist. Krukenberg[2]) bestätigt dies. Früher schon hatte Hilger[3]) nach Chitin gesucht, konnte aber die charakteristischen Reactionen nicht erhalten. Ich glaube aber, dass die übereinstimmenden positiven Resultate von Schmiedeberg und Krukenberg gegenüber diesem negativem Ergebniss mehr Vertrauen verdienen.

Dass das Verhältniss der organischen Schalensubstanz zur anorganischen grossen Schwankungen unterliegt, zeigt schon die einfache Betrachtung der Schale.

Hilger fand in 3 Fällen 48,9 %; 37,6 % . 26,4 % organische Substanz.

Die erste Analyse der anorganischen Substanz gaben Logan und Hunt[4]), dann wurde sie untersucht von Cloëz[5]) und schliesslich von Hilger. Die Analysen stimmen im grossen und ganzen gut überein. Ich führe darum hier nur die eine der beiden von Hilger ausgeführten Analysen an:

1) Mitth. d. zool. Stat. Neapel. III, 1882, p. 392.
2) Zool. Anz. 1883, p. 112—115.
3) Journ. f. prakt. Chem. 102, 1867, p. 118—129.
4) Americ. Journ. (2), XVII, 1854, p. 235—239.
5) l'Institut 1859, p. 210.

Calciumphosphat	84.642
Calciumcarbonat	10.756
Magnesiumcarbonat	2.037
Eisenphosphat	0.772
Kieselsäure	0.170
	99.586

2. Allgemeine Beschreibung der äusseren Morphologie.

Für die äussere Erscheinung von *Lingula* (und *Glottidia*) besonders charakteristisch ist der Besitz des bekannten langen Stieles, der seinesgleichen bei keiner anderen lebenden Form hat. Seine mächtige Ausbildung hängt mit der röhrenbewohnenden Lebensweise der Thiere zusammen. Das genauere findet sich in Abschn. 4.

Ungefähr die hintere Hälfte des von den Schalen umschlossenen Hohlraumes wird von dem Körper eingenommen (Fig. 8, 9). Davor bleibt eine ansehnliche Mantelhöhle, die grossentheils durch den mit der Vorderwand des Körpers verbundenen Armapparat ausgefüllt wird. An den Seiten des Körpers zieht die Mantelhöhle als schmaler Raum nach hinten und die beiden seitlichen Abschnitte fliessen hinter dem Körper zusammen.

Dorsal von dem Ursprung des Armapparates zieht sich die vordere Körperwand nach vorne zu in einen im Umriss dreieckigen Fortsatz aus, in welchem die Insertionen der *M. laterales* liegen (Fig. 8, 11, 57). Um eine kurze Bezeichnung dafür zu haben, nenne ich diese Ausbuchtung den Erker.

Der Armapparat ist mit der Vorderwand nur auf eine kleine Strecke verbunden (Tfl. XVIII, XIX), indem von der Ventralseite her eine tiefe Einsenkung eindringt und dorsal der Erker einen grossen Theil der Vorderwand einnimmt. Die tiefen Furchen, die seitlich den Armapparat von der Körperwand trennen, sind die äusseren Armwinkel. Die Mundöffnung ist nach hinten gerichtet (Fig. 57) und wird von vorne her durch die Armfalte überdeckt, hinter ihr stehen die Cirren.

Wiederholt habe ich hinter der Mundöffnung etwa sechs Cirren beobachtet, die sich von den anderen durch ihre stark verbreiterte Basis auszeichneten. Armfalte und Cirren, welche die Armrinne begrenzen, setzen sich auf die Arme fort. Diese sind freie Spiralarme. Sie verschmächtigen sich nach dem ersten Umgang bedeutend. Im Ganzen macht jeder Arm etwa sechs Umgänge. Der Spiraltheil eines Armes als Ganzes bildet einen Kegel, dessen Basis ventral und seitlich gerichtet ist (Fig. 9). Die Spitzen beider Armkegel stossen dorsal in der Mittellinie zusammen.

Morse (6) hat am lebenden Thier beobachtet, dass die Armkegel bedeutende Lageveränderungen durchmachen können, was bei der starken Muskulatur derselben leicht begreiflich ist. Dazu mag noch bemerkt werden, dass Semper ausdrücklich angibt, dass die Arme weder aufgerollt, noch aus der Schale vorgestreckt werden.

An der rechten Körperseite, über die Mitte nach vorne verschoben, liegt auf einer papillenartigen Erhebung die Afteröffnung (Fig. 8). Die Nephriden münden an der Vorderwand des Körpers (Fig. 63).

3. Die Körperwand und der Mantel.

a) Die Körperwand.

Soweit die Körperwand den Schalen anliegt, also an Dorsal- und Ventralfläche, ist die Stützsubstanz dünn, Muskelfasern fehlen. Dagegen haben die von Schale zu Schale sich erstreckenden Theile der Wand eine stärkere Grundlage von Stützsubstanz und fast überall einen kräftigen Muskelbelag. Die Insertion der Körperwand hinterlässt auf der Innenfläche der Schalen einen mehr oder weniger deutlichen Abdruck.

Was zunächst die Muskulatur der Körperwand betrifft, so fallen bei der Präparation am ersten die grossen Seitenhautmuskeln auf (*cut.* Fig. 10, 11). Es ist jederseits ein kräftiger, als flacher Wulst in die Leibeshöhle vorspringender Längsfaserzug. Er beginnt hinter der Gruppe der schiefen Muskeln. Der dorsale Theil seiner Fasern endet vorne hinter dem Gastroparietalbande (Fig. 10), die Hauptmasse aber zieht unter diesem durch und wendet sich etwas dorsalwärts, um sich längs der Vorderwand von unten her an die leistenförmige Einziehung der Stützsubstanz anzuheften, welche am Eingange in dem Erker liegt (Fig. 33). Der am meisten ventrale Theil der Fasern strahlt frei nach der Mittellinie zu aus, ohne diese jedoch zu erreichen.

Auf dem von den M. cutanei freigelassenen Theil der Vorderwand liegen wenige dorsoventral verlaufende Muskelfasern, die auch noch auf die Wurzel des Mesenteriums übergehen (Fig. 64).

In kräftiger Lage finden sich etwa dorsoventral verlaufende Muskelfasern hinter den hinteren Enden der M. cutanei. Dieser Muskelbelag ist auch hinter dem Occlusor posterior nicht unterbrochen, sondern nur bedeutend verdünnt.

Einen kräftigen Muskelbelag hat auch die Wand des Erkers (Fig. 57 u. ff.). Die Richtung der Fasern ergibt sich aus Fig. 11 und 33.

Das äussere Epithel der seitlichen Körperwand ist in einer Region bemerkenswerth. Die überall zerstreuten durch Hämatoxylinfärbung scharf hervortretenden Schleimdrüsen häufen sich in der hinteren Region der Seitenwand, etwa vom Hinterende der schiefen Muskeln bis in die Gegend des Occl. post. so an, dass sie eine continuirliche Lage bilden, in der die gewöhnlichen Zellen fast verschwinden. Die Hinterwand etwa soweit ihr der Occl. post. anliegt, zeigt nur spärliche Drüsen. Diese Drüsenlage dehnt sich auch auf die entsprechenden Regionen des dorsalen und ventralen Mantels aus, so dass auch hier die gewöhnlichen Zellen fast verschwinden.

Diese Drüsen sind es jedenfalls, welche den Schleim liefern, der die Schalen überzieht und zum Bau der Sandröhre, in der das Thier wohnt, dient. Morse (5) glaubt zwar, dass der Schleim vom Stiel ausgeschieden wird, und will in der Cuticula des Stieles auch Poren — die Mündungen der Drüsenzellen beobachtet haben. Ich kann jedoch aufs Bestimmteste versichern, dass im Stiel sich weder Drüsen, noch Poren finden. Dass diese Drüsenmasse die ihr zugeschriebene Function haben muss, ergibt sich schon daraus, dass etwas ähnliches bei keiner anderen Gattung ausser *Lingula* vorkommt. Die Lingulaarten allein sind Röhrenbewohner.

b) Der Mantel.

Der Mantel von *Lingula* zeigt eine Reihe von Eigenthümlichkeiten, durch welche einerseits ein enger Anschluss an *Discinisca*, andrerseits eine bemerkenswerthe Verschiedenheit von allen anderen Brachiopoden bedingt wird. Diese Besonderheiten sind: die ansehnlichen, in dichter Reihe stehenden Borsten, das Vorhandensein eines mächtigen Drüsenwalles, die Ausbildung der Mantelsinus und endlich das Vorkommen einer Randlacune, die bei *Lingula* viel ansehnlicher entwickelt ist, als bei *Discinisca*. Die beiden Mantelhälften sind vollständig von einander getrennt. Der ventrale Mantelrand zieht auch über den Ursprung des Stieles ununterbrochen hinweg, zeigt hier aber insofern eine Besonderheit als die Borsten fehlen (Fig. 8 und Textfig. 3).

Die Schalenseite des ganzen Mantels wird von einem niederen Cylinderepithel überzogen (Fig. 32), in dem sich wieder zahlreiche Secretzellen finden. Ueber den Ansätzen der Muskeln ist das Epithel etwas erhöht (Haftzellen), die Secretzellen fehlen. Die Stützsubstanz ist hier auf der inneren Fläche, wo sich die Muskelfasern festheften, zu unregelmässigen Leisten erhoben.

Auf der ganzen der Mantelhöhle zugewandten Oberfläche ist das Epithel reichlich mit Drüsenzellen deren Inhalt sich mit Hämatoxylin intensiv färbt, durchsetzt. Ueber den Mantelsinus fehlen sie (Fig. 27).

Ganz besonders reichlich sind grosse Drüsenzellen in dem Drüsenwall (*Drw*. Fig. 8, 9 u. a.) vorhanden. Dieser umzieht den ganzen Mantelrand als vorne breiter, nach hinten sich verschmälernder Rand. Die Drüsenzellen selbst sind hier lang keulenförmig (Fig. 30, 31), und ihr körniger Inhalt färbt sich meist intensiv mit Hämatoxylin, so dass es sich wohl um ein mucinhaltiges Secret handelt. (Bei *Discinisca* war das nicht der Fall.) Die gewöhnlichen Zellen sind hier fein fadenförmig und stehen in Gruppen zwischen den Drüsenzellen.

Einwärts von dem Drüsenwall verläuft bei den conservirten Exemplaren eine etwas unregelmässige Furche, die Randfurche (Fig. 8, 9, 19). Sie verdankt ihre Entstehung der Contraction gewisser Muskelgruppen in der Randlacune.

Der Drüsenwall bildet nach dem Mantelrande zu einen frei vorstehenden Saum, die Randlippe (Fig. 19). An der Basis dieser Randlippe verläuft der mächtige Randnerv (Fig. 19, 22). Die Randlippe überdeckt die Oeffnungen der Borstentaschen, zwischen welchen das Epithel in kleinen Zöttchen sich erhebt.

Zwischen den Mündungen der Borstentaschen und dem Rande ist das Epithel sehr nieder. Es bildet hier längs des ganzen Mantelrandes eine rinnenförmige Einsenkung, die Periostracalrinne. Am Rande selbst ist das Epithel erhöht und geht dann in das niedere Epithel der Schalenseite des Mantels über.

Die Periostracalrinne ist in der vorderen Hälfte des Mantels schon mit der Lupe als feine Linie zwischen Rand und Drüsenwall zu erkennen (Fig. 8, 9). Weiter nach hinten verschwindet sie, weil sie von der Lippe des Drüsenwalles überdeckt wird.

In der Rinne entsteht das Periostracum und schlägt sich dann um den freien Rand herum, um auf die Aussenseite der Schale zu gelangen. Das Periostracum ist glatt und bedingt den lackartigen Glanz der Schalenaussenseite. Dass man so, wie es in Fig. 19 dargestellt ist, gewöhnlich auch noch den freien Rand der Schale nach unten umgeschlagen antrifft, halte ich für eine Wirkung der Contraction der in der Randlacune liegenden M. retractores setarum.

An der kurzen Strecke des ventralen Mantels, die über den Stielursprung hinweg zieht, fehlt die Periostracalrinne (Textfig. 3) und dementsprechend auch das Periostracum.

Die Borsten stehen längs der Mantelränder in dichtgedrängter Reihe, nur im ventralen Mantel fehlen sie auf der kleinen, über den Ursprung des Stieles verlaufenden Strecke (Fig. 8 und Textfig. 3). Die Borsten sind spröde und darum bei den älteren conservirten Exemplaren, wie sie mir zur Verfügung standen, meist bis an den Schalenrand abgebrochen. In der Abbildung (Fig. 8) sind die Borsten nach einem jungen Exemplare eingetragen. An den vorderen Ecken der Schale und ebenso hinten rechts und links erreichen sie ihre grösste Länge. Bei Morse (11) und François (citirt p. 93) sind diese Verhältnisse gut nach lebenden Exemplaren dargestellt.

Das allgemeine Aussehen der Borsten hat Vogt recht gut durch den Vergleich mit einem Schachtelhalme characterisirt. Es sind lange, schlanke am äusseren Ende, das bei conservirten Thieren jedoch grossentheils abgebrochen ist, zugespitzte, am unteren, in dem Follikel steckenden Ende quer abgestutzte Gebilde, die von Strecke zu Strecke — den Scheiden des Schachtelhalmes entsprechend — von meist etwas unregelmässig gezähnelten über die Oberfläche ein wenig vorspringenden, kurzen, manschettenartigen Ringen umgeben sind. Die Borsten erscheinen fein längsgestreift und dadurch seidenglänzend. Sie sind ziemlich spröde.

Ueber den feineren Bau konnte ich folgendes ermitteln. Am unteren Ende der Borste findet sich eine schmale kappenartige Zone (Fig. 28), die sich von dem Hauptheil der Borste scharf absetzt und die Streifung viel deutlicher zeigt, sich auch mit verschiedenen Farbstoffen intensiv färbt, während die Borste sonst bis auf eine zarte Hülle ganz ungefärbt bleibt. Das ist der in Bildung begriffene Theil der Borste, wo die Chitinisirung noch unvollkommen ist. In den älteren Theilen lässt sich feststellen, dass die Borste von einer zarten Hülle umgeben wird, die sich von dem centralen Theile leicht abgrenzen lässt, weil sie sich mit Hämotoxylin dunkel färbt, während der letztere stets ganz farblos bleibt (Fig. 26). Diese Hülle bildet auch die erwähnten, manschetten-förmigen Reifen. Ob die Hülle hier unterbrochen ist, konnte ich nicht feststellen. An dem centralen Theile lässt sich unschwer erkennen, dass die Längsstreifung unabhängig von den äusserlich sichtbaren Manschetten ist. Die Streifen gehen ohne jede Aenderung in ihrem Aussehen durch die Ringe hindurch. Es ist nun nicht leicht, sich darüber klar zu werden, welche Structur der so deutlichen Streifung zu Grunde liegt. Es können Fibrillen sein, oder auch feine Röhrchen in einer gleichmässigen Grundsubstanz. Ich halte das letztere für richtig und zwar aus folgenden Gründen:

Wenn man die Borsten zerreisst oder zerdrückt, so gelingt es nie, an der Bruchstelle etwas von Fibrillen zu sehen. Der Bruch ist meist glattrandig, häufig, besonders an den Manschetten, eben und quer zur Längsaxe gerichtet, oder auch unregelmässig gezackt. Noch mehr bestimmend für die ausgesprochene Ansicht war aber folgender Versuch. Wenn man die Borsten aus Alkohol abs. im Wärmeschrank austrocknen lässt, so sieht man sie auf grosse Strecken hin von mehr oder weniger zahlreichen Luftfäden durchzogen. Dass die Luft dabei nicht etwa in zwischen Fibrillen entstehende Spalträume eingedrungen ist, ergibt sich daraus, dass die mit Luft erfüllten, im durchfallenden Lichte schwarz erscheinenden Räume nie irgendwelche Unregelmässigkeiten zeigen, sondern stets scharf begrenzt, fadenartig sind, wie die in einer Capillarröhre eingeschlossene Luft. Ich glaube diesen Bau auch auf feinen Querschnitten erkannt zu haben, doch will ich darauf keinen besonderen Werth legen da dabei eine Täuschung sehr leicht möglich ist.

Wenn nun auch die die Streifung bedingenden Röhrchen in der Grundmasse der Borsten ohne jede Unterbrechung durchlaufen, so muss diese letztere doch in der Gegend der Manschetten eine etwas andere Consistenz haben, da, wie die verschiedenen Beobachter berichten, die Borsten gerade an diesen Stellen besonders leicht brechen.

Was die Entstehung der Borsten betrifft, so zeigen die Abbildungen (Fig. 28, 29, 30), dass es sich um genau dieselben Dinge handelt, wie bei *Discinisca*. Das Epithel wuchert in Gestalt einer Platte in die Stütz-substanz des Drüsenwalles ein, und aus dieser Epithelplatte differenziren sich die Borstenfollikel. Auch hier reicht die Epithelplatte noch weiter nach innen als die Borstenfollikel (Fig. 28). Die grosse Zelle am Grunde jeder Borste ist sehr deutlich.

Mantelsinus sind in jedem Mantellappen zwei vorhanden (Fig. 8, 9, 24, 25). In dem dorsalen Mantel entspringt der Sinusstamm jederseits zwischen dem Occl. ant. und den schiefen Muskeln, in dem ventralen Mantel zwischen dem Occl. ant. und dem Ursprung des M. lateralis. Am Ursprung jedes Sinusstammes befindet sich, wie bei *Discinisca*, eine Klappe, deren Existenz von Semper am lebenden Thiere bemerkt wurde. Die späteren Beobachter berichten davon nichts.

Das Verhalten der Sinusstämme und ihrer Aeste ist im dorsalen und ventralen Mantel fast gleich. Der Stamm wendet sich in leichtem Bogen nach vorne und innen und verläuft so bis zum Vorderrande. Gleich nach dem Austritt aus der Leibeshöhle gibt der Stamm an seiner Aussenseite einen grossen Ast (Nebenstamm) ab, der längs der ganzen Körperwand nach hinten zieht, um hinter dem Occl. post. zu enden.

Hauptstamm und Nebenstamm geben nun zahlreiche Aeste ab. Am Hauptstamme wenden sich die ansehnlicheren nach dem Rande zu. Es ist häufig zwischen zwei stärkere Aeste ein schwächerer eingeschaltet, worauf schon Hancock aufmerksam macht. Bei *L. anatina* schwellen die Sinusäste nach aussen zu beutel-förmig an und ragen weit über die Oberfläche des Mantels vor, so erreichen sie die Randfurche, wo sie sich plötzlich verengen und dann noch ein Stück weit unter den Drüsenwall eindringen. Seitliche Abzweigungen kommen an diesen Aesten bei *L. anatina* nur selten vor (24b). Bei *L. murphiana* ist eine solche ausgesprochen beutelförmige Auftreibung der Enden der Sinusäste nicht vorhanden, oder nur ganz schwach angedeutet, dagegen sind sie reichlicher mit secundären Aestchen besetzt (Fig. 25).

Die nach der Medianlinie zu abgehenden Aeste sind unansehnlich. Ihr Verhalten ergibt sich aus den Abbildungen. Eine Auftreibung der Enden fehlt stets. Auch der nach hinten verlaufende Nebenstamm ist beiderseits mit Aestchen besetzt, die gewöhnlich sich mehrfach verzweigen (Fig. 25).

Wie bei *Discinisca* finden sich an der Schalenseite der Mantelsinus die eigenthümlichen Epithelleisten (Fig. 27). Auch die dunklen Körnchen sind nach den Beobachtungen Hancocks vorhanden. Ich habe sie fast stets vermisst, was vielleicht auf den langen Aufenthalt in Alkohol zurückzuführen ist. Auch die seitlichen Verdickungen des Sinusepithels finden sich wie bei *Discinisca*. Unter dem Epithel der der Mantelhöhle zugewandten Seite liegen Muskelfasern, die quer zur Längsaxe des Sinus resp. Sinusastes verlaufen.

Besonders die beutelförmigen Erweiterungen der Sinusäste sind meist ganz vollgestopft mit geronnener Leibeshöhlenflüssigkeit.

Der Hohlraum des Mantels, den wir zum ersten Male bei *Discinisca* kennen lernten, die Randlacune, erreicht nun bei *Lingula* die mächtigste Ausbildung unter allen Brachiopoden und umschliesst eine complicirte Muskulatur.

Die Randlacune umzieht den ganzen Mantelrand. Die grösste Ausdehnung hat sie am Vorderrande und verschmälert sich dann allmählich, so dass sie in den hinteren Regionen nur eine unansehnliche Spalte darstellt. Ihre äussere Grenze fällt mit dem Mantelrande zusammen (Fig. 23); nach innen zu erstreckt sie sich bis zum äusseren Rande der grossen Sinusstämme, die sie nur in der Nähe des Vorderrandes überschreitet.

Dieser Hohlraum liegt zwischen der äusseren Oberfläche des Mantels und den Mantelsinus (Fig. 19). Er ist eine Aushöhlung in der Stützsubstanz und steht weder mit der Leibeshöhle, noch mit den Mantelsinus im Zusammenhang. Durch das Vorhandensein dieses ansehnlichen Hohlraumes — der Randlacune — gelingt es leicht, den Mantel in den von ihm eingenommenen Regionen in zwei Blätter zu zerspalten, was die älteren Beobachter schon bemerkt haben. Die Randlacune greift an den Seitenrändern des Mantels um die die Borstenfollikel enthaltene Stützlamelle herum (Fig. 19). Nach dem Vorderrande zu verschwindet allmählich diese Vertiefung.

Der ganze Hohlraum wird von einem platten Epithel ausgekleidet, und durch ihn hindurch erstrecken sich in verschiedener Richtung Muskelzüge, die grösstentheils zur Bewegung des Mantelrandes und der Borsten dienen.

Semper hat die Randlacune am lebenden Thier beobachtet und ebenfalls nichts von Verbindungen mit der Leibeshöhle gesehen. Er spricht sie als Lymphraum an und beobachtete in derselben zahlreiche, blasse, rundliche Körperchen, die kleiner sind, als die Zellen der Leibeshöhlenflüssigkeit. Sie werden durch die Contractionen der in der Randlacune liegenden Muskeln bewegt, wozu wahrscheinlich noch die Wirkung einzelstehender Wimpern kommt. Ich kann diese Angabe von Semper, was die Unterschiede der zelligen Elemente der Randlacune einerseits und der Leibeshöhle andrerseits anlangt, bestätigen.

Die Muskulatur des Mantelrandes zeigt bei *Lingula* Verhältnisse, wie sie in ähnlicher Complication bei keiner anderen Brachiopodenart beobachtet sind. Nach ihrer Lagerung lassen sich die Randmuskeln in zwei Gruppen eintheilen. Die eine Gruppe liegt in der Stützsubstanz selbst, oder, genauer gesagt, in sehr engen Hohlräumen derselben, die andere Gruppe dagegen in der Randlacune (Fig. 19, 20, 23; vgl. auch Fig. 22, 28, 29, 30).

Die erste Gruppe umfasst drei Systeme: Den distalen Ringmuskel, den proximalen Ringmuskel und die schiefen Randmuskeln.

Die Lagerung dieser Muskeln geht am besten aus dem Querschnitte (Fig. 19) hervor.

Der distale Ringmuskel und die schiefen Randmuskeln liegen in der Grundsubstanzlamelle zwischen den Borstentaschen und dem Epithel der Innenseite des Mantels, der proximale Ringmuskel liegt auf dem hinteren Ende der Borstentaschen nach der Schalenseite zu und greift noch um das Ende der die Borstentaschen einschliessenden Lamelle der Stützsubstanz herum.

Der distale Ringmuskel ist der mächtigere und fällt leicht auf. Er verbreitert sich am Vorderrande des Mantels bedeutend (Fig. 23). Mit seinem inneren Rande greift er über die ausseren Enden der schiefen Randmuskeln (Fig. 20) und liegt hier von diesen nach der inneren Oberfläche des Mantels zu.

Die schiefen Randmuskeln ziehen an beiden Seitenrändern schräg von hinten und innen nach vorne und aussen und zwar stärker nach vorne geneigt als die Borsten. Am Vorderrande convergiren sie von beiden Seiten nach der Mittellinie zu (Fig. 20, 23).

Der proximale Ringmuskel verläuft dem distalen parallel. Er zeigt an den vorderen Ecken auf eine kurze Strecke eine Verbreiterung (Fig. 23).

Eine Uebersicht über die zweite Gruppe, die Muskeln der Randlacune, geben Fig. 19, 20.

Die mächtigsten und leicht in die Augen fallenden Muskeln sind die Retractores setarum. Sie entspringen an der Schalenseite der Randlacune, etwa in der Höhe der Randfurche und ziehen von hier ungefähr in derselben horizontalen Neigung, wie die Borsten dem Rande zu, um sich auf der der Mantelhöhle zugekehrten Seite der Randlacune zu inseriren, und zwar spalten sie sich in ihrem distalen Theile in zwei Bündel, von denen das eine an der Periostracalrinne sich festheftet, das andere dagegen gleich über der Oeffnung der Borstentaschen seine Insertion gewinnt. Das letztere ist das kräftigere, ist aber auf Flächenpräparaten, seiner Lagerung entsprechend, nur theilweise zu erkennen.

Diese Muskeln ziehen den Mantelrand und damit auch die Borsten zurück.

Die Protractores setarum sind platte Muskelbündel, die an der Schalenseite am äussersten Rande entspringen; von da ziehen sie ungefähr senkrecht zum Rande einwärts bis in die Gegend zwischen Periostracalrinne und den Oeffnungen der Borstentaschen. Hier biegen sie nach vorne um und treten jedesmal zwischen zwei Retractoren in die Tiefe, um sich unter leichter, fächerförmiger Ausbreitung ihrer Fasern auf der Aussenseite der Borstentaschen in einer dem proximalen Ringmuskel parallel laufenden Zone zu inseriren. Sie sind die Antagonisten der Retractoren.

Einen ähnlichen Verlauf haben die Flexores setarum. Sie entspringen ebenfalls an der Schalenseite der Mantelcacune zwischen und gleich einwärts von den Protractoresfasern, ziehen dann, immer nach der Schalenseite von den Protractores verlaufend, schief nach vorne (zum Rande etwa unter 45° geneigt) über diese hinweg, um in derselben Gegend, wie diese, zwischen den Retractoren in die Tiefe zu treten. Sie liegen hier zwischen Protractoren und Retractoren und ziehen unter stark fächerförmiger Ausbreitung ihrer Fasern in derselben Richtung weiter, um sich ebenfalls auf der Aussenseite der Borstentaschen in einer Linie, die von dem Vorderrande der den proximalen Ringmuskel einschliessenden Stützsubstanzleiste gebildet wird, zu inseriren. Indem sie den Grund der Borstentaschen schief nach auswärts ziehen, werden sie eine Neigung der Borsten nach vorne zu Stande bringen.

Während die besprochenen Muskeln von der Schalenseite zur Innenseite in sehr schiefem Verlaufe ziehen, thun dies die Levatores setarum ganz direct. Ihre Fasern entspringen an der Schalenseite zwischen den Ursprüngen der Retractoren und vereinigen sich, stark convergirend, zu schmalen Bündeln, die um das hintere Ende der Borstentaschen herumgreifen und sich hier an der Innenwand der Randlacune inseriren. Bei ihrer Contraction nähern sie das Hinterende der Borsten der Schale. Es werden sich also die Borsten der beiden Mantelränder gegeneinander neigen und so bei geöffneten Schalen einen Reusenapparat bilden.

Ausser von diesen discreten Muskeln wird der innere Theil der Randlacune durchsetzt von zahlreichen Muskelfasern, die von der Schalenseite direct zur Innenwand der Randlacune absteigen. Sie sind ohne bestimmte Ordnung über die ganze Ausdehnung des Hohlraumes verbreitet. Dichter gehäuft sind sie zwischen den Ursprüngen der Retractoren und Levatoren und, indem sie sich hier hauptsächlich jedesmal zwischen den Ursprungen je zweier Retractoren finden, kommen auch einigermassen discrete Muskeln zu Stande, die man Levatores sulci nennen kann, denn die Randfurche ist die directe Folge ihrer Contraction. Diese ist also sicher nur eine vorübergehende Bildung, obwohl man sie bei conservirten Thieren ausnahmslos findet.

Von den älteren Beobachtern hat Vogt die Randlacune gefunden, indem es ihm gelang, den Mantel in zwei Blätter zu zerlegen. Gratiolet und Hancock haben sie auch gesehen, ohne etwas genaueres darüber mitzutheilen. Die Sinusverästelung und andere gröbere Verhältnisse des Mantels wurden erkannt. Bemerkenswerth ist, dass Hancock die Natur der Epithelleiste in den Mantelsinus richtig beurtheilte und gegen Vogt ausdrücklich betonte, dass sie weder mit dem Gefässsystem, noch mit den Gonaden irgend etwas zu thun hat. Beyer wollte wieder solche Beziehungen erkennen. Von verschiedenen Autoren sind Beobachtungen an lebenden Thieren gemacht, die einiges zur Klärung der anatomischen Befunde beitragen können.

Zuerst hat Morse[1]) gesehen, dass die Thiere, wenn sie in ihrer Sandröhre stecken, am Vorderrande die Mantelränder so zusammenlegen, dass eine mittlere und zwei seitliche Oeffnungen entstehen, die den drei Büscheln grösserer Borsten entsprechen (cf. Fig. 8). Die Borsten ordnen sich so, dass sie über den Oeffnungen Röhren bilden. Die beiden seitlichen Oeffnungen dienen zur Einfuhr, die mittlere zur Ausfuhr des Wassers. François (cit. p. 93) hat dasselbe festgestellt.

Dann liegen über die Bewegung der Flüssigkeit in den Mantelsinus Beobachtungen vor von Macdonald, Semper, François. Die verschiedenen Angaben stimmen fast überein und es ergibt sich daraus folgendes: Die Bewegung der Flüssigkeit wird durch die Wimpern des Coelomepithels bewirkt. Aus der Leibeshöhle tritt in jeden Sinusstamm an der medialen Seite ein Flüssigkeitsstrom ein, der längs der Wand weiterläuft, in alle Aeste einbiegt, in diesen an der hinteren Wand bis zur Spitze, an der vorderen Wand wieder zurück zum Stamm läuft u. s. w. bis zur Spitze des Stammes, dann durchläuft der Strom rückwärts in derselben Weise die äusseren Aeste, gelangt in den Nebenstamm und kehrt an der medialen Seite dieses wieder in die Leibeshöhle zurück.

Semper schildert die Sache noch etwas complicirter, indem er in jedem Strome noch drei Theilströme unterscheidet, von denen der randliche ganz, der mittlere theilweise und der innere gar nicht in die Sinusäste eindringen soll. Die Epithelleiste bildet die Grenze zwischen dem aufsteigenden und absteigenden Strom. Es ist darum leicht verständlich, dass Semper, der keine Schnitte untersuchte, zu der Vorstellung kam, sie sei ein wirkliches, von Strecke zu Strecke unterbrochenes Septum. Dass dies nicht der Fall ist, hat François bemerkt. Immerhin halte ich es für möglich, dass die Epithelleiste trotzdem geradezu als Septum für die beiden Ströme functionirt. Sie springt ziemlich weit in das Lumen des Sinus vor, und wenn man sich denkt, dass die in der inneren Sinuswand gelegenen transversalen Muskelfasern die Wand etwas spannen, so kann diese Wand die Epithelleiste berühren, wodurch also eine zeitweise Scheidung des Sinus in zwei Kanäle zu Stande käme.

Wenn die Schalen geschlossen sind, so soll nach Sempers Angaben auch die Sinusklappe geschlossen sein, so dass die Circulation dann in geschlossenem Strom im Sinus stattfindet.

Die reiche Verästelung der Sinus bei *Lingula* und *Discinisca*, die lebhafte Circulation in denselben unterstützen die Vorstellung, dass der Mantel der Brachiopoden in erster Linie auch Respirationsorgan war

---

1) Proceed. Bost. Soc. XIX, 1878, p. 296.

Lingula und *Discinisca*, bei denen die respiratorische Thätigkeit des Mantels auf der Hand liegt, sind jedenfalls unter den lebenden Brachiopoden die ursprünglichsten Formen. Die Gonaden sind bei ihnen noch ganz auf die Leibeshöhle beschränkt. Ihre Verlagerung in die Mantelsinus bei den übrigen Formen ist also eine spätere Einrichtung. Es ist nicht unmöglich, dass die im Mantel herrschenden, günstigen Respirationsverhältnisse ein Grund für eine solche Verlagerung waren.

4. Der Stiel.

Der ansehnliche Stiel ist für *Lingula* geradezu characteristisch. Er ist an dem hinteren Ende der ventralen Schale befestigt. Gleich nach dem Austritt aus der Schale erreicht er seine bedeutendste Dicke. Er ist drehrund und verjüngt sich nach hinten allmählich, um vor dem Ende kugelförmig oder birnförmig zu der Ampulle anzuschwellen.

Bei den conservirten Thieren, wo er jedenfalls zusammengezogen ist, verhält sich seine Länge zu der der Schale wie 6–5 zu 4 (Taf. I). Für *Glottidia pyramidata* gibt Morse an, dass er ausgestreckt 9mal so lang als die Schale ist. Die Ampulle ist häufig mit einem dicken Ueberzug von feinen Sandkörnchen bedeckt, die, wie mir scheint, durch Cuticularsubstanz verbunden sind. Nach François soll eine besondere Kittmasse ausgeschieden werden. Nicht selten sah ich fadenartige, verzweigte Fortsätze von Cuticularsubstanz (Fig. 68). Alles das deutet darauf hin, dass die Thiere in der von ihnen bewohnten Sandröhre, wenn auch nur lose, festsitzen.

Der Stiel enthält einen ansehnlichen Hohlraum, eine Fortsetzung der Leibeshöhle. Dieser ist häufig im vorderen Theil des Stieles sehr weit, verengt sich dann, um in der Ampulle sich wieder zu erweitern. Auf die Unterschiede in der Ampulle b i *L. anatina* und *murphiana* wurde schon oben (p. 95) hingewiesen. Bei *L. anatina* ist sie etwas veränderlich. Meist ist sie weit ausgedehnt und prall gefüllt, seltener zusammengefallen. Stets jedoch ist der Cuticularüberzug sehr dünn im Vergleich mit den bei *L. murphiana* vorkommenden Verhältnissen.

Wir betrachten zuerst den feineren Bau des Stieles und dann seine Verbindung mit dem Körper.

Auf einem Querschnitt, den man makroskopisch betrachtet, unterscheidet man leicht zwei Schichten, die dicke Cuticula und die noch dickere Muskelschicht (Fig. 6a).

Die makroskopische Untersuchung lehrt, dass die Wand des Stieles aus fünf verschiedenen Schichten sich aufbaut. Diese sind von aussen nach innen: Cuticula, Epithel, Stützlamelle, Muskelschicht, Coelomepithel (Fig. 53–56).

Die Cuticula ist sehr dick, im Leben krystallklar (François cit. p. 93), an Alkoholmaterial opalescirend durchscheinend und von knorpelartiger Consistenz. Aeusserlich ist sie am contrahirten Stiel fein quergeringelt, auf den Quer- und Längsschnitten fein concentrisch gestreift, ein Ausdruck der Schichtung. Ausserdem beobachtet man, jedoch nicht überall mit derselben Deutlichkeit, eine feine Streifung senkrecht zur Oberfläche, was möglicherweise auf eine prismatische Absonderung von Seiten der Epithelzellen zu beziehen ist.

Das äussere Epithel ist sehr dünn (höchstens 10 μ) und besteht aus sehr kleinen Cylinderzellen, die schief zur Oberfläche von vorne nach hinten gerichtet sind (Fig. 55). Darum ergeben Querschnitte auch kein klares Bild der Zellen. An der Ampulle wird das Epithel bedeutend höher (bis 80 μ). Die Zellen sind fein fadenförmig. Hier kann man klar sehen, dass die Zellen mit Fortsätzen in der Stützlamelle stecken (Fig. 56). Zwischen den Basen der Epithelzellen verlaufen überall reichlich die Ausbreitungen des Stielnerven, welche, die Stützlamelle durchsetzend, die Maskulatur versorgen.

Die Stützlamelle ist, mit Ausnahme der Ampulle, sehr dünn (etwa 4 μ), an der Ampulle wird sie bis 50 μ dick und lässt dann eine äussere hellere und innere dunklere Schicht erkennen (Fig. 56).

Die **Muskulatur** besteht aus glatten bandförmigen Muskelzellen von beträchtlicher Länge (Fig. 53, 54). Im Haupttheil des Stieles ist die Muskelschicht sehr dick (an Alkoholmaterial bis 1 mm), an der Ampulle dagegen besteht sie stets nur aus wenigen Faserlagen (Fig. 56). Es lässt sich nur eine Muskellage erkennen. Löst man die gesamte Muskelmasse von einem nicht zu kurzen, ringförmigen Stücke des Stieles ab und zieht die Fasern vorsichtig mit Nadeln nach beiden Seiten auseinander, so erhält man stets folgendes Bild:

Die Fasern verlaufen also in zwei entgegengesetzt gewundenen Schraubenlinien in der von der Stützsubstanz gebildeten Röhre, wobei sich aber die entgegengesetzt verlaufenden Fasermassen durchsetzen. Dabei sind die beiden Endpunkte jeder Faser an der Stützlamelle befestigt. Durch diese Anordnung der Fasern kann der Stiel sich verkürzen und gleichzeitig den Durchmesser verringern. Bei der Contraction des Stieles wird die in ihm enthaltene Flüssigkeit z. Th. in die Leibeshöhle zurücktreten, z. Th. aber wohl auch in die durch ihre schwache Wand sehr ausdehnungsfähige Ampulle getrieben werden. Die Ausdehnung des Stieles wird wohl ausschliesslich durch Einpressen von Coelomflüssigkeit bewirkt werden. Es ist denkbar, dass die bedeutende Entwickelung der Muskulatur der Körperwand bei *Lingula* und *Discinisca* damit in Zusammenhang steht.

Das **Coelomepithel** wimpert im Leben (Semper). An meinem Material ist es nicht mehr genauer zu untersuchen. Bemerkenswerth ist das in Fig. 53, 54 dargestellte Verhalten. Die Zellen senden zwischen die Muskelfasern lange fadenförmige Fortsätze, die wahrscheinlich bis zur Stützlamelle gehen, so dass die gesamte Muskelmasse intraepithelial liegt.

Der **Inhalt des Stieles** ist Coelomflüssigkeit. Besonders die Ampulle enthält, wenn sie ausgedehnt ist, stets massige Gerinnsel. Auf Schnitten durch diese bemerkt man meist eine scharf markirte Linie. Auf der einen Seite liegt ein feinkörniges Gerinnsel ohne Zellen auf der andern dicht gedrängt Zellen und Spindeln der Leibeshöhlenflüssigkeit und zwischen denselben eigenthümliche Krystalldrusen. Diese Erscheinung ist jedenfalls so zu verstehen, dass beim Abtödten der Alkohol so langsam durch die dicke Cuticula eindringt, dass vorher die Zellen und Spindeln sich aus der Flüssigkeit absetzen.

Nach dem Körper zu (Fig. 8, 9, Textfig. 3) nimmt der Stiel mit einem scharfen Absatz eine flach bandförmige, dorsoventral abgeflachte Gestalt an, wobei sein Lumen auf eine schmale Spalte reducirt wird, und die Muskulatur sich auf wenige Faserlagen verdünnt, während die Cuticula nur an der Dorsalseite eine bedeutendere Verdünnung erfährt.

Der so verdünnte Stiel dringt nun unter den Rand des ventralen Mantels ein. Sein Hohlraum umfasst von hinten, her, schwach hufeisenförmig nach rechts und links sich ausdehnend, den Ursprung des Occl. post. (Fig. 9, 11). Der linke Fortsatz

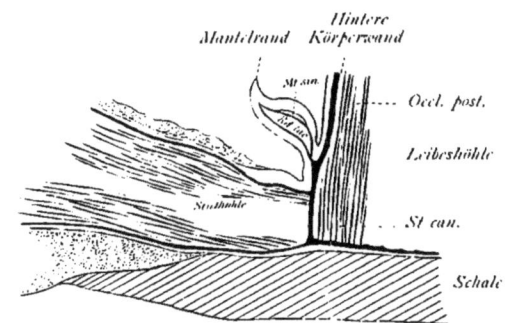

Fig. 3. Schematischer Längsschnitt durch den Anfang des Stieles. Die punktirte Linie St can. gibt die Richtung des weiter seitlich gelegenen Stielkanales an.

endet blind, der rechte dagegen steht durch einen feinen Kanal mit der Leibeshöhle in offener Verbindung. Die in die Leibeshöhle führende, schlitzförmige Oeffnung liegt an der rechten Seite des Occl. post., zwischen diesem und dem an der hinteren Körperwand sich befestigenden Fortsatz der Ileoparietalbänder.

Die Cuticula ist auf der Ventralseite dick und schliesst sich unmittelbar an die Schale an (Textfig. 3). Auf der Dorsalseite wird sie allmählich dünner und hört auf, ehe sie den Winkel zwischen der Dorsalfläche des Stieles und dem Mantelrand erreicht.

Die Stützlamelle geht in die der Körperwand über. Die Muskelfasern inseriren sich in einer bogenförmigen Zone hinter dem Occl. post. an der Ventralschale. Ein kleines Faserbündel dringt dicht an der Seite des Occl. post. etwas in die Leibeshöhle vor und bildet einen lippenartigen Wulst an der linken Seite des Stielloches (Fig. 11 und Textfig. 6a).

Von den früheren Beobachtern hat Vogt schon Cuticula, Stützlamelle und Muskelschicht richtig gesehen. Er glaubt dem Stiel eine Wirkung bei dem Oeffnen der Schalen zuschreiben zu sollen. Hancock hat die Verbindung des Stielkanales mit der Leibeshöhle beobachtet und erkannt, dass der Mantel über den Stiel wegzieht. Gratiolet hat durch Injection die Verbindung mit der Leibeshöhle nachgewiesen und hat sogar das äussere Epithel des Stieles (an der Ampulle) gesehen. Semper gab dann an, dass das Coelomepithel des Stieles flimmert. Der jüngste Beobachter, François, hat den Schichtenbau des Stieles missverstanden, indem er die Stützlamelle für eine Lage von Ringmuskelfasern hält. Die Ampulle fand er stets prall gefüllt. Bemerkenswerth ist seine Beobachtung, dass der abgebrochene Stiel leicht regenerirt wird. Dabei wird früh schon die Ampulle gebildet. Erst wenn der neugebildete Stiel etwa 1 cm lang ist, soll die Cuticula abgeschieden werden. Das ist aber wohl so zu verstehen, dass sie dann erst dicker und leichter wahrnehmbar wird.

Vergleichen wir nun den Stiel von *Lingula* mit dem von *Discinisca*, so ergibt sich trotz des ganz verschiedenen Aussehens und der verschiedenen Function in morphologischer Hinsicht eine vollkommene Uebereinstimmung, wie die Vergleichung der Schemata (Textfig. 1 und 3) zeigt.

Ich kann hier schon bemerken, dass ich die Beziehungen des Stieles zum ventralen Mantel, wie sie sich bei *Lingula* und *Discinisca* finden, wobei also der ventrale Mantel continuirlich über die Basis des Stieles wegzieht, für secundäre halte. Auf das Genauere werde ich im vergleichenden Abschnitte eingehen.

5. Die Muskulatur.

Die Muskeln, welche die beiden Schalen verbinden (Fig. 8—11), sind bei *Lingula* besonders massig, so dass bei der Grösse der Thiere frühere Beobachter schon alles wesentliche richtig erkannten und darstellten. Das gilt besonders für Hancock und Gratiolet. Dagegen hat Niemand versucht eine eingehendere Vergleichung der Muskeln von *Lingula* mit denen von *Crania* und *Discinisca* durchzuführen.

Das rührt z. Th. jedenfalls daher, dass die Muskeln der genannten Gattungen nicht hinreichend bekannt waren. Grosse Verwirrung herrscht in der Namengebung, indem jeder Autor seine eigenen Bezeichnungen braucht. Leider bin ich genöthigt, um die sich ergebenden Homologien auch durch die Bezeichnung der Muskeln zum Ausdruck zu bringen, einige neue Namen einzuführen. Ich hoffe aber, dass durch eine gleichmässige Bezeichnung der homologen Muskeln bei den verschiedenen Gattungen der Ecardines grössere Klarheit geschaffen und die Uebersicht erleichtert wird. Weiter unten werde ich eine tabellarische Uebersicht der von den verschiedenen Autoren für die Muskeln von *Lingula* gebrauchten Namen geben.

Von vornherein sei gleich bemerkt, dass, wie bei den anderen Ecardinen; alle Muskeln von *Lingula* der Sehnen entbehren und durchweg aus glatten Fasern bestehen. Alle Muskeln haben eine deutliche Nervenplatte, mit Ausnahme des Occl. post., bei welchem die Nerven an dem ventralen und dorsalen Ende eintreten. Ebenso werden alle Muskeln vom Coelomepithel überzogen, das auch in die Muskeln eindringt und die einzelnen Bündel umscheidet. Ganz klar bin ich über diese Verhältnisse nicht geworden.

An der vorderen Körperwand, rechts und links vom Oesophagus, verlaufen die Occlusores anteriores (Fig. 10, 11). Sie zeigen deutlich eine Zusammensetzung aus zwei Portionen, von denen die laterale Portion die mediale vorne und seitlich umgreift. Die laterale Portion fällt durch dunklere Färbung auf und scheint aus etwas gröberen Fasern zu bestehen als die mediale. Der Vorderrand der lateralen Portion ist eine kleine Strecke weit mit der Vorderwand verwachsen und erhält an dieser Stelle den Nerven. (Vergl. Fig. 21.) Im Vergleich zu *Discinisca* ist zu bemerken, dass hier die mediale Portion die mächtigere ist, während es dort sich umgekehrt verhält.

An Stelle der beiden bei *Discinisca* und *Crania* vorhandenen Occlusores posteriores findet sich bei *Lingula* ein unpaarer Muskel. Derselbe liegt aber nicht, wie es meist dargestellt wird, genau in der Medianebene, sondern ist deutlich nach links verschoben. Das zeigen schon seine Eindrücke in den beiden Schalen. Es fällt aber auch an dem Muskel selbst, besonders bei der Betrachtung von der Dorsalseite, weniger von der ventralen auf. Die asymmetrische Gestaltung der Ansatzfläche des Muskels hat Hancock schon deutlich abgebildet und auch Brooks hat sie bei den Larven von *Lingula* bemerkt (Brooks Taf. 6, Fig. 9 11). Sowohl Hancock als auch Gratiolet geben eine Zusammensetzung dieses Muskels aus zwei Bündeln an, ohne aber von diesem Verhalten irgend eine Abbildung zu geben. Die Angabe ist richtig, nur sind die beiden Bündel ausserordentlich ungleich. An der rechten Seite des Muskels (Fig. 13) lässt sich bei sorgfältiger Untersuchung ein plattes Faserbündel präparatorisch darstellen, dessen Fasern einen etwas anderen Verlauf haben, als die der Hauptmasse. Der Ursprung dieses Bündels in der Ventralschale umgreift den nach vorne und rechts gewandten Theil des Randes der Ansatzfläche des Haupttheiles. Seine Fasern umziehen dann in einer steilen Schraubenlinie die rechte Fläche des Haupttheiles, um sich in der dorsalen Schale, etwas weiter nach hinten, zu inseriren. Auch auf Schnitten durch den Muskel fällt dieses Bündel durch den anderen Verlauf seiner Fasern sofort auf (Textfig. 6a). Die Innervirung erfolgt für die Hauptportion links von dem dorsalen und ventralen Seitennerven, rechts vom dorsalen Seitennerven. Vom ventralen Seitennerven sehe ich auch Fasern in die Stützsubstanz eindringen, konnte sie aber nicht bis zum Muskel verfolgen. Ueber die Innervirung der Nebenportion konnte ich trotz vieler Mühe nichts ermitteln.

Besonders mächtig und eigenthümlich in der Ausbildung sind die schiefen Muskeln, Obliqui, bei *Lingula*. Es sind jederseits drei solche vorhanden, die ich als Obl. internus, medius und externus bezeichne. Diese drei Muskeln bilden jederseits einen Complex für sich, wie aus ihrer Innervirung hervorgeht. Davon weiter unten. Die Insertionen der drei Obliqui in der Dorsalschale sind jederseits eng verbunden und liegen am Seitenrande des Körpers, ungefähr in der Mitte zwischen Occl. ant. und Occl. post. (Fig. 8, 10). Die Ursprünge in der Ventralschale dagegen sind weit getrennt (Fig. 9 11).

Von den drei Muskeln am kräftigsten ist der Obliquus medius, der gleichzeitig durch seinen eigenthümlichen Verlauf eine Besonderheit von *Lingula* bildet, die sich sonst bei keinem anderen Brachiopoden in ähnlicher Weise findet.

Der rechte Obl. medius ist ein breiter flacher Muskel, der von der rechten Seite und dorsal schief nach innen und ventralwärts über die Medianlinie zieht, um sich in der Ventralschale längs des linken Seitenrandes festzuheften. Der linke theilt sich schon gleich bei seinem Beginn in der Dorsalschale in zwei Schenkel, die ebenfalls schief ventralwärts nach der andern Seite ziehen und dabei den rechten, einheitlichen Muskel zwischen sich nehmen. Ihre Befestigung in der Ventralschale zeigt Fig. 9 und 11.

Die Obliqui interni entspringen gemeinschaftlich in der Ventralschale von einer an der Vorderwand zwischen den Ursprüngen der Occl. ant. gelegenen Verdickung der Stützsubstanz (Fig. 9), ziehen dann an der inneren Fläche der letzteren Muskeln entlang schief nach der Seite und dorsalwärts, um sich in der Dorsalschale längs der vorderen Hälfte der Aussenseite der Obl. medii festzuheften (Fig. 8, 10). Sie platten sich nach dem dorsalen Ende zu stark ab.

In der Stützsubstanzverdickung, von der diese Muskeln entspringen, ist eine ziemlich ansehnliche, gegen die Leibeshöhle vollständig abgeschlossener Hohlraum entwickelt (Fig. 41, 57).

Die Obl. externi endlich entspringen in der Ventralschale längs der hinteren Hälfte des Aussenrandes der Occl. ant. (Fig. 9), ziehen dann dicht an der Aussenwand schief nach hinten und dorsalwärts, um sich längs des Aussenrandes des Obl. med., und zwar hinter dem Obl. int. zu inseriren.

Die Obliqui jeder Seite werden von dem Nervus obliquorum versorgt, der in den medius eintritt, aus diesem in den internus und dann in den externus übergeht.

Das letzte Paar von Schalenmuskeln bei *Lingula* sind die M. laterales. Sie entspringen in der Ventralschale rechts und links zwischen Obl. ext. und med. dicht an der Seitenwand (Fig. 9, 10), ziehen dann zwischen Körperwand und Obl. ext. dorsalwärts und nach vorne, keilen sich zwischen den Occl. ant. und die Vorderwand ein, gelangen in die erkerartige Ausbuchtung der Vorderwand und inseriren an der Dorsalschale dicht bei einander an der Crista derselben (Fig. 8, 10). Wo sie an die Vorderwand sich anlegen, sind sie mit derselben verwachsen und empfangen hier ihre Nerven, welche direct von dem Seitenstamme des unteren Ganglions kommen. Es sind die längsten Muskeln im Körper von *Lingula*.

In der folgenden Tabelle gebe ich eine Uebersicht über die für die Muskeln von *Lingula* von Hancock, Gratiolet und mir gebrauchten Bezeichnungen. Ich beschränke mich auf die beiden genannten Autoren, da ihre Untersuchungen über den Bau von *Lingula* grundlegend sind, und da schliesslich ein Blick auf die Abbildungen genügt, um sich über die Bedeutung anderer Bezeichnungen zu orientiren.

Hancock	Gratiolet	Blochmann
Anterior occlusor	oblique postéro-antérieur	lateralis
Posterior occlusor	préadducteur	occlusor anterior
Divaricator	postadducteur	occlusor posterior
Central adjustor	oblique antéro-postérieur interne	obliquus internus
External adjustor	oblique antéro-postérieur externe	obliquus externus
Posterior adjustor	oblique d'un côté à l'autre	obliquus medius

Was die Function der Muskeln anlangt, so muss eine gleichzeitige Contraction aller Muskeln zu einem Aufeinanderpressen der Schalen führen. Die Erschlaffung der Schalenmuskeln unter gleichzeitiger Contraction der kräftigen Musculatur der Körperwand öffnet die Schalen. Wie man nach der bedeutenden Entwickelung der schiefen Muskeln erwarten muss, können sehr ausgiebige Gleitbewegungen der Schalen gemacht werden. Das bestätigen alle, die lebende Lingulae beobachten konnten, wie Semper, Morse, Brooks, François.

Nachdem nun mit *Lingula* die Muskelverhältnisse sämmtlicher Gruppen der Ecardines geschildert sind, mag es am Platze sein, die bestehenden Homologien zu discutiren und somit die von mir gegebenen Namen zu rechtfertigen.

Ohne Weiteres leuchtet ein, dass die Occlusores anteriores bei *Crania*, *Discinisca* und *Lingula* homolog sind. Das ergibt sich aus ihrem Verlaufe, der Innervirung und aus dem Umstande, dass jeder aus zwei Portionen zusammengesetzt ist[1].

Hancock hat den lateralis als anterior occlusor bezeichnet. Er ist dazu gekommen durch eine falsche Homologisirung der Muskeln von *Lingula* mit denen der Testicardines. Weil hier jederseits zwei vordere

---

[1] Ich habe mich, seitdem ich *Discinisca* und *Lingula* in dieser Beziehung genauer kenne, überzeugt, dass das von mir für den Occl. ant. von *Crania* beschriebene centrale Bündel von etwas lockereren Fasern nichts anderes ist, als die laterale Portion des Muskels. Da wo die Innervirung erfolgt, liegt sie der vorderen Körperwand an und erhält die Nerven. In dieser Gegend wird sie von der medialen Portion allseitig umschlossen, bis auf die schmale Strecke wo sie der Vorderwand anliegt. Weiter ventral schliessen sich die Fasern der medialen Portion auch vor der lateralen zusammen, sodass die letztere bei der Betrachtung von der Ventralseite das in Taf. I, Fig. 6 dargestellte Verhalten bietet. Ein centraler Theil des Muskels grenzt sich von dem peripheren durch eine elliptische Linie ab. Die centralen Fasern bilden eben die laterale Portion.

Occlusoren vorkommen, so suchte er sie auch bei *Lingula*. Die beiden vorderen Occlusoren auf jeder Seite der Testicardines sind aber nichts weiter, als die beiden Portionen, die wir in jedem Occlusor der Ecardines beobachten. Bemerkenswerth ist das wechselnde Verhältniss zwischen den beiden Portionen. Bei *Discinisca* ist die laterale Portion bei weitem die mächtigere. Bei *Crania* und *Lingula* ist es umgekehrt, wenn auch der Unterschied zwischen beiden Portionen nicht so gross ist.

Die *Occlusores posteriores* erkennt man für *Crania* und *Discinisca* nach Lage und Innervirung ohne weiteres als homolog.

Schwieriger gestaltet sich die Frage für den Occlusor posterior von *Lingula*.

Zunächst scheint ja die Sache ziemlich einfach, wenn man das beschriebene kleine, an der rechten Seite der Hauptportion gelegene Muskelbündel als den reducirten rechten Occlusor betrachtet.

Es ist aber das eigenthümliche Verhalten des Stielcanales zu berücksichtigen. Bei *Discinisca* liegt der Stielcanal in der Medianebene, also wenn man sich denselben bis an die hintere Körperwand verschoben denkt, genau zwischen den beiden Occl. post. Und an derselben Stelle heftet sich auch der hintere Fortsatz der Ileoparietalbänder an. Wenn man also das erwähnte platte Muskelbündel bei *Lingula* als rechten Occlusor betrachtet, so musste man die Oeffnung des Stielcanales zwischen ihm und der Hauptportion, die dem linken Occl. post. entsprechen würde, erwarten. Der Stielcanal mündet aber rechts von dem platten Muskelbündel in die Leibeshöhle, und rechts von diesem heftet sich auch der hintere Fortsatz der Ileoparietalbänder an die Leibeswand an (Fig. 11). Ausserdem verlaufen die Fasern des platten Bündels anders, als die der hinteren Occlusoren bei *Crania* und *Discinisca*. Diese steigen fast senkrecht von der ventralen zur dorsalen Schale auf, während das platte Muskelbündel bei *Lingula* den geschilderten schraubigen Verlauf hat.

Ich muss gestehen, dass ich bis jetzt noch nicht zu einer in jeder Beziehung befriedigenden Erklärung dieses Verhaltens gekommen bin. Ich verzichte darum auch darauf, auf den einen oder anderen Erklärungsversuch genauer einzugehen. Bis jetzt scheint mir selbst noch keiner ganz genügend.

Die entwickelungsgeschichtlichen Untersuchungen von Brooks sind nicht ausreichend, um darauf weitere Schlüsse zu bauen.

Was die Vergleichung der schiefen Muskeln von *Lingula* mit denen von *Crania* und *Discinisca* betrifft, so lässt sich eine strenge Homologisirung aller einzelnen Muskeln nicht durchführen, dagegen ergibt sich folgendes nach meiner Ansicht mit Sicherheit: Die drei Obliqui von *Lingula* sind als Gesammtheit homolog den beiden Obliqui von *Discinisca* und dem Obliquus superior von *Crania*[1]). Das ergibt sich aus der gleichmässigen Innervirung und aus den Beziehungen dieser Muskeln zum Ileoparietalband. Bei *Discinisca* und *Lingula* werden die schiefen Muskeln von dem diesen Gattungen eigenthümlichen Nervus obliquorum versorgt, der durch seinen Verlauf in der Leibeshöhle auffallend ist. Bei *Crania* ist ein solcher Nerv nicht zur Ausbildung gekommen, weil der Muskel dicht an der Körperwand verläuft. Die Fasern für ihn durchsetzen also einfach die Stützsubstanz.

Die Beziehungen zu dem Ileoparietalbande sind folgende. Die drei Obliqui von *Lingula*, die beiden von *Discinisca*, der einfache Obliquus superior von *Crania* werden von hinten her von dem Ileoparietalband umfasst.

---

[1]) Der Obl. inferior von *Crania* ist aus der Gruppe dieser Muskeln zu entfernen. Ich habe das Verhalten desselben noch einmal nachgeprüft und habe mich überzeugt, dass er seiner ganzen Länge nach, wenn auch stellenweise nur auf einer schmalen Fläche mit der Stützsubstanz verbunden ist. Früher habe ich schon angegeben, dass seine Ansatzfläche an der Ventralschale nur sehr unbedeutend ist. Die Dorsalschale erreicht er nicht, sondern inserirt an der Vorderwand und zwar erstrecken sich seine Fasern bis unter die Stelle wo der Occl. ant. mit der Körperwand verwachsen ist. Zu dem Ileoparietalband steht er in keiner Beziehung. Er verhält sich also so, wie der grosse Hautmuskel von *Lingula*. Ich erachte ihn auch diesem für homolog. Er ist also aus der Reihe der Schalenmuskeln zu streichen und muss auch zweckmässig mit dem Namen *M. cutaneus* belegt werden.

14*

Dasselbe läuft zwischen diesen Muskeln und der Körperwand, das Nephridium begleitend, nach vorne. Die Muskeln liegen also alle vor dem Ileoparietalbande.

Viel weiter kann man aber nicht gehen.

Die Obliqui medii sind eine Besonderheit von *Lingula* und finden sich sonst nirgend. Der Obl. int. von *Lingula* entspricht dem ebenso benannten Muskel von *Discinisca* und dem bisher sogenanten Obl. superior von *Crania*. Dementsprechend muss dieser von jetzt ab auch Obl. internus heissen.

Man muss dabei aber festhalten, dass nach der hier vorgetragenen Auffassung streng genommen der einfache schiefe Muskel von *Crania* den drei schiefen von *Lingula* und den beiden von *Discinisca* homolog ist. Ob diese schiefen Muskeln, wie ich es für wahrscheinlich halte, aus gemeinsamer Anlage hervorgehen, werden entwickelungsgeschichtliche Untersuchungen leicht entscheiden. Ich glaube, dass dafür auch das für *Discinisca* beschriebene und abgebildete (Taf. VIII, Fig. 8) abweichende Verhalten spricht.

Ob man den Levator ani von *Crania* etwa mit dem Obl. post. von *Discinisca* in Beziehung setzen kann, scheint mir vorläufig noch zweifelhaft.

6. Der Armapparat.

Die äussere Morphologie des Armapparates wurde schon oben behandelt.

Zur Orientierung über den feineren Bau betrachten wir zuerst einen Querschnitt durch den freien Theil der Arme (Fig. 39). Die Uebereinstimmung mit *Crania* fällt sofort auf, wenn auch im Einzelnen einige Unterschiede sich ergeben. Die Armfalte ist ansehnlicher und die Cirrenbasis besser entwickelt, darum ist die Armrinne viel tiefer, als bei *Crania*. Characteristisch für das Querschnittsbild ist die starke Abknickung der Cirrenbasis gegen den die Armsinus umschliessenden Haupttheil des Armes. Diese tritt in der ersten Windung der Arme besonders auffallend vor (Fig. 40). Die Cirrenstellung ist dieselbe, wie bei den anderen Formen, in zwei alternirenden Reihen.

Kalkige Einlagerungen fehlen vollständig; dafür ist die Stützsubstanz kräftig entwickelt und verleiht den Armen einen hohen Grad von Festigkeit. Die Stützsubstanz selbst enthält verhältnissmässig wenig und sehr kleine Zellen (Fig. 42, 43). Die Intercellularsubstanz lässt feinste Fibrillen erkennen; die bei *Crania* beobachteten gröberen Fasern konnte ich nicht finden. Dagegen treten wie dort, besonders in der Cirrenbasis und in den Cirren selbst regelmässig angeordnete Verstärkungszüge deutlich hervor (Fig. 42, 46–50).

Das äussere Epithel zeigt die characteristischen, schlanken, fadenförmigen Zellen die mit Füsschen der Stützsubstanz aufsitzen. Reichlich finden sich in demselben Drüsenzellen. In gut gelungenen Orange G-Hämatoxylinpräparaten sind die Secretkügelchen stets intensiv blau-violett. In einzelnen Präparaten (Fig. 43) liess sich noch sehr klar das Austreten des Inhaltes beobachten. Besonders in der Armrinne (Fig. 42) sah ich oft die ganzen Zellen theilweise oder vollständig ausserhalb des Epithels. Das möchte ich aber auf das langsame Eindringen des Alkohols und damit im Zusammenhang stehende Veränderungen zurückführen.

Bemerken will ich noch, dass ich stellenweise an meinen Präparaten alle die für *Crania* beschriebenen Feinheiten des Epithels: Cuticularsaum mit Verdickungsleisten und Poren für die Wimpern erkennen konnte.

Entsprechend der bedeutenden Grösse von *Lingula* sind die Nerven recht kräftig entwickelt. Es war trotz der wenig sorgfältigen Conservirung meiner Exemplare doch möglich, die feinsten Fädchen zu verfolgen und so noch etwas mehr zu ermitteln, als bei *Crania*. Der Querschnitt (Fig. 39) zeigt die schon bekannten 4 Hauptstämme: Den Hauptarmnerven (Cerebralganglion) an der äusseren Seite der Armfalte, den Nebenarmnerven am oberen Rande der Cirrenbasis, den unteren Armnerven über dem unteren Ende des kleinen Armsinus, den äusseren Armnerven über dem oberen Ende desselben auf der Cirrenseite.

Der Hauptarmnerv (Fig. 43) ist ausgezeichnet durch die grosse Zahl ansehnlicher Ganglienzellen, die in seinen Verlauf eingeschaltet sind. Diese sind sehr leicht durch ihre Grosse und Gestalt von den langen, fadenförmigen Epithelzellen zu unterscheiden. Sie haben einen grossen runden Kern, während die Kerne der Epithelzellen stets stäbchenförmig sind. Die Fasermasse des Hauptnerven dehnt sich weit nach der Unterseite des Armes (auf der äusseren Wand des grossen Armsinus) aus (Fig. 39). Ganglienzellen fehlen aber hier; diese sind auf den an der Basis der Armfalte gelegenen Theil, von welchem die Verbindungsnerven abgehen, beschränkt. Auch unter das Epithel der äusseren Seite der Armfalte entsendet der Hauptnerv reichliche Faserzüge.

Von dem Hauptarmnerven entspringen in regelmässiger Folge die Verbindungsnerven (Fig. 39, 43), welche als ansehnliche Stämmchen in die Stützsubstanz eindringen und unter dem Faltensinus hindurch zum Boden der Armrinne ziehen, um unter dem Epithel bis zur oberen Kante der Cirrenbasis verlaufen und hier durch Anastomose den Nebenarmnerven zu erzeugen. Dieser ist verhältnissmässig schwach und tritt auf Querschnitten nicht so auffallend hervor, wie bei *Crania*. Er enthält aber reichlich Ganglienzellen die in Gruppen angeordnet sind, sodass immer in dem Zwischenraum zwischen zwei (noch in der Cirrenbasis verlaufenden) Cirrencanälen der inneren Reihe eine solche Anhäufung liegt (Fig. 47). Von dem Nebenarmnerven entspringt für jeden Cirrus ein Cirrennerv, welcher an der der Armrinne zugewandten Seite des Cirrus aufsteigt (Fig. 44, 45).

Von dem Verbindungsnerven treten da, wo er am Grunde der Armrinne aus der Stützsubstanz austritt, einige Fasern auf die innere Seite der Armfalte über und breiten sich hier unter dem Epithel aus. Da auch von dem oberen Rande des Hauptarmnerven auf die äussere Seite der Armfalte Fasern übertreten, so ist die Armfalte auf beiden Seiten von einem Netz von Nervenfasern überzogen. Die Nervenausbreitung der äusseren und die der inneren Seite stehen durch Nerven miteinander in Verbindung, welche die Stützsubstanz in den zwischen den Hohlräumen des Lippensinus stehen gebliebenen Balken durchsetzen und gegen den freien Rand der Armfalte zu an Mächtigkeit abnehmen. Ich nenne dieselben „Perforirende Nerven" (Fig. 43, N. perf.).

Der untere Armnerv (Fig. 39) liegt am unteren Ende des kleinen Armsinus und sendet Zweige ab, welche, z. Th. in den kleinen Armsinus eindringend, den Armmuskel (brach.) versorgen. Neben diesen kurzen Aesten entspringen andere, welche die Stützsubstanz auf weite Strecken durchsetzen, um zu dem grossen Armsinus zu gelangen und dessen Muskulatur zu versorgen.

Der äussere Armnerv (A. A. N., Fig. 36) gibt ebenfalls feine Aestchen ab, welche den oberen Theil des brachialis versorgen.

Ausser diesen deutlich als gesonderte Stämme erkennbaren Nerven verlaufen überall unter dem Epithel feine Nervenfasern.

Von Hohlräumen liegen in den Armen: Der grosse Armsinus, der kleine Armsinus und der Faltensinus. Der letztere ist eine Einrichtung, welche bei *Discinisca* ebenfalls, wenn auch weniger entwickelt vorkommt, bei *Crania* in den freien Armen aber fehlt. Nur in der nächsten Umgebung des Oesophagus finden sich bei der letzteren diese Hohlräume.

Der grosse Armsinus erscheint im Haupttheil der Arme auf dem Querschnitt kreisförmig und ist auf der Faltenseite des Armes gelegen. [Vergl. die etwas andere Gestalt im Beginn der ersten Windung (Fig. 40)]. Er ist vollständig von einem Epithel ausgekleidet, dessen Zellen fast überall Muskelfasern erzeugen. Solche fehlen nur in einer schmalen Zone gegenüber dem Arangefäss. Der ungefähre Verlauf dieser Muskelfasern ergibt sich aus Fig. 39. Genauer habe ich diese Verhältnisse nicht untersucht.

Der kleine Armsinus ist ein stark zusammengedrücktes Rohr, auf dem Querschnitt (Fig. 36) von schlank bohnenförmiger Gestalt. Er erstreckt sich üb r die ganze Cirrenseite des Armes und ist durch eine dicke Scheidewand von dem grossen Armsinus getrennt. Am Anfang der Arme jedoch ist diese Scheidewand dünn. Dadurch und durch die grössere Ausdehnung des grossen Armsinus, ferner durch die starke Abknickung der Cirrenbasis bietet der Querschnitt hier ein ganz anderes Bild. Dieselben Unterschiede gibt Hancock als charakteristisch einerseits für *L. anatina*, andrerseits für *L. affinis* an (Hancock, Taf. LXV, Fig. 6, 7). Da er aber in keinem Fall angibt, aus welchem Theil der Arme die abgebildeten Querschnitte stammen, so kann nach dem gesagten diesem Verhalten keine Bedeutung beigelegt werden.

Nach oben zu setzt sich der kleine Armsinus in die Cirrenkanäle fort. (Vergl. dazu Fig. 42, 48—50). Wie Fig. 48 zeigt, liegen die Ursprunge sämmtlicher Cirrengefässe in einer Längsreihe und aus Fig. 49 ergibt sich klar, dass wieder je ein Cirrus der äussern Reihe und einer der innern zusammengehören; in Fig. 50 ist die zweireihig alternirende Stellung der Cirrencanäle schon vollständig ausgeprägt.

Das den kleinen Armsinus auskleidende Epithel erzeugt an der dem grossen Sinus zugekehrten Wand keine Muskelfasern, dagegen ist die äussere Wand vom Eingang in die Cirrenkanäle an abwärts von einer mehrfachen Schicht von Längsmuskelfasern bedeckt. Im unteren Theile des kleinen Armsinus wird die Muskelschicht am mächtigsten. Diese Muskellage bildet in ihrer Gesammtheit den Armmuskel (brachialis). In den Cirrenkanälen liegen an der äusseren Wand die äusseren Cirrenmuskeln (Fig. 39, 42, 44, 45, 50, *A. Cirr. M.*), an der der Armrinne zugekehrten Wand dagegen die inneren Cirrenmuskeln *I. Cirr. M.*

Die ersteren beginnen schon, noch ehe die Cirrenkanäle sich vollständig von einander abgeschlossen, die letzteren dagegen erst, nachdem die Cirren äusserlich von einander sich getrennt haben. Die äusseren Cirrenmuskeln erstrecken sich viel weiter gegen die Spitze des Cirrus zu als bei *Crania*. Genaueres kann ich nicht darüber angeben, da bei meinen Exemplaren die Cirren stets eng und in sehr unregelmässiger Weise zusammengerollt waren.

Da, wo die Scheidewand zwischen kleinem und grossem Armsinus am dünnsten ist, gleich unter den Eingängen in die Cirrenkanäle, liegt das Armgefäss (Fig. 39, 42), von dem in regelmässigen Abständen die Cirrengefässe abgehen. Das Armgefäss ist bei den grossen Lingulaarten ein recht ansehnliches Gebilde und fällt auf jedem Querschnitt sofort in die Augen. Darum ist auch leicht festzustellen, dass die Wand aus einer Lamelle der Stützsubstanz, die aussen von dem Epithel des kleinen Armsinus überzogen ist, gebildet wird. Der Hohlraum des Gefässes wird von einem Endothel ausgekleidet.

Wie sich in dieser Beziehung die Cirrengefässe verhalten, lässt sich wegen der zu grossen Feinheit des Objectes nicht direct entscheiden.

Armgefäss und Cirrengefässe sind oft von einem compacten Gerinnsel angefüllt (Fig. 42). Zellen habe ich in demselben nicht beobachtet.

Im kleinen Armsinus und den damit zusammenhängenden Cirrenkanälen findet man reichlich die rundlichen Zellen der Leibeshöhlenflüssigkeit, oft in grösserer Zahl in einem flockigen Gerinnsel zusammenliegend.

Eine der Gattung *Lingula* eigenthümliche Bildung ist das in der Armfalte verlaufende complicirte Hohlraumsystem, das ich in seiner Gesammtheit „Faltensinus" nenne. Auf dem Querschnitt (Fig. 39, 43) erscheint in der Basis der Armfalte ein grösserer Hohlraum, an welchem sich nach oben, gegen den freien Rand zu, eine grössere Zahl von immer kleiner werdenden Hohlräumen anschliesst, die alle zusammen der der Armrinne zugekehrten Oberfläche der Stützlamelle näher liegen und von Epithel ausgekleidet sind, das nach der Armrinne zu Muskelfasern entwickelt hat. Eine genauere Einsicht in das Verhalten dieser Hohlräume geben Flächenpräparate der Armfalte, an denen das äussere Epithel abgepinselt wurde (Fig. 51, 52). Man erkennt dann, dass die Basis der Armfalte der ganzen Länge nach von einem Canal (Fig. 52 k) durchzogen wird, von welchem unter rechtem Winkel gegen den freien Rand der Armfalte zu die durch die Pfeile bezeichneten Seitenkanäle abgehen. Diese sind durch Brücken der Stützsubstanz, *St.*, von einander geschieden[1]. Noch ehe diese Canäle die halbe Höhe

---
[1] Durch diese Bälkchen und die weiter nach dem Rande zu (links in Fig. 52) liegenden Pfeiler der Stützsubstanz treten die Nervi perforantes durch (N. perf. in Fig. 52).

der Armfalte erreicht haben, lösen sie sich in ein Netzwerk von Hohlräumen auf, die nach dem Rande zu immer feiner werden. Die Maschen dieses Netzwerkes kommen dadurch zu Stande, dass zahlreiche Brücken der Stützsubstanz das äussere und innere Blatt derselben verbinden. Die Muskelfasern sind so angeordnet, dass die aufsteigenden Kanäle von in ihrer Längsrichtung verlaufenden Bündeln durchzogen werden, die in etwas verschiedener Höhe beginnend, am oberen Ende der Canäle sich nach beiden Seiten zu ausbreiten. In dem mit den Canälen zusammenhängenden Maschenwerk von Hohlräumen verlaufen die Muskelfasern in den verschiedensten Richtungen durcheinander (Fig. 52 M), doch überwiegen im Ganzen Fasern, welche in der Längsrichtung des Armes verlaufen. Diese Muskelfasern geben der Armfalte einen hohen Grad von Beweglichkeit. Im Faltensinus finden sich reichlich die rundlichen Zellen der Leibeshöhlenflüssigkeit.

Nachdem wir den Bau der freien Arme kennen gelernt haben, gehen wir dazu über, das Verhalten derselben und besonders das ihrer Hohlräume in der Umgebung des Oesophagus zu untersuchen. In dieser Beziehung zeigt *Lingula* die complicirtesten Verhältnisse von allen bis jetzt untersuchten Brachiopoden, besonders dadurch, dass, wie bei *Discinisca*, Ausstülpungen der Leibeshöhle in den Armapparat eintreten. Statt zwei solcher Coelomtaschen, wie bei *Discinisca*, finden sich aber vier und ihr Verhalten ist complicirter, wie dort. Besonders bemerkenswerth ist die von allen bis jetzt genauer bekannten Brachiopoden bei *Lingula* allein bestehende offene Verbindung des kleinen Armsinus mit der Leibeshöhle. Bei der Grösse von *Lingula* ist es möglich, das Verhalten der verschiedenen Hohlräume in der Umgebung des Oesophagus unter der Lupe präparatorisch darzustellen. Immerhin sind Schnittserien zur Erlangung voller Sicherheit unentbehrlich. Ich bin bei der Untersuchung so vorgegangen, dass ich die präparative Darstellung erst vornahm, nachdem ich mich auf Sagittal- und Frontalschnitten orientirt hatte. Ausserdem wurden stets die bei der Präparation sich ergebenden Verhältnisse aufs sorgfältigste noch einmal durch die Schnittserien controllirt. Dieser doppelten Methode der Untersuchung entsprechend habe ich diese schwer zu beschreibenden Verhältnisse auch in doppelter Weise bildlich dargestellt, nämlich durch Abbildungen nach Lupenpräparaten (Fig. 33—37) und durch ausgewählte Schnitte aus einer Sagittal- und einer Frontalserie (Fig. 57—63 und 64—70).

Am einfachsten verhält sich der grosse Armsinus. Die der rechten und linken Hälfte des Armapparates angehörigen grossen Armsinus sind gegen einander und gegen die Leibeshöhle vollständig abgeschlossene Hohlräume. In der Medianebene, hinter dem Oesophagus werden sie durch ein dünnes Septum von einander getrennt (Fig. 36, 65—68). In dieser Gegend ist ihr Querschnitt klein, weil sie durch die dahinter liegenden medianen Coelomtaschen eingeengt werden (Fig. 57). Nach der Seite nimmt der Sinus an Umfang zu (Fig. 58). Seitlich von dem Oesophagus entsendet er ein Divertikel nach der Dorsalseite zu in die Stützsubstanz der Vorderwand des Körpers. Den Eingang zu diesem Divertikel sieht man in Fig. 36 bei **. Man sieht es durch die stark verdünnte Wand durchschimmern bei ** in Fig. 33. Endlich ist dieses Divertikel angeschnitten und durch eine eingeführte Borste bezeichnet in Fig. 37 und auf eine grössere Strecke geöffnet in Fig. 34 bei Gr. As. Der Abgang dieses Blindsackes bewirkt die plötzliche bedeutende Ausdehnung des grossen Armsinus nach der Dorsalseite in Fig. 59 und 61. Nach der Seite zu zerfällt der Blindsack in mehrere Abtheilungen (Fig. 61, 62) die in der dicken Stützsubstanz enden.

Der kleine Armsinus stellt in der Gegend medial von dem äusseren Armwinkel, also der Stelle, wo die Arme vom Körper frei werden, einen spaltförmigen, der Hinterseite des grossen Armsinus aufgelagerten Hohlraum vor (Fig. 61, 62). Nach der Seite zu, am Armwinkel, verbreitert er sich plötzlich und umfasst dann den grossen Armsinus von hinten und auf der Dorsalseite (Fig. 63, 69, 70). In dem dorsal von dem grossen Sinus gelegenen Theil entspringt an der medialen Wand der Armmuskel (brach. Fig. 37, 69, 70).

Von der Stelle, welcher der Sagittalschnitt (Fig. 60) entspricht, nach der Medianebene zu zerfällt der kleine Armsinus in zwei Kanäle. Der eine zieht immer dicht an der Rückwand des Armapparates dorsalwärts und öffnet sich in die Leibeshöhle. In Fig. 34 ist dieser Kanal rechts geöffnet, links ist die ihn bedeckende Rückwand erhalten und eine Borste durchgeführt. Das genauere zeigen die Sagittalschnitte Fig. 58—60. In Fig. 59 und 60 sieht man den Querschnitt dieses Canales zwischen der Rückwand des Armapparates und dem Divertikel der medianen Coelomtasche liegen, in Fig. 58 ist die Mündung in die Leibeshöhle getroffen, wobei die Vorderwand eine dünne, muskellose Klappe bildet (vergl. auch Fig. 67). Diese Verbindung lässt sich, wie schon Gratiolet gezeigt, auch durch Injection leicht nachweisen. Wenn man einen Arm abschneidet und die Kanäle in den kleinen Armsinus einbindet, so wird ausnahmslos die Leibeshöhle angefüllt. Umgekehrt sind mir die Injectionen nicht gelungen, was wohl auf Rechnung der Klappe zu setzen ist.

Der andere Ast des kleinen Armsinus zieht ventral von der medianen Coelomtasche weiter und verbindet sich mit dem entsprechenden der anderen Seite, so dass also hinter dem Oesophagus der kleine Armsinus des rechten und linken Armes in Verbindung stehen (Fig. 35, 57—60, 64). Von dem kleinen Armsinus geht nun seitlich vom Oesophagus eine Verbindung zu den in der Umgebung des Oesophagus gelegenen Räumen, den Perioesophagealkammern, mit denen auch der Faltensinus zusammenhängt. Der Eingang in diese Verbindung ist bei * in Fig. 35 und 36 zu sehen, und in Fig. 64 ist die Communication durch die punktirte Linie rechts vom Oesophagus angegeben.

Hinter dem Oesophagus fehlt also bei *Lingula* ein grösserer, mit dem kleinen Armsinus zusammenhängender Hohlraum, wie er bei *Crania* und *Discinisca* vorkommt (Centralsinus). Das ist auf das Vordringen der grossen Armsinus bis zur Mittelebene und auf die bedeutende Entwickelung der medianen Coelomtaschen zurückzuführen.

Dagegen wird der Oesophagus vorne und seitlich von einem ansehnlichen Hohlraum umschlossen, einer grossen Perioesophagealkammer, an Stelle des Maschenwerkes, das sich bei *Crania* und *Discinisca* findet. Rechts und links vom Oesophagus hat dieser Hohlraum die grösste Ausdehnung, wird aber eingeengt durch die in ihn eingelagerten Divertikel der seitlichen Coelomtaschen (Fig. 64—70). Nach der Dorsalseite zu dehnt sich die Perioesophagealkammer bis zu der Stelle aus, wo der Oesophagus in die Leibeshöhle eintritt (Fig. 57, 58, 64—70). Von der Leibeshöhle ist er auch hier überall vollständig abgeschlossen, steht aber wohl in Zusammenhang mit den wenig entwickelten Lacunen in der Wand des Darmes.

In der Perioesophagealkammer findet sich, der Wand des Oesophagus aufliegend, eine kräftige Ringmuskulatur (Fig. 15—18), die sich von der Stelle aus, wo der Oesophagus in die Leibeshöhle übertritt, auch eine Strecke weit auf die Innenseite der vorderen, den Oesophagus bedeckenden Körperwand ausdehnt (Fig. 15).

Aus dieser Ringmuskulatur hat sich, etwa in der Mitte der dorsoventralen Ausdehnung des Oesophagus ein kräftiges Muskelbündel differenzirt (Fig. 57—61; 68 M*), das von einer besonderer Hülle der Stützsubstanz umschlossen, von der Vorderwand des Oesophagus auf die Innenfläche der vorderen Körperwand übergeht und hier bis an den Seitenrand der Perioesophagealkammer verläuft (Fig. 68).

Unmittelbar vor dem Oesophagus, auf der Innenseite der vorderen Körperwand verlaufen Längsmuskelfasern, die sich nach abwärts bis in den Faltensinus hinein erstrecken (Fig. 16, 17, 68).

Betrachtet man die vordere Körperwand von der Innenseite (Fig. 33), so sieht man ventral von dem Oesophagus die Eingänge in die Coelomtaschen. Der Wulst der Stützsubstanz (*.*), der seitlich die Grenze zwischen Erker und ventralem Theil der Vorderwand darstellt, theilt sich nach der Mitte zu in zwei Schenkel, die mit denen der Gegenseite zusammen eine etwa rhombische Figur vorstellen, in deren oberem Winkel der Oesophagus liegt, festgehalten durch zwei kleine seitliche Membranen [* Fig. 33, 59, 60] und durch das dorsale Mesenterium. Unter dem Oesophagus und den beiden seitlichen Membranen liegt ein grosser Hohlraum (*T. lat.*), der Eingang in die lateralen Coelomtaschen. Davon durch ein Septum geschieden und ventral von dem unteren Schenkel der rhombenförmigen Figur begrenzt, liegt der Eingang in die medianen Coelomtaschen (*C. T. med.*)

(vergl. Fig. 57, 58). In beide Taschen erstreckt sich das dorsoventrale Mesenterium hinein und scheidet sie vollständig in eine rechte und linke Hälfte (Fig. 70 und die vorhergehenden).

Das Verhalten der Mediantaschen ist in Fig. 34 präparatorisch dargestellt und wird weiter illustrirt durch die Sagittalschnitte Fig. 57–60 und die Frontalschnitte 61–69.

Unter dem Eingang dehnt sich die Mediantasche seitwärts aus und bildet ein blindgeschlossenes Divertikel (*C. T. med.*₁), das sich mit seinem Ende zwischen den in die Leibeshöhle führenden Canal des kleinen Armsinus und ein Divertikel der seitlichen Coelomtasche einschiebt (Fig. 59, 60, 66). Von diesem dorsalen Abschnitt der Mediantasche führt ein kurz trichterförmiger Canal abwärts in den Haupttheil der Taschen (*C. T. med.*, Fig. 35). Dieser ist ein ansehnlicher, kurzcylindricher Hohlraum mit gewölbter seitlicher Endfläche. In der Medianebene wird er durch das Mesenterium von dem entsprechenden Hohlraum der anderen Seite vollständig geschieden. Dieser ventrale Theil der Mediantasche liegt zwischen dem grossen Armsinus und der Hinterwand des Armapparates und grenzt ventralwärts an den kleinen Armsinus (Fig. 57–60).

Etwas complicirter verhalten sich die seitlichen Coelomtaschen oder Seitentaschen.

In Fig. 37 und 34 sind die Hauptsachen nach Lupenpräparaten dargestellt. Das weitere zeigen die Sagittal- und Frontalschnitte. Fig. 37 zeigt die linke Lateraltasche von der Dorsalseite geöffnet. Der zwischen ihr und dem Oesophagus gelegene Abschnitt der Perioesophagealkammer * ist ebenfalls aufgeschnitten. Die Tasche entsendet einen langen handschuhfingerformigen Fortsatz nach vorne und ventralwärts (*C. T. lat.*₁), welcher, in den seitlichen Theil der Perioesophagealkammer eingelagert, den Oesophagus abwärts bis zur Mundrinne begleitet (Fig. 60; 66–70).

Im hinteren Theile der Tasche, lateralwärts erheben sich vom Grunde zwei Falten der Stützsubstanz, die drei Gänge unvollständig von einander scheiden [*C. T. lat.*₂, *C. T. lat.*₃, *C. T. lat.*₄]. (Siehe auch Fig. 61). Das zweite und dritte Divertikel enden nach kurzem Verlaufe seitlich in der dicken Stützsubstanz (Fig. 62). Das vierte ist ansehnlicher und zieht zwischen dem grossen Armsinus und dessen dorsalem Divertikel (Fig. 34) nach hinten und abwärts, um sich zwischen den grossen Armsinus und das seitliche Divertikel der Mediantasche einzuschieben und hier ebenfalls blind zu enden (Fig. 34, 60–62; 66–69).

Bei conservirten Thieren sind die geschilderten Hohlräume häufig von einem festen Gerinnsel der Leibeshöhlenflüssigkeit prall ausgefüllt.

Die Coelomtaschen sind eine Eigenthümlichkeit von *Lingula* und *Discinisca*. Ein Vergleich zeigt, dass das eine Paar von Coelomtaschen der letzteren Gattung den Mediantaschen von *Lingula* entspricht. Seitentaschen fehlen bei *Discinisca*.

Was frühere Beobachter von den geschilderten Verhältnissen des Armapparates berichten, ist nicht gerade viel. Vogt und Hancock betonen, dass der grosse Armsinus jederseits abgeschlossen ist. Gratiolet gibt dagegen, wenn ich seine Darstellung recht verstehe, eine Verbindung mit der Leibeshöhle an, die aber sicher nicht besteht.

Auffallend ist, dass Hancock den Bau der Arme gründlich missverstanden hat und bei *Lingula* im Verhalten der Hohlräume ganz andere Verhältnisse finden will, als bei anderen Brachiopoden. Es lohnt sich nicht, des genaueren auf diese Dinge einzugehen. Seine verkehrte Auffassung hat ihren Hauptgrund darin, dass er den Faltensinus in Beziehung zum Blutgefässsystem bringt, weil er das richtige Armgefäss hier ebensowenig, als bei anderen Brachiopoden erkannte.

Gratiolet hat, wie oben bemerkt, das besondere Verdienst, durch Injectionen die Verbindung des kleinen Armsinus mit der Leibeshöhle und dem Faltensinus nachgewiesen zu haben.

7. Der Darm mit seinen Anhängen.

Der Darm steigt von der Mundöffnung an in nach vorne convexem Bogen gegen die Dorsalseite auf (Fig. 57), tritt dann zwischen den beiden M. occl. ant. nahe der Dorsalschale in die Leibeshöhle ein, die er in der Medianebene bis dicht vor den M. occl. post., allmählich zur Ventralschale sich senkend, durchzieht (Fig. 12), hier wendet er sich nach links und bildet dann eine mit ihrer Convexität nach rechts gewandte Schlinge, die in etwas verschiedener Lagerung (Fig. 8, Textfig. 4) auf der Dorsalseite sichtbar ist, und kommt so wieder vor

Fig. 4a.

Fig. 4b.

Fig. 4c.

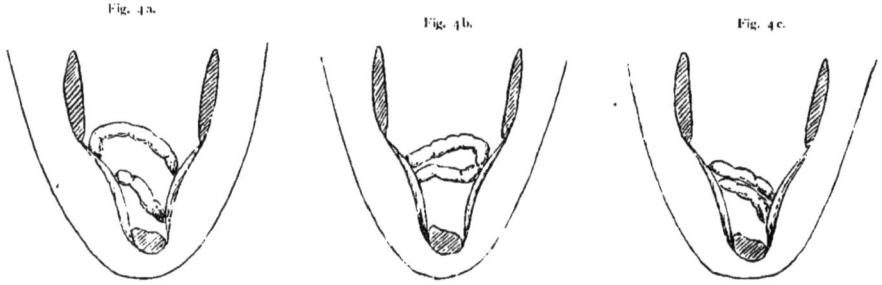

Fig. 4a—c. Verschiedene Lagen der Schlinge des Mitteldarmes.

den M. occl. post. zurück und zieht dann in dem von der ventralen und rechten Seitenwand gebildeten Winkel nach vorne, wobei er ventral von dem rechten Nephridium verläuft. Hinter dem Ursprung des rechten M. lateralis dringt er zwischen dem Nephridium und der Körperwand schief nach oben und durchsetzt die Körperwand (Fig. 11). Der After liegt auf einer kleinen, nach vorne und dorsal gerichteten Papille (Fig. 8).

Der Darm ist bei *Lingula* im Verhältniss zum Körper länger, als bei allen anderen Brachiopoden.

Man kann vier nicht scharf voneinander sich abgrenzende Abschnitte unterscheiden: den Oesophagus etwa bis zu der Stelle, wo der Darm in die Leibeshöhle eintritt, daran sich anschliessend eine magenartige, die Ausführgänge der Lebern aufnehmende Erweiterung, die nach hinten, allmählich sich verjüngend, in den Mitteldarm übergeht, an den sich weiter ohne scharfe Grenze der Enddarm anschliesst. Die grösste Weite zeigt der Darm in der Höhe des Hinterrandes der M. occl. ant., wo die Gastroparietalbänder sich an ihn festheften. Auf dem in der Medianebene nach hinten verlaufenden Theil des Mitteldarmes fällt eine, auf der rechten Seite hinter der Einmündung der rechten hinteren Leber beginnende, weisse Linie auf, die in einer steilen Schraubenlinie nach links und hinten zieht und vor dem M. occl. post. allmählich verschwindet. Sie ist der Ausdruck einer tiefen Rinne im Epithel des Darmes. (Das genauere weiter unten.) Gelegentlich habe ich auch zwei solche Linien beobachtet.

Wegen der Mesenterien, Gastro- und Ileoparietalbänder vergl. Abschnitt 8.

Lingula besitzt vier getrennte Lebern: eine vordere dorsale, eine vordere ventrale und zwei hintere dorsale (Fig. 8, 9, 12, 41).

Die vordere dorsale ist eingekeilt in den seitlich von den beiden M. occl. ant. und hinten von den Gastroparietalbändern begrenzten Raum. Sie besteht aus einem rechten und linken Lappen, die aber an dem Alkoholmaterial in der Mittellinie meist so miteinander verklebt sind, dass sie sich nur präparatorisch trennen lassen. Jeder Lappen hat einen kurzen Ausführgang. Beide Ausführgänge vereinigen sich zu einem kurzen unpaaren Stamm, der in der Medianebene in den Darm einmündet (Fig. 12). In der von den Ausführgängen beider Lappen gebildeten Gabel liegt das Rückengefäss. Ganz ebenso verhält sich die vordere ventrale Leber, die aber etwas voluminöser ist, da sie in der Ausdehnung nach hinten nicht durch die Gastroparietalbänder beschränkt wird (Fig. 12).

In den erweiterten, magenartigen Abschnitt des Darmes hinter den Gastroparietalbändern münden die beiden hinteren Lebern ein. Die Mündung der rechten liegt meist etwas weiter nach hinten, als die der linken (Fig. 12). Die Ausführgänge der hinteren Lebern lassen sich als ansehnliche, mehrfach verzweigte Röhren leicht präpariren (Fig. 14).

Bei *Lingula* lässt sich sehr leicht feststellen, dass zahlreiche und sogar oft recht ansehnliche Nahrungskörper in die Leber eindringen. Das hat Morse (5) auch schon am lebenden Thiere gesehen. Nach der Untersuchung des Darminhaltes scheinen Diatomaceen einen sehr wesentlichen Bestandtheil der Nahrung von *Lingula* auszumachen. Daneben fanden sich ziemlich zahlreich die Panzer von Dinoflagellaten, Schalen von kleinen Foraminiferen, Radiolarienskelette, sehr zahlreich die Schalen von Muschel- und Gastropodenlarven, Kalkstäbe von Plutei, Schwammnadeln, Borsten von *Lingula*, als grösste Nahrungskörper habe ich Copepoden hin und wieder gesehen.

Ueber den feineren Bau des Darmes kann ich nur sehr wenig mittheilen. Im Anfangstheile des Oesophagus finden sich Drüsenzellen in dichter Lage (Fig. 17). Die dorsale Grenze dieser Drüsenregion ist in Fig. 57 und 58 mit Dr. bezeichnet. Das Epithel besteht aus äusserst feinen fadenartigen Zellen von wechselnder Höhe in den verschiedenen Abschnitten des Darmes. Im Oesophagus und in dem geraden Theile des Darmes beträgt die Höhe 160 μ, in der Schlinge und im Enddarm die Hälfte davon. Die oben erwähnte weisse Linie auf dem geraden Darm wird durch eine tiefe Rinne im Epithel bedingt, deren Grund von sehr niedrigen Zellen gebildet wird, wie der nebenstehende Querschnitt zeigt.

Die Grundlage des Darmes aus Stützsubstanz ist durchweg sehr dünn, die Lacunen und die Muskulatur wenig entwickelt.

Den Oesophagus umziehen, wie oben erwähnt, Ringmuskeln. In der Gegend, wo die Lebern einmünden, verlaufen die Fasern ohne bestimmte Ordnung, ebenso am Anfang des geraden Theils des Darmes. Weiter nach hinten bis zum Beginn der Schlinge finden sich Längsmuskeln, zu denen allmählich auch Ringfasern kommen. Diese letzteren liegen zuerst ausserhalb, weiter nach hinten innerhalb der Längsmuskulatur. An der Schlinge und am Enddarm kommen nur Ringfasern vor.

Fig. 5. Querschnitt durch den geraden Theil des Darmes. *Stz* Stützsubstanz, *Hpar* = Hepatietalband.

Die leicht erkennbaren Verhältnisse des Darmes und seiner Anhänge sind von den früheren Beobachtern richtig dargestellt worden. Ein allerdings sehr merkwürdiges Versehen ist Cuvier passirt, indem er die Mundöffnung auf die Spitze des erkerartigen Vorsprunges verlegte. Hancock spricht von einem unpaaren vorderen, dorsalen Leberlappen. Das ist, wie die obige Darstellung zeigt, nicht ganz correct. Bei seiner *Lingula affinis* münden die beiden vorderen dorsalen Leberlappen mit getrennten Ausführgängen in den Darm ein.

8. Die Leibeshöhle, die Mantelsinus, die Mesenterien, die Nephridien.

Die Leibeshöhle ist bei Thieren, deren Gonaden einigermassen entwickelt sind, durch diese und die übrigen Organe fast ganz ausgefüllt. Sie wird von einem aus flachen Zellen bestehenden Epithel ausgekleidet, das natürlich alle Organe, auch die Muskeln überzieht und Wimpern trägt. Das Coelomepithel ist bei meinem Material noch gut nachweisbar. Dass es wimpert, berichten die Autoren, welche lebende Thiere untersuchten. Davon weiter unten.

Die Leibeshöhle entsendet in jeden Mantellappen zwei Fortsätze, die Mantelsinus, die schon oben (Abschn. 3) besprochen wurden. Die mit dem Armapparat in Verbindung stehenden Coelomtaschen sind in Abschnitt 6, der Fortsatz der Leibeshöhle in den Stiel in Abschnitt 4 erörtert worden.

In den geronnenen Massen der Coelomflüssigkeit finden sich ausser körnigen Gerinnseln und eigenthümlichen, drusenartig angeordneten Krystallnadeln zweierlei geformte Elemente (Fig. 56): rundliche Zellen, wie sie auch für *Discinisca* beschrieben wurden, und merkwürdige, faserige Spindeln.

Nach den Beobachtungen von François (cit. p. 93) sind die Zellen im frischen Zustande calottenförmig und haben 20—25 μ Durchmesser. Wie Semper, so gibt auch er an, dass sie beim lebenden Thier rosa violett gefärbt sind und die Farbe der Coelomflüssigkeit bedingen. Dagegen schreibt Brooks den spindelförmigen Körpern die Farbe zu, was aber doch nach den ausführlichen Beobachtungen von Semper und François nicht richtig sein dürfte. Ganz räthselhaft bleiben die Spindeln. Sie zeigen eine derbfaserige Structur und enthalten sicher keinen Kern. Mein Material färbte sich durchweg recht gut. Ich habe aber nie auch nur die Andeutung eines Kernes gesehen. Brooks gibt dasselbe an. Er will gelegentlich an den Enden Geisseln gesehen haben. Ob sie aus Zellen hervorgehen und was bedeuten, lässt sich vorderhand nicht sagen.

Die Beobachtungen am lebenden Thiere haben ergeben (Semper), dass in der Leibeshöhle eine lebhafte Circulation der Flüssigkeit durch die Thätigkeit der Wimpern des Coelomepithels stattfindet. Wenn die Klappen der Mantelsinus offen sind, so dringt aus jedem Sinus ein Strom in die Leibeshöhle ein, geht in dieser unter verschiedenen Abzweigungen zwischen die Organe gerade nach hinten, wo die vier Ströme zusammentreffen, um einen in der Mittellinie nach vorne verlaufenden Strom zu bilden, der wieder in die Sinus eindringt.

Das dorsoventrale Mesenterium ist bei *Lingula* wenig entwickelt. Der erkerartige Vorsprung wird seiner ganzen Länge nach von ihm in zwei Kammern getheilt (Fig. 11, 12). Der hintere, nach der Leibeshöhle gewandte Abschnitt dieser Membran trägt beiderseits einen kräftigen Muskelbelag. Das Mesenterium setzt sich bis auf die Dorsalfläche des Oesophagus fort und dringt nach vorne bis zu der Abschlusslamelle der Perioesophagealkammer (Fig. 33). Eine Fortsetzung dieses Mesenteriums bis zur Einmündung der dorsalen Leber, wie es Hancock angibt ist bei meinen Exemplaren jedenfalls nicht vorhanden. Für *L. affinis* dagegen bildet es Hancock deutlich ab.

Ventral von dem Vorderarm ist ein kleiner Rest des Mesenteriums erhalten (Fig. 33, 64, 67—70). Es ist eine dreieckige Platte, die mit der Spitze auf dem Ursprung der M. obl. int. festsitzt, dann an der vorderen Körperwand in die Höhe zieht und auf eine kurze Strecke am Darm sich festheftet. Der hintere ausgeschweifte Rand ist frei. In der Nähe seiner Insertion an der Vorderwand trägt das Mesenterium wenige dorsoventrale Muskelfasern.

Die Gastroparietalbänder (Fig. 8, 10, 12) sind derbschnige Membranen, die an der Seitenwand, dicht hinter den M. occl. ant. entspringen und hier beiderseits einen kräftigen Muskelbelag haben. Ihr ventraler Rand ist ganz frei, der dorsale befestigt sich eine Strecke weit an der dorsalen Schale. Die Bänder vereinigen sich nicht vollständig in der Mittelebene, sondern, wo sie auf den Darm treffen, fällt ihr medialer Rand bogenförmig ab, so dass über die Dorsalfläche des Darmes nur ein schmaler schniger Strang zieht, über welchen das Rückengefäss nach vorne verläuft. Wo die Gastroparietalbänder sich an den Darm festheften, zeigt dieser seine grösste Weite.

Ansehnliche, breite Platten sind die Ileoparietalbänder, die den in der Medianebene verlaufenden Theil des Darmes in seiner ganzen Länge begleiten. Sie beginnen (Fig. 11, 12) rechts und links am Darme, und zwar unter der Einmündung der vorderen dorsalen Leber, als schmale Leisten, um sich vom vorderen Rande der M. obl. med. rasch zu verbreitern bis zum hinteren Rande derselben, wo sie sich wieder verschmälern. Den Hinterrand des genannten Muskels umgreift ein dünner, stielartiger Fortsatz, der auf der lateralen Seite wieder in eine breitere Lamelle übergeht, die das Aufhängeband des Nephridiums bildet. Dieses Aufhängeband gewinnt einen Ansatz an der Seitenwand unter dem hinteren Ende des M. cutaneus und verläuft dann, stets an der Körperwand festgeheftet, nicht weit unter dem ventralen Rande dieses Muskels nach vorne bis zu dem Ursprung des M. lateralis in der Ventralschale. Am Hinterrande dieses Muskels steigt die Insertion des Aufhängebandes auf die Ventralschale hinab (Textfig. 6d), umzieht den Ursprung des Muskels nach vorne und kehrt dann wieder auf die Seitenwand zurück, wo es nahe dem Winkel, den die Seitenwand mit der Ventralschale bildet, bis zur Ausmündung der Nephridien bleibt. An der medialen Seite des Nephridiums bildet das Aufhängeband eine dieses begleitende, frei vorstehende Lamelle (Fig. 10), an der sich Gonaden entwickeln. Das Aufhängeband des rechten Nephridiums wird hinter dem Ursprung des M. lateralis von dem Enddarm durchbrochen.

In der stielartigen Verschmälerung der Ileoparietalbänder hinter den M. obliqui findet gleichzeitig auch eine Drehung statt und zwar so, dass die dorsale Fläche des den Darm begleitenden Theiles zur ventralen Fläche des Aufhängebandes des Nephridiums wird. Das spricht sich sehr klar in dem Verhalten der Muskulatur der Ileoparietalbänder aus. An dem den Darm begleitenden Theile liegt ein kräftiger Muskelbelag auf

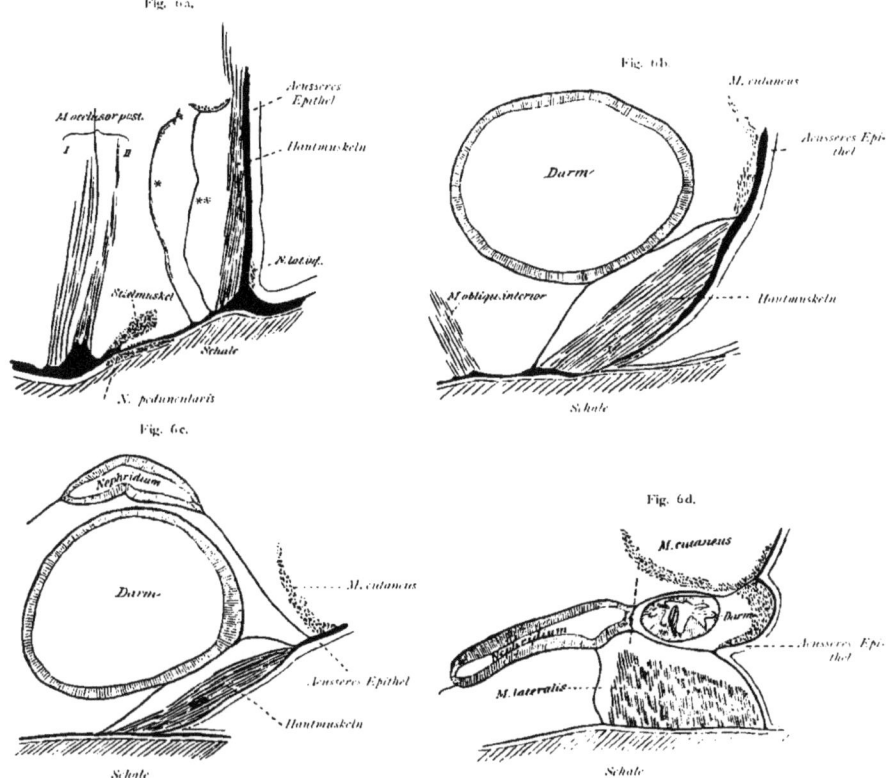

Fig. 6a—c. Vier Querschnitte aus verschiedenen Regionen der rechten Körperwand. a. Nahe dem Hinterrande. d. Kurz hinter dem After.
von vorne nach hinten ziehender, umgekehrt verlaufender Theil des Ileoparietalbandes.

der Ventralseite, an dem freien Rande des Aufhängebandes des Nephridiums findet er sich auf der Dorsalseite und geht noch eine kurze Strecke auf die Wand des Nephridiums selbst über.

Am Hinterende des median verlaufenden (geraden) Darmabschnittes, da, wo derselbe die Schlinge beginnt, verbindet sich das rechte und linke Ileoparietalband ventral von dem Darme zu einer einfachen Membran (Fig. 11), die sich nach der ventralen Schale wendet und sich vor dem M. occl. post. in einer schräg von links vorne nach rechts und hinten ziehenden Linie an diese befestigt. (Vergl. auch Fig. 9). Die Befestigungslinie läuft dann rechts von dem Eingang in den Stielcanal bis zur hinteren Körperwand, wobei sich die Membran so dreht, dass sie eine dorsoventrale Stellung erhält. Der dorsale Rand, der dem rechten Seitenrande des vorderen Theiles entspricht, ist frei. An der Hinterwand setzt sich das Band in einer nach der Dorsalseite aufsteigenden Linie fest und biegt längs dieser Befestigungsstelle scharf nach vorne um und bildet dann das Aufhängeband für den Enddarm. Der ventrale Rand ist an der Ventralschale befestigt. Der Dorsalrand (vergl. Textfig. 6b auf Seite 119) heftet sich an der Seitenwand an, so dass die Membran mit der Seitenwand und der Ventralwand einen im Querschnitt etwa dreiseitigen Canal begrenzt. Der Enddarm ist der Dorsalfläche des Membran aufgelagert. In dem den Darm begleitenden Theile des Ileoparietalbandes bis zur Umschlagsstelle hinter den M. obliqui und in dem längs des Nephridiums verlaufenden freien Rande sind ansehnliche Blutlacunen vorhanden (vergl. Abschn. 9). An den freien Rändern dieser Strecke entwickeln sich die Gonaden (vergl. Abschn. 10).

Die Nephridien sind bei *Lingula* ansehnlicher entwickelt, als bei irgend einem anderen Brachiopoden (Fig. 11). Es sind platte Schläuche, die vom Hinterrande der M. obl. med. bis zur Vorderwand des Körpers ziehen, wo ihre äusseren Mündungen ziemlich nahe der Mittellinie und dem ventralen Mantel liegen (Fig. 63). Die Nephridien bestehen aus zwei schärfer als gewöhnlich abgegrenzten Abschnitten, dem Trichter und dem schlauchförmigen Theil. Die Trichter sind sehr gross. Sie wenden ihre Oeffnung meist nach der Seitenwand. Die Trichterwand erscheint zierlich gefaltet. Es ist dies eine bleibende Structur und beruht auf Verdickungen der Stützsubstanz ihrer Wand (Textfig. 7). Die Innenfläche wird von einem hohen Wimperepithel überzogen, die Aussenfläche vom Peritonealepithel.

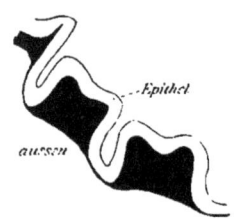

Epithel

aussen

Fig. 7. Theil eines Schnittes durch den Trichter eines Nephridiums.

Der Halsabschnitt der Trichter setzt sich in einer schiefen Linie an den schlauchförmigen Theil an. Dieser ist, wenn leer, wie bei allen meinen Exemplaren, dorsoventral so abgeflacht, dass seine Wände sich fast berühren. Am Hinterrande des M. lat. verschmälert sich dieser Theil etwa auf die Hälfte seiner ursprünglichen Breite und zieht so, schliesslich sich noch etwas mehr verengend, zur Mündung.

Der schlauchförmige Theil ist meist intensiv rothgelb gefärbt (wie in Fig. 11), während die Trichter an dem conservierten Material gelblichweiss aussehen.

Die röthliche, in anderen Fällen bräunliche, Farbe des Trichters rührt von massenhaften, in die hohen Epithelzellen eingelagerten Concrementen her.

9. Das Blutgefässsystem.

Die centralen Theile des Blutgefässsystems, also das Herz, die grossen auf dem Darm und in den Ileoparietalbändern verlaufenden Gefässe hat Hancock entdeckt und ich kann seine Befunde in jeder Beziehung bestätigen. Die Gefässe der Arme konnte er ohne unsere jetzigen Hülfsmittel nicht gut finden. Merkwürdig ist, dass von den späteren Beobachtern keiner von diesen verhältnissmässig leicht zu beobachtenden Dingen etwas gesehen hat.

Auf der dorsalen Wand des vorderen Darmabschnittes verläuft, sehr leicht erkenntlich, das Rückengefäss (Fig. 12, 14). Der hinter dem Gastroparietalband liegende Abschnitt desselben ist fest mit der Dorsalwand verbunden, vor dem Gastroparietalbande wird es frei und zieht durch die von den Ausfuhrgängen der vorderen dorsalen Leber gebildete Gabel (Fig. 12, 41), um sich dann, dem Oesophagus folgend, in die Perioesophagealkammer einzusenken.

Als Anhang des Rückengefässes erscheint hinter dem Gastroparietalband das Herz (Fig. 12). Es ist meist ein etwa birnförmiges Bläschen. Gelegentlich beobachtete ich auch mehrere solche Gebilde (Fig. 14), was an die Verhältnisse bei *Crania* erinnert. Genauere histologische Untersuchungen über den Bau der Herzwand waren an meinem Material nicht möglich. Was ich ermitteln konnte zeigt aber, dass sein Bau vollständig mit den für die Testicardines genauer zu schildernden Verhältnissen übereinstimmt.

Wo das Rückengefäss in die Perioesophagealkammer eintritt, theilt es sich in einen rechten und einen linken Ast, die seitlich und nach vorne über den Oesophagus herabsteigen. Der eine Ast ist, in die Stützsubstanz der Vorderwand eingelagert, in Fig. 57, 58 und 15 zu sehen. Dann gelangt das Gefäss jeder Seite auf die mediale Wand der lateralen Coelomtasche (Fig. 66—70), verläuft auf dieser ventralwärts, geht dann vom Ende der Seitentasche auf die den grossen Armsinus von der Perioesophagealkammer trennende Stützlamelle über (Fig. 65, 66), dringt weiter durch die die Verbindung der Perioesophagealkammer mit dem kleinen Armsinus herstellende Oeffnung in den letzteren ein (Fig. 35) und theilt sich hier in einen stärkeren, nach der Seite und in einen schwächeren, medianwärts verlaufenden Ast. Der letztere verläuft auf einer Crista der Stützsubstanz hinter dem Oesophagus (Fig. 57, 58) und verbindet sich mit dem der Gegenseite, indem sie so das Verbindungsgefäss herstellen, von welchem zu den hinter dem Munde gelegenen Cirren Cirrengefässe abgehen.

Der stärkere, seitliche Ast ist das Armgefäss. Er durchzieht den ganzen kleinen Armsinus dicht unter dem Eingang in die Cirrencanäle, der Wand, die den grossen und kleinen Armsinus scheidet, aufgelagert (Fig. 39, 40, 59, 63). Sein Verhalten wurde schon in Abschnitt 6 besprochen.

Nach hinten zu theilt sich das Rückengefäss in zwei Aeste, das rechte und linke Genitalgefäss. Diese ziehen über den Darm abwärts auf die Ileoparietalbänder, das rechte in kürzerem, das linke in längerem Bogen, um sich in diesen längs des die Gonaden tragenden Randes in ein Lacunensystem aufzulösen (Fig. 11, 12, Textfig. 8).

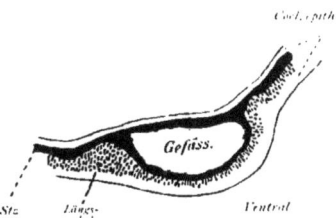

Fig. 8. Kleiner Theil des Gefässnetzes in dem rechten Ileoparietalband.

Fig. 9. Querschnitt durch den randlichen Längsgefässstamm des rechten Ileoparietalbandes. *Stz* = Stützsubstanz.

Wo das Gefäss auf das Ileoparietalband übertritt, gibt es ein schwaches Stämmchen nach vorne ab. Der stärkere Theil verläuft nach hinten und theilt sich in zwei Stämme, die durch zahlreiche Anastomosen verbunden sind. Von dem dem freien Rande näher liegenden Stamm entspringen zahlreiche Gefässchen nach dem Rande zu, welche in die (in Fig. 12 abgerissenen) Gonaden tragenden, zipfelförmigen Fortsätze eintreten.

Nach der Umschlagstelle des Ileoparietalbandes zu vereinigen sich die beiden Stämme wieder zu einem Gefäss, welches dann längs des freien Randes, der das Nephridium begleitet, verläuft und Aestchen in die hier sitzenden, Gonaden tragenden Zipfel abgibt.

Die übrigen Theile der Ileoparietalbänder enthalten keine Gefässe. Die Gefässe sind, soweit ich das ermitteln konnte, von einem stets sehr flachen Endothel ausgekleidet und enthalten stellenweise compacte, stellenweise fädige bis körnige Gerinnsel. Zellen habe ich nicht gefunden.

10. Die Geschlechtsorgane.

Lingula ist, wie alle anderen bis jetzt genauer untersuchten Brachiopoden getrennt geschlechtlich, obwohl erst neuerdings wieder von Beyer das Gegentheil behauptet wurde. Es ist jedoch nicht nöthig, näher auf seine Auseinandersetzungen einzugehen.

Die Gonaden entwickeln sich ausschliesslich an den Ileoparietalbändern, und zwar an dem freien Rande des den geraden Darm begleitenden Theiles bis zur Umschlagstelle und da na an dem das Nephridium begleitenden Abschnitte (Fig. 11, 12).

Die Ovarien sind braun gefärbt (von Semper auch am lebenden Thiere festgestellt), die Hoden gelblich weiss.

Cuvier und Vogt haben die Gonaden nicht als solche erkannt. Hancock hält *Lingula* mit Sicherheit für hermaphroditisch. Er betrachtete die den Ovarien oft in Menge aufliegenden Gerinnsel der Coelomflüssigkeit als die Hoden. Auch Gratiolet neigt dieser Auffassung zu. Es lohnt sich nicht, näher darauf einzugehen. Dagegen geht aus Sempers Mittheilungen mit Sicherheit hervor, dass er die Getrenntgeschlechtlichkeit erkannt hat.

11. Das Nervensystem.

Aus dem, was bereits über die Innervirung der verschiedenen Organe da und dort mitgetheilt wurde, lässt sich schon auf eine grosse Uebereinstimmung des Nervensystems von *Lingula* mit *Crania* und *Discinisca* schliessen. Diese ist auch thatsächlich vorhanden, so dass ich mich sehr kurz fassen kann.

Fig. 21 gibt eine Uebersicht des Gesammtnervensystems von der Dorsalseite.

An der vorderen Körperwand, in der tiefen Furche, die den Armapparat von dem Körper trennt, liegt das untere Ganglien. Es lässt sich schon bei Lupenbetrachtung als eine breite Verdickung des Epithels erkennen (Fig. 35, 57, 64). Von ihm nimmt nach jeder Seite zu ein ansehnlicher Nervenstamm (N.N. Fig. 60–61) seinen Ursprung, dessen Fasermasse bald auch auf die hintere Wand des Armapparates übergreift.

Von diesem Stamm entspringt gleich seitlich von dem Ganglion, die Vorderwand durchsetzend und in die Leibeshöhle eindringend, der N. obliquorum (Fig. 33). Er hat anfangs eine Hülle aus Stützsubstanz, später nur aus Coelomepit el. Er verläuft frei in der Leibeshöhle zwischen dem M. lateralis und der Körperwand nach hinten und versorgt dann die drei M. obliqui in der schon oben angegebenen Weise (vergl. Fig. 10, 12). Lateral von dem N. obliquorum entspringt der Nerv zum M. occlusor anterior. Er dringt zunächst in die laterale Portion desselben ein. Noch weiter lateral entspringen mehrere Nervenstämmchen, die den M. lateralis versorgen. In dieser Gegend dringen auch Fasern in den kleinen Armsinus ein und innerviren den Anfangstheil des M. brachialis. Im weiteren Verlauf wird derselbe von dem unteren Armnerven versorgt. Im Armwinkel theilt sich der Seitenstamm in einen dorsal aufsteigenden und einen an der Seitenwand nach hinten ziehenden Theil. Der letztere ist der dorsale Seitennerv (N. lat. dors.). Er zieht auf der Seitenwand, dicht am Ursprung des dorsalen Mantels nach hinten und sendet unterwegs Aestchen in die Seitenwand und in den dorsalen Mantel. Zum M. occlusor post. gibt er ein Stämmchen ab und verbindet sich schliesslich an der Hinterwand mit dem Seitennerven der Gegenseite.

Der vom Armwinkel dorsal aufsteigende Ast theilt sich in den dorsalen Mantelnerven, einen Nerven, der den äusseren und unteren Armnerven entstehen lässt und endlich das Schlundconnectiv. Dies besteht jederseits aus 2–3 Faserzügen, die über die dorsale Fläche des Armapparates hinablaufen (Fig. 61 63, 66–69.

S. comm) und an der Basis der Armfalte mit dem Anfang des Hauptarmnerven (Cerebralganglion) zusammentreffen. Vor dem Oesophagus sind beide Cerebralganglien durch eine, gelegentlich auch zwei, schwache Commissuren verbunden (Fig. 57—61, *Comm. s. oes.*). Eine grössere Anhaufung von Ganglienzellen am Beginn des Hauptarmnerven kommt nicht vor. Ueber die Nerven der Arme siehe Abschn. 6. Die Mantelnerven strahlen, vielfach sich verästelnd, gegen den Mantelrand aus und treten hier in den den ganzen Rand umziehenden Ringnerven ein. Ueber Lage desselben u. s. w. siehe Abschn. 3.

Vom ventralen Ende des unteren Ganglions entspringen die Stielnerven, welche die Vorderwand durchsetzen und, von der Stützsubstanz umschlossen, über die Emporwölbung, die als Ursprung für die M. obliqui int. dient, weiter ziehen, indem sie die Muskeln zwischen sich fassen (Fig. 41). Sie verlaufen dann weiter in der Stützlamelle des ventralen Mantels. In der Höhe der Gastroparietalbänder treten sie in das Epithel der Schalenseite über und verlaufen dann in diesem weiter. Hinter den M. obliqui medii zieht der linke Nerv über die Mittellinie nach rechts und verbindet sich mit dem rechten zu einem Stamm, der an der rechten Seite des M. occlus. post. vorbei in den Stiel eindringt und dort im äusseren Epithel sich ausbreitet.

Von den Seiten des unteren Ganglions entspringen Fasern in die Körperwand, die Nerven des ventralen Mantels und die ventralen Seitennerven. Das Verhalten der ventralen Mantel- und Seitennerven entspricht dem der dorsalen.

Im Oesophagus lässt sich wieder der sympathische Nervenplexus nachweisen (Fig. 17). Er wird sich jedenfalls auch weiterhin im Darm finden, doch war dazu die Conservirung des Materiales nicht ausreichend.

Ueber den feineren Bau der Cerebralganglien ist in Abschnitt 6 einiges mitgetheilt. Die allgemeineren Bauverhältnisse des unteren Ganglions zeigt Fig. 38 im Sagittalschnitt (wegen der genauen Lage des Schnittes vergl. Fig. 57). Die Epithelzellen sind auffallend hoch ($182\ \mu$) und sehr fein fadenförmig. Ihre Kerne liegen alle in einer Schicht dicht unter der Oberfläche. Darunter folgt eine Lage von sehr ansehnlichen Ganglienzellen. Zwischen den fädigen hinteren Abschnitten der Epithelzellen liegt die mächtige Fasermasse. In ihr zerstreut sehr kleine Kerne, *Ggz₁*, die man wohl auf kleine bipolare Ganglienzellen beziehen darf.

Wie das vorstehende zeigt, stimmt das Nervensystem von *Lingula* mit dem der übrigen Ecardines in der durchaus epithelialen Lagerung der Ganglien und der meisten Nerven vollständig überein. Die engsten Beziehungen bestehen zu *Discinisca* durch die eigenthümlichen N. obliquorum und die Stielnerven. Bemerkenswerth ist ferner die Masse von grossen Ganglienzellen im unteren Ganglion, was wohl durch die Grösse und die kräftige Muskulatur des Thieres bedingt wird.

Von irgend welchen Sinnesorganen habe ich nichts finden können. Ich will bei dieser Gelegenheit bemerken, dass ich mich bei einem zweimaligen Aufenthalte an der norwegischen Küste vielfach abgemüht habe, mit Hülfe der Golgi'schen Methode und mit Methylenblau irgend etwas von Sinneszellen festzustellen und weitere Aufschlüsse über den feineren Bau des Nervensystems zu erhalten, aber leider ohne jeden Erfolg. Ich variirte die Versuche in der verschiedensten Weise, erhielt aber stets nur ganz diffuse Färbungen. Die an der norwegischen Küste vorkommenden Brachiopoden eignen sich also offenbar für diese Methoden gar nicht.

Was frühere Beobachter über das Nervensystem von *Lingula* mittheilen, ist äusserst dürftig.

Owen erkannte die N. obliquorum, die von Hancock dann für Blutgefässe erklärt wurden. Dieser Irrthum wird erklärlich, wenn man bedenkt, dass Hancock gerade hinsichtlich des Gefässsystems ausgezeichnete Erfolge hatte und sehr geneigt war, dasselbe ausgedehnter und darum complicirter darzustellen als es ist.

Gratiolet kehrte hinsichtlich der N. obliquorum wieder zu der richtigen Ansicht Owens zurück. Ebenso Morse.

Hancock hat endlich noch die im Mantel sich ausbreitenden Nerven beobachtet, ohne jedoch genaueres festzustellen.

Morse[1]) gibt an, er habe bei einer japanesischen *Lingula* Otocysten beobachtet, und bekanntlich sollen solche Organe auch nach Brooks bei der Larve von Lingula (Glottidia), nach Fritz Müller bei der Larve von Discinisca vorkommen.

Nun kann ich zunächst mit voller Sicherheit behaupten, dass bei der erwachsenen *Lingula* Otocysten nicht vorhanden sind. Aber auch hinsichtlich der Angaben von Brooks ist Zweifel gewiss sehr am Platze. Ein Blick auf die von ihm gegebenen grobschematischen Abbildungen zeigt im Vergleich mit den Zuständen des erwachsenen Thieres, dass der Schlundring den von Brooks gezeichneten Verlauf überhaupt nicht haben kann.

Der hintere, die Otolithenbläschen tragende Theil dieses angeblichen Schlundringes liegt hinter den Occlus. anteriores, dorsal von der Leber, also da wo die Gastroparietalbänder sich finden. Das genügt wohl schon, um in dem betreffenden Gebilde keinen Theil des Schlundringes zu vermuthen.

Was dann endlich die Otocysten betrifft, so habe ich bei der Müller'schen Larve festgestellt, dass die von Fritz Müller für Otocysten gehaltenen Organe die Trichter der Nephridien sind[2]). Die von Müller gesehenen 20–30 Otolithen sind nichts weiter, als kleine Körnchen, die durch die Wimpern des Trichters in Bewegung gehalten werden. Ich glaube also vorderhand mit guten Gründen auch der *Lingula*larve die Otocysten absprechen zu können.

Zum Schluss möchte ich ganz besonders darauf hinweisen, dass die Untersuchung der Embryonal- und Larvenentwickelung von *Lingula* und *Discinisca* ein dringendes Bedürfniss wäre. Den grössten Erfolg, nämlich über die Phylogenie der Brachiopoden Licht zu verbreiten, werden solche Untersuchungen aber nur haben, wenn sie unter steter, eingehendster Berücksichtigung der Anatomie des erwachsenen Thieres vorgenommen werden und ganz besonders auch die Entstehung der für allgemeinere Fragen wichtigen Organe verfolgen.

1) Proc. Post. soc. anat. hist., vol. XIX (1876—77) 1878, p. 266—426.
2) Zool. Jahrb., Abth. Anat. u. Ontog., Bd. XI, 1898, p. 417—426.